Gisbert Greshake
Spiritualität der Wüste

Gisbert Greshake

Spiritualität der Wüste

Tyrolia-Verlag · Innsbruck-Wien

Den Weggefährten der Wüste

Mitglied der Verlagsgruppe „engagement"

Die Deutsche Bibliothek – CIP-Einheitsaufnahme
Ein Titelsatz für diese Publikation ist bei
Der Deutschen Bibliothek erhältlich

2002
© Verlagsanstalt Tyrolia
Umschlaggestaltung und Layout: Verlagsanstalt Tyrolia
Titelfoto: Anno Schulte-Herbrüggen, Zams (A)
Lithographie: Laserpoint, Innsbruck
Digitale Ausführung: Satzstudio Walter Schöpf, Oberperfuss
Druck und Bindung in Slowenien
ISBN 3-7022-2470-X

Inhaltsverzeichnis

Einleitung

„Und plötzlich
in diesem mühsamen Nirgends ..."
(Rainer Maria Rilke)

Ein Siebtel unserer Erdoberfläche ist von Wüsten bedeckt, einer Landschaftsform, die – sieht man von den Eiswüsten an den Polen ab – durch extrem hohe Hitzegrade charakterisiert ist (bis 58° im Schatten) und die im Jahresdurchschnitt weniger als 25 cm Niederschlag erhält. Entsprechend ist die Meinung verbreitet, die Wüste sei wesentlich gekennzeichnet durch Dürre und Hitze, Unfruchtbarkeit und Lebensfeindlichkeit. Ja, manche verbinden mit Wüste gar die Vorstellung eines riesigen „Sandkastens", in welchem man bei längerem Aufenthalt unweigerlich verdursten müsse. All das trifft zwar auch zu, ist aber nur ein Teil der Wahrheit. Denn die Wüste ist weder völlig unfruchtbar noch total lebensfeindlich. Die Hitze bei Tag wird abgelöst durch eine erhebliche Abkühlung bei Nacht, so dass die Tuareg sagen: „Die Wüste ist ein kaltes Land mit einer heißen Sonne". Nur ein Zehntel der Fläche (in der Sahara ein Fünftel) besteht aus Sandfeldern und Dünen. Und da die im Durchschnitt gemessene jährliche Niederschlagsmenge nicht kontinuierlich fällt, sondern nach Jahren völliger Dürre oft in sintflutartiger Fülle, kann über Nacht aus der Wüste ein paradiesischer Garten werden mit solchen Wasserfluten, dass sogar das paradoxe, aber zutreffende Tuareg-Sprichwort gilt: „In der Wüste sind schon mehr Menschen ertrunken als verdurstet".

Das Besondere der Wüste liegt gerade darin, dass sie die genannten extremen Pole zusammenfasst und zusammenhält. Wüste bedeutet unzertrennbar beides: Hitze und Kälte, Unfruchtbarkeit und Leben, immense wasserlose Zonen und fruchtbare Oasen, Sand und Stein, Ebene und Hochgebirge. Alles steht in einer labilen Balance zueinander. Das Leben und Lebensspendende wehrt sich gegen das, was Leben bedroht und vernichtet: gegen erbarmungslose Hitze und brutale nächtliche Abkühlung, gegen empfindlichen Wassermangel und reißende Wadis, gegen vordringenden Sand und erstickende Sandstürme. Dabei sind es gerade diese tödlichen Faktoren, welche die unglaublich schönen, erhabenen oder bizarren Landschaftsformen der Wüste hervorbringen, indem sie Fels und Stein, Berge und Täler in einer ungeheueren Weise verwittern und erodieren lassen. So führen etwa die rasanten Temperaturunterschiede zwischen Tag und Nacht (bis zu 50°!) dazu, dass selbst härteste Gesteinsformationen buchstäblich zerspalten und zermahlen werden und unter dem zusätzlichen „Dauerbeschuss" von heftigen Wind- und Sandstürmen die wohl faszinierendsten geologischen Formen der Welt hervorbringen. Auch der Sand, sozusagen das „Endprodukt" zerstörerischer Verwitterung, findet in zauberhaften Dünen, die ihre Formen nach Luftströmung und Jahreszeiten ändern und in die der Wind die schönsten Muster einzeichnet, eine neue Gestalt; er wird durch die lebendigen Formen der Dünen und ihrer Muster gewissermaßen selbst zum Leben erweckt. Überdies finden sich in der Wüste die „raffiniertesten" Mechanismen, mit denen Pflanzen, Tiere und Menschen versuchen, diesem von Tod und Vernichtung bedrohten Raum dennoch Leben abzutrotzen. Jedes lebendige Wesen präsentiert sich hier als wahrer „Überlebenskünstler". Vielleicht ist es diese überall anzutreffende „Hochspannung" zwischen Tod und Leben, welche eines der großen Faszinosa der Wüste ausmacht.

Doch ist da noch mehr! In ihrer Spannung zwischen so entgegengesetzten Polen ist die Wüste eines der sprechendsten Bilder für unser Leben, das gleichfalls geprägt ist durch Spannungen und Zerspannungen. Gerade in der Doppelpoligkeit von „Ort des Todes" und „Ort des Lebens" lädt Wüste als eine eindringliche „Ikone" dazu ein, das eigene Leben in ihrem Bild neu zu sehen und zu verstehen. Solche Vergleiche zwischen Formen der Natur und Vorgängen im eigenen Leben sind uns ja auch sonst geläufig. Wir sprechen von felsenhafter Treue, von der Nacht der Verzweiflung, vom Hafen der Ehe, vom Herbst des Lebens usw. Fels, Nacht, Hafen, Herbst sind Bilder der Natur, welche unser Leben erhellen, indem uns darin ein Spiegel vorgehalten wird, in welchem wir uns in neuer Tiefenschärfe und Perspektive entdecken. Oder sind nicht vielleicht umgekehrt wir selbst es, die unser so frag-würdiges Leben in das Gleichnis der Natur hinein auslegen? Dieses Problem hat schon Goethe beschäftigt. In seinen „Sprüchen in Prosa" schreibt er: „Bei der Betrachtung der Natur im Großen wie im Kleinen hab ich unausgesetzt die Frage gestellt: ist es der Gegenstand oder bist du es, der sich hier ausspricht?" Genau das gilt auch von der Wüste. Auf der einen Seite hält sie uns in ganz eindringlicher Weise einen Spiegel vor, in welchem die gegensätzlichen Dimensionen unseres Lebens neu aufgehen können: sowohl Durststrecken und ermüdende Kämpfe, Enttäuschungen und schmerzliche Abschiede, aussichtslose Situationen und unfruchtbares Mühen als auch Freiheit und Hochstimmung, Fasziniertsein und Freude über Erfolg und Gelungenes. Lichtes und Düsteres, Klares und Verworrenes, Lebensfreundliches und Lebensfeindliches kann daher im Bild der Wüste ein tieferes Verstehen finden. Auf der andern Seite aber sind wohl wir selbst es, die unser oft so verwirrendes und verworrenes Leben mit seinen Sehnsüchten und Hoffnungen, aber auch Abgründen und Finsternissen im „Gleichnis der Natur" neu sehen. So ist Wüste nicht nur eine Landschaftsform, sondern eine innere Dimension unseres Menschseins, die jeder auf seine Weise unweigerlich erfährt, auch dann, wenn nie eine Begegnung mit den geologischen Wüstengebieten der Welt stattgefunden hat.

Vor allem aber: Wer in der Wüste ist, weiß, dass dies immer nur en passage, im Durch- und Vorübergang, möglich ist. Jeder Aufenthalt in der Wüste – mit seinen Mühsalen, Strapazen und Entbehrungen, dem gespannten Ausschauhalten nach dem rechten Weg und der Suche nach Wasser, aber auch mit seinen Freuden über die Schönheit der Landschaft, über die gemeinsam mit Erfolg zurückgelegten Etappen und erreichten Oasen – ruft ganz tief, bis in die Erschöpfung und Erquickung des Leibes hinein, den Wegcharakter unseres Lebens ins Bewusstsein. Man lernt die vielfältigen Bedeutungsinhalte und -ebenen der knappen Aussage zu buchstabieren: Unser ganzes Leben ist Reise durch eine große Wüste! So sagt es schon der mittelalterliche Zisterzienser Aelred von Rievaulx: „Was heißt in die Wüste gehen? Es bedeutet, die ganze Wirklichkeit als eine einzige große Wüste zu betrachten, sich nach der Heimat zu sehnen und die Welt als Mittel zu nehmen, um unseren Weg dorthin zu vollenden."[1]

Die Wüste ist letztlich und endlich ein „spiritueller Raum", der geistliche Erfahrungen vermittelt. Nicht von ungefähr spielen sich große heilsgeschichtliche Ereignisse in der Wüste ab; nicht von ungefähr sind die maßgeblichen Menschen der Glaubensgeschichte in die Einsamkeit gegangen. Und nicht umsonst suchen bis heute nicht wenige Menschen die Wüste auf, um – wie sie sagen – „zu sich selbst zu kommen", mag es sich nun dabei um die geologische Wüstenlandschaft oder um nicht weniger reale, im Bild der Wüste erfahrene Lebensdimensionen handeln, um Einsamkeit, Schweigen und Abseitsgehen vom alltäglichen Leben, um Bewährung im Durchhalten von einmal getroffenen Lebensentscheidungen und in der

Neuorientierung vor neuen lebensbestimmenden Situationen. Es ist so, wie Alfred Delp aus Nazi-Gefangenschaft, an deren Ende seine Hinrichtung stand, geschrieben hat:

„Die Wüste gehört dazu. Auch die physische Wüste … Die großen Aufbrüche der Menschheit und des Menschen werden in der Wüste entschieden. Sie haben ihren Sinn und ihren Segen, die großen, leeren Räume, die den Menschen allein mit dem Wirklichen lassen.
Die Wüste ist einer der fruchtbaren und gestaltenden Räume der Geschichte … Es steht schlimm um ein Leben, wenn es die Wüste nicht besteht oder sie meidet. Die Stunden der Einsamkeit müssen mit denen der Gemeinsamkeit in einem bestimmten Verhältnis stehen, sonst verkümmern die Horizonte und werden Gehalte zerredet und vertan. …
Es steht schlimm um eine Welt, wenn in ihr kein Platz mehr ist für die Wüste und den leeren Raum …
Die Wüste gehört dazu. Die ‚Preisgegebenheit‘ nannte das ein lieber Mensch, dem ich für dieses Wort danke. Allein und schutzlos den Winden und Wettern, dem Tag und der Nacht und den bangen Zwischenstunden preisgegeben. Und dem schweigenden Gott. Ja, auch dies ist eine, nein, es ist die Preisgegebenheit. Und hier wächst die zur Erlangung der Freiheit wichtigste Tüchtigkeit des Herzens und Geistes: die Unermüdlichkeit.
Ich will keine Ode an die Wüste schreiben. Wer sie bestehen musste und muss, wird mit Ehrfurcht von ihr sprechen und mit der leisen Verhaltenheit, mit der der Mensch sich seiner Wunden und Schwächen schämt. Sie ist der große Raum der Besinnung, der Erkenntnis, der neuen Einsichten und Entscheidungen … Sie ist das Gesetz der Härte und Bewährung, unter das wir gerufen sind. Und sie ist der stille Winkel unserer Tränen und Notrufe und Erbärmlichkeiten und Ängste. Aber sie gehört dazu."[2]

Wüste ist intensivste Herausforderung. Aber sie ist auch schön und faszinierend. Diese Anziehungskraft der Wüste hält uns – meine Reisegefährten und mich – seit vielen, vielen Jahren gefangen. Immer wieder lassen wir uns locken, einige Zeit in ihr zu verbringen. Immer wieder werden wir aber auch gefragt, warum wir das tun. Warum fährt man ausgerechnet in die Wüste? Was soll das?
Eine Reihe von Antworten und Überlegungen wurden gerade schon angedeutet. Viele Gesichtspunkte dazu finden sich eindrucksvoll zusammenge-

Die extremen Witterungsbedingungen der Wüste zaubern die bizarrsten Phänomene hervor: eine 30 m aufragende „Spukgestalt" im Akakus-Gebirge (libysche Sahara).

fasst in einem Text von Manfred Scheuer, der auf einer Sahara-Reise im Februar 1999 das Tagebuch unserer kleinen Gruppe führte. In solchen „offiziellen" Tagebüchern werden nicht nur äußere Fakten festgehalten: Ereignisse und Begegnungen, Wegpunkte und Streckenverläufe, Wasser- und Übernachtungsplätze, sondern auch Inhalte von Abendunterhaltungen und geistlichen Gesprächen beim Gottesdienst sowie persönliche Eindrücke und „Bonmots". Über die Gründe, die Wüste aufzusuchen, finden sich folgende Notizen:

Was habt ihr denn sehen wollen, als ihr in die Wüste hinausgegangen seid?
(Lk 7,24)

Was suchen wir in der Wüste? Das Ausschlafen nach einigen stressreichen Tagen und Nächten? Die Sichtung und Ordnung unserer Beziehungen? Die Gesundung nach manchen Problemen? Die Spurenlese der Gottsuche? Abwechslung, Ortsveränderung, Therapie der Distanz? Eine Zwischenphase oder Pufferzone zwischen Lebensabschnitten? Die optische und akustische Hygiene nach vielen Reizen und Einflüssen? Ausschau auf ein volles Leben nach einer eindimensionalen Zeit, in der Wahrnehmung reduziert war und Ausblendung zum Programm gehörte? Suchen wir das Feuer der eigenen Sehnsucht, den brennenden Dornbusch, das Leuchten in den Augen, die innere Spannkraft, die Aufmerksamkeit für die Gegenwart nach einer Phase der Verkarstung?

Ich habe dich in die Wüste geführt. (Hos 2,16)

Die Wüste ist eine Denklandschaft, aber auch eine Gefühlslandschaft mit greller Sonne und Dunkel, Hitze und Kälte, mit Trübheiten, langen trostlosen Ebenen, aber auch mit weichen Tönen, Eleganz, Charme und erotischen Rundungen. Sie führt an steile Aufstiege und gefährliche Abhänge. Sie kennt die Weite, die aus der Ebene herausführt, und eröffnet Horizonte und Perspektiven. Sie führt aber auch in Weiten, die trostlos sind, Ebenen, die keine Konturen und keine Orientierung mehr kennen, wo alles eingeebnet, gleichgewalzt ist.
Geistliches Leben findet in der Wüste seine Ausdrucksformen: Leere, Chaos, Trübseligkeit, Akedia[3], Armut, Weiselosigkeit, Gelassenheit, Kargheit, Schweigen. Sie ist ödes Land, un-erfahrbar, un-gehbar, un-lebbar. Sie führt

in das größere Geheimnis Gottes, der sich auf kein Idol festlegen lässt. Die Wüste ist ver-wüstete, verkarstete Landschaft des Todes, in der nichts mehr wächst, nichts mehr Wurzeln schlagen kann, aber auch Ort der Freiheit. Sie ist Ausweg (Exodus) aus Manipulation und Heteronomie. Sie läutert, zeigt Vorurteile, Ideologien und Verblendungen auf. In der Wüste folgen Trost und Trostlosigkeit aufeinander, kaputte Landschaften und Traumlandschaften. Beide Seiten brauchen einander, um zur Erfahrung, zur Geltung zu kommen. Die Landschaft spiegelt die weichliche, zerfurchte, entwurzelte, seelenlose, aber auch die spannungsgeladene, aufmerksame, farbige, sich aufschwingende, lichtvolle Seele wider.

Gerade in Erfahrungen der Wüste gilt es, eine Berufung, einen neuen Auftrag wahrzunehmen (1 Kön 19: Elija). Erst wenn ich mich angesichts des Nichts, der Leere, des Umsonst, der Trockenheit, des Ausfalls von Gegenseitigkeit für einen Menschen, für eine Aufgabe, für Gott entscheide, erst dann ist die existentielle Basis, die Grundlosigkeit Gottes erreicht. Die Wüste ist Ort der Entscheidung zwischen Gott und Götze, Freiheit oder Regression, Lauterkeit oder Naschen, Manna oder ägyptischen Fleischtöpfen, zwischen der unendlichen Leere der Sehnsucht oder den Schmeicheleien des Augenblicks, zwischen dem Hl. Geist oder Dämonen, zwischen Realität oder Träumereien.

Die Wüste beantwortet keine Fragen, sie fordert zum Bestehen, zum Aushalten, zum Verweilen, zur Beharrlichkeit und zum Bleiben heraus. Sie stellt Fragen nach den Quellen des Lebens, nach dem Orientierungssinn, aber auch nach Abhängigkeiten und Klebrigkeiten. Sie lockt in die Einsamkeit, in die Intimität der Beziehung, in die ausgesetzte, ungeschützte Transparenz vor Gott. Sie verführt, die Leere durch Beschäftigungen, goldene Kälber zu füllen. Ihre dämonische Kehrseite ist der Exodus ohne Bleibe, eine vagabundierende Existenz ohne Lebensfreude und ohne Gastfreundschaft.

Gott ist wie Brot für den Hunger in der Wüste, wie Wasser für den Durst, wie eine Berührung in der Leblosigkeit, wie Licht im Dunkel, wie Feuer in der Kälte, wie ein Stern in der Orientierungslosigkeit, wie die Weite in der Enge der Angst, wie eine offene Tür in der Verschlossenheit. Er ist aber nicht einfach Mittel zum Zweck, Material unserer (Selbst-)Befriedigung. Die Sehnsucht nach ihm darf nicht einbahnig werden. Sie muss sich umpolen lassen in die Bereitschaft, sich von Gott suchen und finden zu lassen.

WÜSTE – einsam, gefangen in sich, durstig

WÜSTE – ein In-sich-zurückziehen
Stille – HÖREN – ich bin da
Wüste als Chance

Gottesferne

geistige Trockenheit

Den schnellen Verlust
eines lb Menschen.

Wüste ist z.Zt. für mich
die Einsamkeit in der Ehe,
trotz gleicher Ziele.

In meiner "Wüste"
kreise ich um mich selber,
bin aggressiv und umgänglichbar
gegenüber "ungerechtfertigten"
Anforderungen seitens anderer.

Wüste ist für mich:
DRAUSSEN STEHEN.
KEINE GEMEINSCHAFT ERFAHREN
Alle Freunde verlassen
keine neuen Freunde haben.
Meinen Platz finden (suchen)
Ohnmacht fühlen in vielen
Lebensbereichen – auch in der Kirche
Ein unverhofftes Gespräch
mit einem Menschen, der
wenig Zeit hat.
Nicht DIENEN können (aus inneren Wegen)

Diese Texte von Teilnehmern eines Seminars zur Spiritualität der Wüste bringen zum Ausdruck, was Wüste als Metapher für die eigene Lebenssituation konkret bedeuten kann.

So weit die Tagebuch-Eintragung von Manfred Scheuer. Sie lässt sich zusammenfassen in ein Wort, das als Motto über einem dreibändigen Werk steht, welches auf über 1500 (!) Seiten spirituelle Texte über die Wüste gesammelt hat: „Die Wüste – Schlüssel aller Erneuerungen."[4]

Während ich vor etlichen Jahren ein vielfach aufgelegtes Buch über die Wüste geschrieben habe, das man als „Liebeserklärung" an sie betrachten könnte[5], geht es im vorliegenden Band um etwas ganz anderes: Im Mittelpunkt steht das, was man mit dürren Worten als eine „Spiritualitätsgeschichte der Wüste" bezeichnen könnte. Doch geht es nicht um die distanzierte Darlegung eines Stücks vergangener Glaubens- und Frömmigkeitsgeschichte, die sich um das Stichwort „Wüste" bewegt, sondern um die zu verschiedenen Zeiten, Epochen und Situationen ganz unterschiedlich akzentuierten Erfahrungen, welche gläubige und nichtgläubige Menschen, angefangen vom Alten Testament bis hin zur Gegenwart, mit der Wüste gemacht haben. Diese geschichtlichen Erfahrungen gilt es, mit jenen „Wüsten"-Erfahrungen zu konfrontieren, die über jeden von uns hereinbrechen oder zu denen wir uns in Freiheit entscheiden: wenn uns Dinge oder Personen, an denen das Herz hängt, genommen werden, wenn lang gehegte Wünsche und Hoffnungen zerbrechen, wenn uns der bisherige Lebensraum genommen wird und alles um uns herum bedrückend schweigt, aber auch: wenn wir uns freimachen von narkotisierendem Besitz, versklavenden Gewohnheiten und lärmender Oberflächlichkeit. All solche und ähnliche Erfahrungen lassen sich auf dem Hintergrund von spirituellen Erfahrungen der Vergangenheit in neuer Tiefe und hoffnungsvoller Perspektive sehen. Die „Übersetzungsarbeit" von vergangenen und dazu noch fremden Erfahrungen in die persönliche Situation hat gewiss jeder selbst zu leisten, aber die hier gebotenen selbst verfassten oder ausgewählten Texte und Bilder mit ihren reichen Erfahrungen aus Geschichte und Gegenwart sind so ausgewählt, dass sie Einladung an den Leser sein können, in ihrem Licht den Weg durch die eigene leid- oder/und freudvolle Wüste neu und tiefer zu verstehen und zu bestehen.

Dass es dem vorliegenden Buch nicht um eine nur an der Vergangenheit orientierte, fortlaufende „Spiritualitätsgeschichte der Wüste" geht, sondern um lebendige Gegenwart, wird auch dadurch dokumentiert, dass Darlegungen über geschichtliche Zeugnisse durch Berichte über persönliche Erlebnisse und Erfahrungen sowie durch zeitgenössische Texte auch anderer Autoren unterbrochen, ja gewissermaßen „illustriert" werden, meist gekennzeichnet durch eine andere Drucktype. So kann derjenige, welcher diese Art der Darstellung nicht schätzt und lieber einen „durchgehenden" Text bevorzugt, diese „Einsprengsel" ohne weiteres überschlagen.

Das Motto dieses Buches ist der fünften Duineser Elegie von Rainer Maria Rilke entnommen. Im unmittelbaren Zusammenhang heißt es so:

„Und plötzlich in diesem mühsamen Nirgends, plötzlich
die unsägliche Stelle, wo sich das reine Zuwenig
unbegreiflich verwandelt …"

Damit soll programmatisch auf einen der Wesenszüge der Wüste hingewiesen werden: Sie ist eine Landschaft, in der sich urplötzlich alles „verwandeln" kann: wo das „reine Zuwenig" umspringt in eine unfassbare Fülle, wo – mit den Worten der Heiligen Schrift gesagt – die Todeslandschaft
Wüste sich in einen fruchtbaren Garten wandelt und so zum Symbol für
das von Gott verheißene ewige Leben wird:

> „Wenn der Geist aus der Höhe über uns ausgegossen wird,
> dann wird die Wüste zum Garten,
> und der Garten wird zu einem Wald.
> In der Wüste wohnt das Recht,
> die Gerechtigkeit weilt in den Gärten" (Jes 32,15f).

1. Wüste in der Heiligen Schrift

Der Aufenthalt Israels in der Wüste, die Erzählungen von den dort geschehenen wunderbaren Ereignissen sowie die spätere gläubige Reflexion darüber nehmen vor allem im Alten Testament einen breiten Raum ein. In diesen Schriftaussagen wurzelt all das, was in der folgenden Glaubensgeschichte der Kirche als „Spiritualität der Wüste" gelebt wurde. Darum soll in diesem Kapitel der biblische Untergrund und Hintergrund skizziert werden, der in der Folgezeit von ganz unterschiedlichen Formen der Wüsten-Spiritualität je verschieden aufgegriffen und weiter entfaltet wurde.

Zum Verständnis der biblischen „Wüsten"-Texte

Zum rechten Verständnis der biblischen Aussagen über die Wüste[6], die sich vor allem auf den langen Wüstendurchzug und -aufenthalt Israels zwischen dem Exodus aus Ägypten und dem Einzug ins Land der Verheißung beziehen, ist zu bedenken, dass wir hier nicht einfach einen historischen Bericht vor uns haben, der eine fortlaufende, abgeschlossene Geschichte beschreibt. Vielmehr sind die uns heute vorliegenden Erzählungen das Endstadium einer langen literarischen Entwicklung, worin die verschiedensten Überlieferungsstücke – einzelne Wüstenerzählungen, Geschichten südpalästinensischer Stämme und Landnahmeberichte – erst mündlich erzählt, dann schriftlich fixiert, dabei allmählich miteinander verwoben und um die Figur des Mose zu einem durchgehenden Bericht stilisiert wurden. Für dessen Gestalt und Form spielte nicht zuletzt die gläubige Reflexion auf die Vergangenheit und die Aktualisierung der Vergangenheit für den Glauben der Gegenwart die entscheidende Rolle.

Überdies entstammen viele Einzelerzählungen einer Zeit, die um Jahrhunderte später ist als das Geschehen selbst. So enthalten sie vermutlich nicht einmal Erinnerungen an die Zeit vor der Landnahme, sondern sind erst nachträglich für die Konzeption der einen großen Geschichte „Israel in der Wüste" komponiert worden. Während die ersten und ältesten Wüstenerzählungen (dazu zählen die Urfassungen von Ex 16-17, Num 11) die wunderbare Befreiung aus der Knechtschaft Ägyptens und sodann die Führung des Volkes durch Jahwe, nämlich die Versorgung mit Wasser und Nahrung sowie den Sieg über die Feinde zum Thema haben, redigierten spätere Autoren, vor allem der sog. „Jahwist", aus diesen und anderen geeigneten Überlieferungen einen großen, zusammenhängenden Wüstenzug unter dem Vorzeichen der Auflehnung, des Unglaubens, ja des Abfalls Israels und seiner Bestrafung durch Gott – als Warnung und Mahnung für die Gegenwart, in der die Verfasser lebten. So hat z. B. der Jahwist die ihm vorliegenden Wüstenerzählungen durch und durch negativ interpretiert, indem er sie als eine einzige Folge von Ungehorsam und Abfall darstellte, welche mit dem Tod in der Wüste und der Verzögerung der Einnahme des verheißenen Landes bestraft wurden. Er hat dies getan, um seine Zeitgenossen zu warnen, „die durch David und Salomo gekommene Segenszeit nicht durch Abfall von Jahwe aufs Spiel zu setzen. … Nur mit dem Bleiben bei Jahwe und seinen Verheißungen kann Israel die Segenswirkung Jahwes bewahren."[7]

Vermutlich hatte der Verfasser bei dieser seiner Warnung auch die im davidischen Reich gegebenen Einschränkungen der Freiheit vor Augen, z. B. neue Formen eines königlichen Frondienstes sowie die Infragestellung der alleinigen Herrschaft Jahwes seitens einer despotischen Administration. Dem stellte er kritisch das Exodusgeschehen als Befreiung durch Gott und den Wüstenzug als provozierende Mahnung entgegen. Er will sagen, dass Freiheit/Befreiung nicht einfach ein vergangenes einmaliges Geschehen war und ist (und sein wird), sondern eine Gabe Gottes ist, die der Mensch auf dem langen Weg durch die Wüste im Gehorsam gegen Gottes Gebot entgegenzunehmen hat. In der Weise der Darstellung des Exodus und des Wüstenaufenthalts haben also der Jahwist und andere biblische „Redakteure" Erfahrungen der Gegenwart im Auge, die im Licht vergangener Ereignisse gedeutet werden. Deshalb sind die biblischen Wüsten-Texte zunächst einmal Zeugnisse ihrer Entstehungszeit sowie Glaubenszeugnisse für die Zukunft und erst in zweiter Linie Dokumente für jene geschichtlichen Ereignisse, von denen sie berichten.

Dennoch ist man allgemein der Überzeugung, dass vielen dieser Berichte geschichtliche Ereignisse zu Grunde liegen, die sich etwa in folgender Kurzform zusammenfassen lassen: Der Exodus aus Ägypten ist die Flucht einer kleinen Gruppe von Fronarbeitern – man denkt an etwa 50–100 Menschen – unter der Führung eines Mannes namens Mose, der sich dabei auf eine Initiative des Gottes Jahwe bezieht.[8] Bei dieser Befreiung, die sich etwa um 1200 v. Chr. ansetzen lässt, spielt die wunderbare Errettung am Wasser bzw.

durch das Wasser (See, Meer) eine entscheidende Rolle. Den durch Jahwe Befreiten schließen sich andere (halb-)nomdische Gruppen aus der Wüste an, die selbst eigene Erfahrungen in der Wüste gemacht haben, so dass diese mit zur gemeinsamen Erzähltradition wurden, welche man dann bei der „Landnahme" in das spätere Israel mit einbrachte.

Auf Grund dieser Einsichten der historisch-kritischen Forschung werden die biblischen Aussagen in gar keiner Weise „entwertet", vielmehr stehen sie dadurch von vornherein in einer viel größeren Perspektive: Es geht hier nicht bzw. nicht ausschließlich um eine „Historie" des Wüstenaufenthalts Israels. Es geht hier vielmehr sowohl um vielfältige allgemein menschliche Erfahrungen in der Wüste und mit der Wüste, die auf ihren aktuellen Aussage-, ja Anrufcharakter, der ihnen von Gott her zukommt, durchsichtig gemacht werden, als auch um die besonderen geschichtlichen Erfahrungen, die Israel mit sich und seinem Gott gemacht hat.

Erfahrungen am Sirbonischen See

Dass es bei einer Reihe dieser Geschichten (zumindest: auch) um Erfahrungen geht, die nicht an die einmalige Geschichte des Exodus gebunden sind, ging uns in sehr eindringlicher Form auf einer Sinai-Expedition im Jahr 1980 auf. Durch Vermittlung der damaligen sehr kompetenten Kulturattachés der Ägyptischen Botschaft in Wien erhielten wir in einer politisch schwierigen Situation, da der Sinai noch zur Hälfte von Israel besetzt war, eine Einladung seitens des ägyptischen Außenministeriums. Auf Grund dieser hatten wir freien Zutritt zu Regionen, die lange Zeit für Nichtägypter, ja überhaupt für Nichtmilitärs verschlossen waren. So konnten wir mit Hilfe der ägyptischen Kriegsmarine erstmals wieder die der Nordküste des Sinai vorgelagerte Lagune, den sog. Sirbonischen See, durchqueren, um auf die Nehrung zu gelangen, welche die Lagune vom Mittelmeer trennt; ein sehr schmaler Landstreifen von ca. 20–2000 m Breite und vielleicht gut 100 km Länge.
Diese Nehrung ist von ganz hohem biblischen Interesse. Denn während der Jahwist den Auszug Israels aus Ägypten als Übergang aus dem Nil-Delta in die Wüste Schur versteht und das „Meerwunder" vermutlich an einem der damaligen Binnenseen in der Nähe des heutigen Suezkanals lokalisiert und während der so genannte Jehovist die wunderbaren Ereignisse an das

Die Nehrung des Sirbonischen Sees zieht sich etwa 100 km nach rechts in die Lagune hinein. Links hinten „vermählt" sich das Mittelmeer mit dem Himmel.

„Schilfmeer", d. h. an den heutigen Golf von Akaba platziert, sieht die Priesterschrift in Ex 14,2 die Sachlage anders: Für sie ist das Meerwunder an der Nehrung des Sirbonischen Sees geschehen, eben jener Lagune zwischen dem heutigen Katara und El Arisch, zwischen dem Mittelmeer und den Sanddünen der Sinai-Halbinsel. Auf dieser Nehrung verlief die alte Küstenstraße, die in der Bibel „Weg des Philisterlandes" heißt. Genauerhin lokalisiert die Priesterschrift das Exoduswunder in die Nähe von Baal-Zephon, einem Heiligtum, dessen Lage aus griechisch-römischer Zeit bekannt ist.

Bekannt ist auch schon seit der Antike die Gefährlichkeit dieses Sees. Wasserbeben sowie bedrohliche Ebbe- und Flutbewegungen waren häufig. Der Historiker Diodor Siculus (1. Jahrhundert n. Chr.) weist auf Folgendes hin:

„Man macht die Erfahrung, dass der See denen, die sich ihm unkundig nahen, ganz unerwartete Gefahren bringt. Denn da das Wasser nur sehr schmal ist, einem Bande ähnlich, und große Sandflächen ihn überall umgeben, so wird, wenn anhaltende Südwinde wehen, viel Sand hineingewirbelt. Der macht das Wasser für das Auge unerkennbar und lässt den See unmerklich ins Festland übergehen, so dass man ihn davon gar nicht unter-

Das „Wunder" des Süßwassers zwischen den beiden „Bitterwassern". Auf dem Sandstreifen zwischen Lagune und Meer (s. Bild links) gräbt diese Beduinin nach Trinkwasser.

scheiden kann. So sind auch schon viele von denen, die die Eigentümlichkeit der Gegend nicht kannten, hier mit ganzen Heeren untergegangen, indem sie den rechten Weg verfehlten. Denn der Sand gibt, sobald man ihn nur eben betreten hat, nach und täuscht die darüber Gehenden … Der dann vom Sumpf Verschlungene kann weder schwimmen, da der Schlamm die Bewegung des Körpers unmöglich macht, noch kann er heraussteigen, da er nichts Festes zum Drauftreten hat … Wer also diese Gegend betritt und zur Tiefe hinabgezogen wird, der hat keinerlei Möglichkeit der Rettung, da auch der Sand an den Rändern mit herabgleitet."[9]

Wer denkt bei einem solchen Text nicht spontan an die in Ex 14,15ff geschilderten Vorgänge, da die ägyptische Armee im „Meer" buchstäblich stecken blieb und dann ertrank. Diese verblüffende Nähe ist allerdings auch der Grund, warum die meisten Exegeten die Lokalisierung des Meerwunders am Sirbonischen See als unhistorisch in Frage stellen: Es sei späte priesterschriftliche Redaktion, welche – durch die Lokalisierung des Meerwunders in der Nähe des Baal-Heiligtums – Jahwe und nicht Baal als „Herr des Meeres" proklamieren wollte oder die ganz einfach nur für die ihr vorliegenden Traditionen einen plausiblen Ort suchte und dann „natürlich" auch fand. Jedenfalls hatte auch für uns die Lokalisierung des Meerwunders an der Lagune eine „umwerfende" Plausibilität. Die Lagune ist so groß, dass man von der Nehrung aus das andere Ufer nicht erkennen kann. Daher gewinnt man auf dem schmalen Landstreifen zwischen Lagune und Mittelmeer den Eindruck, man befände sich in der Mitte des Meeres, ja man durchquere es buchstäblich trockenen Fußes, wie es die Priesterschrift oder auch Ps 78,13 angeben: „Er spaltete das Meer und führte sie hindurch, er ließ das Wasser feststehen wie einen Damm". Die Bewohner der Nehrung um den Djebel Gals (60 m), vom Fischfang lebende Nomaden, bei denen wir zu Gast sein durften, erzählten uns, dass bei stürmischem Wetter die schmalsten Stellen des Landstreifens überflutet würden, so dass man noch einmal mehr darin bestätigt wird, mitten im Meer festen Grund unter den Füßen zu haben. Ist das der Hintergrund des Meerwunders? Die „Neue Jerusalemer Bibel" vermerkt hinsichtlich der unterschiedlichen topographischen Angaben in ihrem Kommentar, dass hier verschiedene geschichtliche Erinnerungen zusammengewachsen sind, ja, dass „das doppelte Wegverzeichnis [des Jahwisten und der Priesterschrift] dem Auszug von zwei verschiedenen Gruppen" entspricht, von einer, die vertrieben wurde, und einer anderen, die geflohen ist."[10] Doch solche Spekulationen können durchaus offen bleiben, wenn man die ganze biblische Tradition über den Auszug Israels und seinen Aufenthalt in der Wüste als ein einziges großes „Konglomerat" von Erfahrungen und Geschehnissen aus dem „Potential" der Wüste betrachtet. Zu diesem „Erfahrungspotential", das dann von der Bibel aufgegriffen wurde, dürfte auch der Sirbonische See – wie Diodor zeigt – gehören. Und dies nicht nur bezüglich des Meerwunders, sondern auch zur Veranschaulichung von Erfahrungen, wie sie etwa in Ps 18,5; 69,3 ihren Ausdruck finden.

Noch in anderer Hinsicht zeigte uns der schmale Landstreifen der Nehrung, der ganz mit Sand bedeckt ist und zum Teil flache Dünen aufweist, eine „wunderbare" Erfahrung, die über ein einmaliges biblisches Ereignis hinaus verweist. Die Nomadenfrauen graben sich buchstäblich in die Dünen ein. Je tiefer sie dabei kommen, umso feuchter wird der Sand, bis dahin, dass schließlich in den ausgeworfenen Gruben lehmiges Wasser nach oben tritt und in Kanistern und Krügen zum Gebrauch abtransportiert wird. Das „Wunderbare" daran ist, dass dieses Wasser Süßwasser ist. Und dies angesichts der Tatsache, dass 20–200 m von diesen Wassergruben entfernt auf der einen Seite das Salzwasser des Mittelmeers, auf der andern das noch salzigere Wasser der Lagune den Dünenstreifen buchstäblich einschließt. Ringsum also Salzwasser, und doch tritt Süßwasser an die Oberfläche.

Wir konnten gar nicht anders, als an Ex 15,22ff, an die Erzählung des Wunders von Mara denken: „Drei Tage waren sie in der Wüste unterwegs und fanden kein Wasser. Als sie nach Mara kamen, könnten sie das Wasser von Mara nicht trinken, weil es bitter (= salzig) war. ... Da murrte das Volk gegen Mose und sagte: Was sollen wir trinken? Er schrie zum Herrn, und der Herr zeigte ihm ein Stück Holz. Als er es ins Wasser warf, wurde das Wasser süß."

Natürlich entspricht diese im Übrigen ganz woanders verortete Erzählung nicht genau den Vorgängen auf der Nehrung. Und doch: Der „Umschlag" von Bitterwasser zu Süßwasser wird auf dem Landstreifen der Lagune zum täglich neuen „Wasserwunder".

Solche Erfahrungen in der Wüste haben uns veranschaulicht, wie die Erzähltraditionen der Hl. Schrift über den Wüstenaufenthalt Israels zu verstehen sind. Die Berichte – von denen viele, in der Schrift miteinander verbundene Erzählblöcke ursprünglich wohl in keinem geschichtlichen Zusammenhang miteinander standen – beziehen sich nicht einfach auf längst vergangene historische Einzelheiten. Vielmehr geschieht in ihnen eine „narrative Reflexion" auf die Wüste und das, was in ihr geschah und geschieht. Die Wüste zeigt sich darin als eine Art „Chiffre" sowohl für menschliche Grunderfahrungen als auch für die in der Geschichte sich abspielende wunderbare Sorge Gottes um sein Volk, als auch für dessen – positive wie negative – Antwort auf das göttliche Geleit. Das schließt freilich nicht aus, dass das Auszugsgeschehen unter Mose und der lange Aufenthalt Israels bzw. einer bestimmten Gruppe in der Wüste geschichtliche Grundlagen haben. Aber diese gingen eine unauflösliche Verbindung ein mit Formen der Vergegenwärtigung der wunderbaren Gottesführung und Gottesweisung in der Vergangenheit, aber auch mit der immer neu zwischen Gott und Mensch sich ereignenden dramatischen Geschichte, die an jeder Generation und jedem Einzelnen, auch an uns heute, geschieht. Auf diesem Hintergrund sollen nun die Aussagen der Schrift über die Wüste im Zusammenhang dargestellt werden.

Wüste als Raum der Freiheit

„Ich will sie in die Wüste führen!"

Wüste ist für Israel untrennbar mit der Erfahrung der Befreiung aus der Sklaverei Ägyptens verbunden. „Lass mein Volk ziehen, damit sie mir in der Wüste ein Fest feiern können", lässt Gott dem Pharao durch Mose und Aaron ausrichten (Ex 5,1). Dieses „Fest" wird zum endgültigen Loskommen aus ägyptischer Fron, Gewalttat und Unterdrückung, es wird zum „Fest der Freiheit". Die geschichtliche Erfahrung Israels von der Wüste als Ort der Freiheit knüpft an die natürliche Gegebenheit an, wonach man sich durch Flucht in eine unwirtliche weg- und wasserlose Einöde den Zwängen und Nachstellungen der „Kulturwelt" entziehen kann. Schon „natürlicherweise" ist die Wüste sowohl Unterschlupf für Verbrecher und Aufrührer wie auch Asyl für Ausgestoßene, Verfolgte und Flüchtige. Davon weiß die Geschichte Israels vielmals zu berichten: Hagar läuft mit ihrem Kind der Herrin in die Wüste davon (Gen 16,6f); Mose entkommt den Häschern des Pharao durch Flucht in das Ödland der Midianiter (Ex 2,15f). Die Wüste Juda sowie die Randzonen des Negev sind die Zufluchtsorte Davids bei seiner Flucht vor Saul (1 Sam 21ff; Ps 63,1); und es ist Wüste, in die hinein Abner vor Joab, David vor Absalom und Elija vor Isebel fliehen (2 Sam 2,29; 2 Sam 15,23; 1 Kön 19,3f). Kein Wunder, dass es darum in Zeiten der Bedrängnis und Anfechtung so etwas wie Sehnsucht nach der Wüste gab. So ruft Jeremia aus (9,1):

> „Hätte ich doch eine Herberge in der Wüste!
> Dann könnte ich mein Volk verlassen
> und von ihm weggehen."

Es ist ein Ruf, der dem Ps 55,6f sehr nahe kommt:

> „Furcht und Zittern erfassten mich;
> ich schauderte vor Angst.
> Da dachte ich: ‚Hätte ich doch Flügel wie eine Taube,
> dann flöge ich davon und käme zur Ruhe.'
> Weit fort möchte ich fliehen,
> die Nacht verbringen in der Wüste."

Hintergrund dieses Wunsches sind Erfahrungen des Psalmenbeters, der „in der Stadt" (vgl. Vers 11) von Anfeindungen und Unterdrückung, Gewalt und Intrigen, die sich seitens der Reichen und Mächtigen gegen die Armen richten, bedrängt ist. „Durch die unhaltbaren Zustände in der Stadt haben sich die geläufigen Lebensverhältnisse in ihr Gegenteil gewendet. In normalen Zeiten gilt die Stadt als Zufluchtsort, in dem man sicher leben kann, während die Wüste der Ort des Todes, der Ausweglosigkeit und des Unbewohnbaren ist. Die Verhältnisse haben sich [nun aber] umgekehrt: Die Stadt ist unbewohnbar geworden, und die Wüste wird zur einzigen Chance für das Überleben."[11] So zeigt sich die Wüste als Refugium der Befreiung, der „Freiheit von".

Aber das ist nur ein Aspekt. Dieser ist zu ergänzen durch den anderen: Wüste ist auch Ort und Zeit der „Freiheit für", nämlich der Freiheit für Gott, für das Leben mit ihm und in seiner Liebe. So sehen es vor allem Hosea und Jeremia. Wie in der Todeslandschaft „Wüste" jedes Zeichen von Leben ein Wunder ist, so ist für Hosea die Geburt Israels gerade in der Wüste die völlig unvorhersehbare, von Menschen nicht zu bewerkstelligende alleinige Tat Gottes: „Wie man Trauben findet in der Wüste, so fand ich Israel" (Hos 9,10), lässt der Prophet Gott sprechen. Durch diesen absurden Vergleich – in der Wüste findet man keine Trauben! – wird klargestellt, dass der Ruf Gottes, der Israel ins Leben ruft, „das Wunder aller Wunder" ist. Dabei bleibt diese erste, allein sich Gott verdankende Phase der Geschichte Israels der ständige Bezugspunkt aller weiterlaufenden Geschichte:

„So spricht der Herr: Ich denke an deine Jugendtreue, an die Liebe deiner Brautzeit, wie du mir in der Wüste gefolgt bist, im Land ohne Aussaat. Heiliger Besitz war Israel dem Herrn" (2,2f).

Die Wüstenzeit war die Zeit der ersten Liebe, da Gott sich Israel zu Eigen machte und es mit guten Gaben überhäufte. Von diesen Gaben war die des Wassers die grundlegendste. Immer wieder wird hervorgehoben, dass es Jahwe war, der dieses Geschenk lebensnotwendigen Trankes gewährt und erwirkt hat (vgl. z. B. Ex 15,25.27; 17,5; Num 21,16). In dieser Gabe erweist sich Gott als der Lebensgrund seines Volkes; er selbst ist der wahre und eigentliche Quell des Lebens, wie er es später durch Jeremia dem Volk anklagend entgegenhält:

„Mich hat es verlassen, den Quell des lebendigen Wassers, um sich Zisternen zu graben, Zisternen mit Rissen, die das Wasser nicht halten. ... Bin ich denn für Israel zur Wüste geworden oder zum düsteren Land?" Und der Prophet fügt bestätigend hinzu: „Ja, sie haben den Herrn verlassen, den Quell lebendigen Wassers" (Jer 2,13.31; 17,13).

In der Wüste war es in der Sicht der späteren Propheten noch anders. Damals hat Israel sich der unmittelbaren Fürsorge und Leitung Gottes anvertraut und war ihm ergeben. Damals entsprach das Volk der Liebe Gottes und empfing alles, aber auch alles von ihm. Auch einige Passagen bei Ezechiel sind wohl auf diese Brautzeit in der Wüste zu beziehen, hier wird das ständige Werben Gottes um Israel nach hinten, bis zur Geburt des Volkes, hin verlängert (s. Seite 29).

Wie für Ezechiel, so ist ebenso für Hosea, den J. Lindblom als „den vielleicht größten Wüstenenthusiasten unter den Propheten Israels" bezeichnet[12], die Wüste die Zeit der ersten Liebe, der glückliche Anfang der Geschichte Gottes mit Israel, aber auch die Zeit, da Israel überhaupt zum Volk zusammenwuchs. Denn macht die Wüste schon als Landschaftsform jedem klar, dass man hier nicht als Einzelner bestehen und sie nicht als Einzelgänger durchziehen kann, sondern des partnerschaftlichen Miteinanders und der gegenseitigen Hilfe bedarf, so gründet auch die spezifische Gemeinschaftserfahrung des von Gott erwählten Volkes in der Urerfahrung des gemeinsamen Wüstenzugs. Darum muss Israel, das sich von Gott abgewandt und seine Gesellschaftsordnung durch Ungerechtigkeit und Machtmissbrauch pervertiert hatte, hierher zurück, um neu zu beginnen. „Neu": denn Israel hatte sich im Kulturland „eingerichtet"; der unerbittliche Ernst, mit seiner ganzen Existenz vor Gott gestellt und allein von ihm abhängig zu sein, war verharmlost, ja vergessen. Statt alle Wirklichkeit als Gabe und Aufgabe seines Gottes zu begreifen, waren weite Lebensbereiche, zumal die Politik, der Bereich des Rechts und gerechter sozialer Verhältnisse, dem Jahweglauben entzogen.

Für dieses „Jahwe-Vergessen" steht Baal, der (Haupt-)Gott des Kulturlandes, dem Israel sich weithin ergeben hatte. Denn Baal war gewissermaßen ein „bewährter" Fruchtbarkeitsgott, während Jahwe in der Wüste zuhause war. „Ihm traute man wohl zu, dass er wandernden Kleinviehhirten ihre Herden erhalten, dass er Menschen in der Wüste beschützen, dass er die Interessen von Randgruppen wahren könne, aber für die Üppigkeit der

Kornfelder und Rinderherden, für Geburtenreichtum und Lebensgenuss sorgen? Das war seit unvordenklichen Zeiten Baals Metier."[13] So war der Konflikt zwischen Jahwe und Baal vorprogrammiert. Wenn darum die Propheten im Zusammenhang ihrer kritischen, Recht und Gerechtigkeit einfordernden Botschaft zu einem „Zurück in die Wüste!" provozieren, so steht dahinter der bewusste Kontrast zur Baals-Frömmigkeit des Kulturlandes. Das wird sehr deutlich in Hos 2,16f: Gott spricht zu seiner „Braut":

> „Ich will sie selbst verführen: Ich will sie in die Wüste hinausführen und sie umwerben.[14] Dann gebe ich ihr dort ihre Weinberge wieder ... Ich traue dich mir an auf ewig; ich traue mich dir an um den Brautpreis von Gerechtigkeit und Recht, von Liebe und Erbarmen ..."

Mit der Erwähnung der Weinberge ist Baal thematisiert, der „kananäische Dionysos". Nicht durch ihn, hier um Kulturland, sondern noch einmal von der Wüste herkommend, soll Israel seine Weinberge aus Jahwes Hand neu empfangen, freilich um den Preis, dass es Recht und Gerechtigkeit verwirklicht. – Auch hinter Hos 13,5 steckt der gleiche Kontrast:

> „Ich habe dich in der Wüste auf die Weide geführt, im Land der glühenden Hitze. Als sie ihre Weiden hatten, wurden sie satt. Als sie satt waren, wurde ihr Herz überheblich, darum vergaßen sie mich."

Auch hier wird die Wüste im Gegensatz zu den Weiden des Kulturlandes gesehen, die man Baal zu verdanken glaubte. Dagegen ist die Wüste der Ort, wo Jahwe an Israel handelt und Israel alles von ihm empfängt. „Wieder wird das Gegenüber Jahwe – Baal und der Abfall Israels zum Gott des Kulturlandes thematisiert."[15] Und eben deshalb muss Israel, um neu zu Jahwe zu finden, zurück in die Wüste. Hier wird es neu dessen Huld erfahren und Schalom, umfassendes Heil, finden. Auf dieser Linie spricht auch Jeremia, der in vielem von Hosea abhängt:

> „So spricht der Herr: Gnade findet in der Wüste das Volk, das vom Schwert verschont blieb. Israel zieht zum Ort seiner Ruhe" (Jer 31,2).

Hier, in der Wüste erfährt Israel neu die Liebe seines Gottes, freilich unter der Bedingung, dass es nun seinem Gott die Treue bewahrt

„Wie war es denn bei deiner Geburt? Als du geboren wurdest, hat man deine Nabelschnur nicht abgeschnitten. Man hat dich nicht mit Wasser abgewaschen … nicht in Windeln gewickelt. Nichts von all dem hat man getan, niemand zeigte dir seine Liebe, niemand hatte Mitleid mit dir, sondern am Tag deiner Geburt hat man dich auf freiem Feld ausgesetzt, weil man dich nicht haben wollte.

Da kam ich an dir vorüber, sah dich blutig daliegen und zappeln; und ich sagte zu dir, als du blutverschmiert dalagst: Du sollst am Leben bleiben! … Und du bist herangewachsen, bist groß geworden und herrlich aufgeblüht. … Da kam ich an dir vorüber und sah dich, und ich sah, dass deine Zeit gekommen war, die Zeit der Liebe … Ich leistete dir den Eid und ging mit dir einen Bund ein – Spruch Gottes, des Herrn –, und du wurdest mein."

(Ez 16,4f)

Falls dies nicht geschieht, gilt auch über Israel das Drohwort:

> „Ich bringe euch in die Wüste der Völker [in das Exil]; dort trete ich euch
> von Angesicht zu Angesicht gegenüber und gehe mit euch ins Gericht.. ...
> Die Abtrünnigen und alle, die sich gegen mich auflehnten, sondere ich aus.
> Ich führe sie zwar aus dem Land, in dem sie als Fremde leben heraus; in das
> Land Israel aber bringe ich sie nicht, damit ihr erkennt, dass Ich der Herr
> bin" (Ez 20,36ff).

Nur den Getreuen wird die Wüste zum Heil und zum Ort der Erfahrung
von Jahwes Zuwendung und Liebe.

Auch das Hohelied spielt auf dieses Motiv „Liebe-in-der-mi_d_bār [= Wüste]"
– wie Talmon es bezeichnet – an. Weil mi_d_bār = Wüste im Sprachgebrauch
der Bibel nicht nur die völlig vegetationslose Landschaft meint, sondern
darüber hinaus ein nicht gerade üppiges, doch „eben noch" ausreichendes
Weideland für Hirt und Herde – wie es gleichfalls heute noch weite Strecken des Negev und der Sahara sind –, kann auch das Milieu des Hohen
Liedes als „Wüste" bezeichnet und deshalb von der Geliebten gesagt werden, dass sie „aus der Wüste heraufkommt wie eine nach Myrrhe duftende
Weihrauchsäule" (Hld 3,6)[16], die sich „an ihren Geliebten anschmiegt"
(Hld 8,5). In diesem weiten Sinn von mi_d_bār kann auch das Bild von der
Führung Israels durch Gott als Hirten seines Volkes gerade auf die Wüs-
tenzeit angewandt werden:

> „Er führte sein Volk hinaus wie Schafe,
> leitete sie wie eine Herde durch die Wüste.
> Er führte sie sicher, sie mussten nichts fürchten" (Ps 78, 52f u.ö.).

Kurz: Wüste ist aufs engste verknüpft mit Befreiung und Freiheit: sie assoziiert Loskommen von Sklaverei, Bedrängnis und Verfolgung auf der einen
und Offenheit für Gottes Liebe und Fürsorge auf der andern Seite.

Jahwe – der Gott der Wüste

Das zeigt auch die Erzähltradition, die sich um die Sinai-Theophanie und
die Proklamation des Gottesgesetzes rankt. Die Exegeten streiten darüber,
ob und inwieweit diese Erzählungen ursprünglich mit der Exodus-Tradi-

tion verbunden waren. Aber für ein geistliches Verständnis der Hl. Schrift ist dieses exegetisch-kritische Detail nicht von großer Bedeutung. Wichtig ist dagegen, dass auch die Gotteserfahrung am Sinai und der Empfang der „Zehn Worte des Lebens" ganz unter dem Vorzeichen der Freiheit steht. „Ich bin der Jahwe, dein Gott, der dich aus Ägypten geführt hat, aus dem Sklavenhaus" – so beginnt die Proklamation des Gottesgesetzes. Der gleiche Gott, der Befreiung erwirkt hat, schenkt jetzt seine Weisungen, die nur das eine Sinnziel haben, die von Gott geschenkte Freiheit zu bewahren, indem sie, Pfosten gleich, den Raum abstecken, in welchem gutes, glückendes und befreites Leben für alle möglich ist und tödliche Gefahren ausgeschlossen bleiben. Erich Zenger umschreibt den Zusammenhang zwischen Befreiung, Wüste und Anspruch der sog. Zehn Gebote folgendermaßen:

> „Weil ich Jahwe bin, d. h. weil ich der Gott bin und bleiben will, der dir nahe ist, der dir in den Wüsten deines Lebens die Todeswege ersparen will, darum sollte es für dich überhaupt nicht in Frage kommen, dass du dich auf andere Götter einlässt, dass du mordest, dass du … Weil ich dein Gott bin und bleiben will, der dich befreit aus aller Art pharaonischer Sklaverei, darum sollte es für dich überhaupt nicht in Frage kommen, dass du … Und vor allem: Ich habe dir doch gezeigt, dass dies nicht bloße Versprechungen sind. Ich habe dir in der Wüste Leben gegeben. Ich habe dich aus der pharaonischen Sklaverei befreit. Dadurch habe ich dich befähigt, so zu handeln, wie die Gebote fordern."[17]

Aber noch in einer anderen Hinsicht hat die Theophanie am Sinai es mit Freiheit zu tun: Den Menschen ging hier eine sie überwältigende transzendente Macht und faszinierende Nähe auf: die Herrlichkeit seines Gottes. Nur vor einem solchen Gott kann der Mensch wahrhaft frei werden und als Befreiter leben. Sonst stellt er sich angesichts seiner unerfüllten, aber ständig nach Erfüllung drängenden Endlichkeit und Begrenztheit unausweichlich in den Dienst von Götzen, wie Macht, Karriere, Erfolg, Reichtum, Sex, die ihm zwar Lebenserfüllung und -glanz versprechen (und auch scheinbar zukommen lassen), ihn aber als bloße Projektion der eigenen Gier letztlich nur versklaven. Nicht menschlicher Entwurf und menschliches Streben, sondern allein das Angesicht eines Gottes, der wahrhaft transzendent ist und sich als solcher zugleich dem Menschen zuneigt, kann dem Geschöpf Lebenserfüllung und wahre Freiheit schenken.

Die Wüste fordert das unaufhörliche Voranschreiten. Der Sand, an sich das Endprodukt einer zerstörerischen Verwitterung, findet in zauberhaften Dünen eine immer neue Gestalt; er wird durch deren dynamische Formen gewissermaßen zum Leben erweckt. Ja, es gibt Dünenabschnitte, wo er geradezu ein erotisches Aussehen annimmt.

Beide Momente treten in der Theophanie am Sinai hervor: überwältigende Macht und unübertreffbare Nähe. Angesichts der Macht zittert – wie es heißt (Ex 19,16; 20,18) – das Volk vor Angst und Schrecken und wagt nicht in die Nähe Gottes zu treten. Aber der gleiche übermächtige Gott schließt mit ihm laut Ex 24 den Bund. Und dazu gehört, dass die Ältesten mit Mose auf den Berg steigen „und den Gott Israels sehen dürfen. ... Gott streckte nicht seine Hand gegen sie aus; sie durften Gott sehen und sie aßen und tranken" (Ex 24,10f) – ein uralter Text, dessen Überlieferungskern, wie W. H. Schmidt meint,[18] noch aus nomadischer Zeit stammt und die unerhörte Nähe Gottes, des transzendenten Gottes thematisiert: das Mahl als Zeichen intensivster Gemeinschaft und das „Sehen-Lassen" Gottes, das auf dem Hintergrund antiker Vorstellungen („Wer Gott sieht, muss sterben!") ein unfassbares Privileg ist. „Wer, ohne zu sterben, in die Nähe dieses Gottes durfte, ist seines Schutzes sicher."[19]

Wesentliche Züge dieser Gotteserfahrung und dieses Gottesbildes scheinen gerade von der Wüste her bestimmt zu sein. Zwar ist die Herkunft des Got-

tesnamens Jahwe immer noch umstritten und wird es wohl bleiben, doch gibt es einige Hinweise dafür, dass Jahwe „der Gott der Wüste ist" (J. W. Flight). Ursprünglich wurde er von Nomaden wohl als Wetter- und Sturm-gott der Wüste erfahren und verehrt. Darauf verweist noch die Schilderung der Theophanie in Ri 5,4f, die im frühen Psalm 68,8f historisierend auf den Wüstenzug Israels hin umgewandelt wird. Dem entspricht auch, dass in die-sem Psalm die ugaritische Bezeichnung Gottes als des „Wolkenfahrers" in der Abänderung von „Wüstenfahrer" auf Jahwe übertragen ist. Dafür, dass Jah-we ursprünglich in der Wüste „zu Hause" ist, spricht auch Folgendes: Aus der Zeit Ramses' II. (1301–1234) ist ein Text bekannt, der von einer be-stimmten Völkerschaft als von den „Schasu Jhw" spricht und ein „Land der Schasu Seir" erwähnt. Nun waren die Schasu Beduinen oder wenigstens halbnomadische Gruppen auf der Sinai-Halbinsel im Seir-Bergland. Wenn man diese Angabe in Beziehung zu Dtn 33,2, Ri 5,4 und Hab 3,3 setzt, wo-nach Jahwe „von Seir auszieht", darf vermutet werden, dass „Schasu Jhw" mit „Jahwe-Leute" zu übersetzen ist und folglich jene Wüstenstämme be-zeichnen, die Jahwe als Gott verehrten und vielleicht ihren Gottesnamen an Mose weitergaben (vgl. Ex 3 und Ex 18). „In diesem Fall wäre der Jahwena-me schon vor dem Exodus im Kreis jener halbnomadischen Gruppen auf der Sinaihalbinsel belegt, mit denen die ‚Exodus-Leute' verwandt waren."[20]

Diese „Wüsten-Herkunft" Jahwes drückt sich auch in dessen spezifischem Erscheinungsbild aus. Während die „Natur-Götter" des Kulturlandes letztlich vom Menschen her entworfene Personifikationen von Leben und Fruchtbarkeit, Ordnung und Frieden sind und als Projektionen des Bestehenden oder Erwünschten etwas „Harmonisches", „Überschaubares" und „Plausibles" an sich haben, das nur dort und dann drohende Gestalt annimmt, wenn die von den Göttern garantierte Ordnung zerbricht, ist der „Gott der Wüste" – ganz entsprechend dem Charakter dieser Landschaftsformation – durch Eindeutigkeit, klare Konturen, Entschiedenheit ausgezeichnet: Dem durch markante Pole ausgezeichneten Charakter der Wüste („kalt oder warm"; „hell oder dunkel") entspricht ein Gott, welcher in aller Klarheit und Eindeutigkeit gewissermaßen der „andere Pol" der Schöpfung ist, der von ihr verschiedene, transzendente Andere. Er ist derjenige, welcher die Menschen in Anspruch nimmt, um sie „eifert" und sie in die Entscheidung stellt: Tod oder Leben, Glaube oder Unglaube, Ja oder Nein.[21] Die aus der Transzendenz Gottes sich ergebende scharfe Trennlinie zwischen ihm und der Welt zeigt, dass der Mensch radikal „unter" Gott steht und die Welt sich nicht mit sich selbst begnügen darf. Der Wüstengott hält den Menschen in Bewegung, drängt auf Veränderung, kennt keinen Kompromiss.

Dieser Charakter der „Wüste", der das biblische Gottesbild prägt, ist bis heute erfahrbar, auch da, wo Wüste im übertragenen, spirituellen Sinn genommen wird im Sinne von Alleinsein, Abgeschiedenheit und Einsamkeit mit Gott. Dazu schreibt ein Kartäuser: „Die Wüste erlaubt keinen Kompromiss, sie fordert eine klare Entscheidung: für den steinigen Weg, das unaufhörliche Voranschreiten mit möglichst leichtem Gepäck, oder für den Tod."[22] Dieser „Kompromisslosigkeit" der Wüste entspricht die „Kompromisslosigkeit" Jahwes.

In letzter Zeit hat Jan Assmann in seinem provozierenden und mit einigen Thesen auch wohl überzogenen Werk „Mose der Ägypter"[23] auf die entscheidende Wende in der Religionsgeschichte hingewiesen, die mit dem Namen Mose verknüpft ist. Bis dahin – so Assmann – gab es in den Religionen überhaupt keinen Platz für die Idee falscher Götter, d. h. für verbotene Götter, die man nicht anbeten darf. Mose dagegen führte nach Assmann die Unterscheidung von wahr und falsch in den Bereich der Religion ein. Er zerstörte im Namen seines Gottes das Goldene Kalb und ließ dessen Anhänger hinrichten. Darin zeigt sich für den Autor das „Gewaltpotential" dieses Gottes, der vor die Alternative stellt: Ja oder Nein, Wahrheit oder Lüge. Mehr noch: Während die bisherigen Götter als Projektionen weltimmanenter Werte letztlich zur Weltvergötzung führen, zieht Israel auf Geheiß seines Gottes aus Ägypten aus, d. h. „aus der ‚Welt‘ einer auf äußeres Glück, säkulares Gelingen, ziviles Wohlbehagen, materielle Güter und politische Macht ausgerichteten Kultur."[24] Deshalb gehört die Wüste, der Verzicht auf Weltbeheimatung, zum neuen biblisch-mosaischen Gottesbild. Die Thesen von Assmann haben nicht wenig Kritik gefunden, auf die jetzt nicht eingegangen werden muss. Dennoch dürfte hier etwas Richtiges getroffen sein. Und dies hat damit zu tun, dass Jahwe tatsächlich der Gott ist, „der aus der Wüste kommt". Man muss nur die „lieblichen" Götter der Griechen und der Kananäer sowie die „harmonischen" Götter Asiens mit dem Gott der Bibel oder des Korans vergleichen, um den grundlegenden Unterschied festzustellen, der offenbar etwas mit dem „harten", polarisierenden und Eindeutigkeit tragenden Charakter der Wüste zu tun hat: hell oder dunkel, kalt oder heiß, Wahrheit oder Lüge, Alles oder Nichts. Mit den Worten von S. C. Brant: „Der eine Gott kommt aus der Wüste. Moses, Jesus, Mohammed, alle, die den einen Gott gepredigt haben, kamen aus der Wüste. Sie ist der ‚lieu naturel‘, der natürliche Ort des Monotheismus. Denn sie ist der Ort der Wahrheit."[25]

Vielleicht war es auch sogar die Wüstenerfahrung, die am Urgrund des Schöpfungsglaubens steht. So vermutet es R. Mayer. Zwar erfährt der Mensch auch im Kulturland seine Abhängigkeit von der göttlichen Macht, doch ist hier der Lebenskreislauf selbstverständlicher, geschlossener. Demgegenüber bleibt er in der Wüste abhängiger „von Unvorhersehbarem, Unberechenbarem und Unbeherrschbarem". Deshalb konnte gerade hier für Israel der Glaube an eine Macht, welche Natur und Menschen schafft, erhält oder auch vernichtet, entstehen, aber auch das Vertrauen in den Gott, der gerade in der Wüste und durch die Wüste führt. „Die Idee der Schöpfung … hat vielleicht hier, im Erleben der Wüste, einen oder gar seinen Grund. Denn nirgends kann sich ein Mensch so sehr als Geschöpf, so nahe der urzeitlichen, zivilisationsfernen Schöpfung fühlen wie hier."[26]

Aber diese „unerbittliche Transzendenz" Jahwes steht gewissermaßen in Balance zum anderen Pol der Gotteserfahrung, wie er zumal in den Sinai-Perikopen in Erscheinung tritt: zur unerhörten Nähe dieses Gottes. Diese hat gleichfalls etwas mit der Wüstenerfahrung Israels zu tun. Denn nach den ältesten biblischen Überlieferungen ist Jahwe der Gott, der „aus Seir auszieht" (Ri 5,4) bzw. „der aus Seir kam" (Dtn 33,2), um sich seinem Volk zuzuwenden und es aus der Todessituation der Wüste zu retten. Dieses „Ur-Datum" der Sinaitradition: das rettende Kommen Gottes, „unterscheidet diesen Gott von einem Kulturlandgott, zu dem seine Verehrer kommen müssen, um in seinem Heiligtumsbezirk Hilfe zu erfahren, oder von einem Kulturlandgott, dessen Wirken an sein Land gebunden ist. Der ‚Gott aus Sinai' ist demgegenüber frei und solidarisch wie die Sinaibeduinen selbst."[27] Er ist der Weg-Gott, dessen Gegenwart sich weder auf bestimmte Orte beschränkt (so sehr er sich an solchen manifestieren kann), noch sich im Wechsel natürlicher Rhythmen zeigt (so sehr er auch deren Herr ist), sondern der – ähnlich einem Nomaden-Gott – Menschen auf ihrem Weg begleitet und sie in eine gute Zukunft hineinführt. Der Gott, dessen machtvolle Herrlichkeit am Sinai erscheint, ist der Gleiche, der in einer „Wolkensäule" den Menschen vorangeht und dessen „Zelt" unter ihnen aufgeschlagen ist.

Auf der Suche nach dem Sinai

Es ist eine bis heute virulente exegetische Streitfrage, wo denn genau der Ort der Offenbarung dieses so sehr mit der Wüste verbundenen Gottes zu lokalisieren sei. Nun gilt für die hier einschlägigen biblischen Texte zunächst einmal das Gleiche, was von der ganzen Wüstentradition gilt: Keine der Erzählungen gibt Antwort auf Fragen nach historischen oder geographischen Details. Ja, Erich Zenger formuliert in aller Deutlichkeit: „Hinter den Sinaigeschichten des Buches Exodus wird nicht ein wie immer geartetes einmaliges empirisch greifbares Ereignis sichtbar: es gab historisch keinen Bundesschluss am Sinai, es gab historisch kein Sinaifest und keine Sinailiturgie Israels, es gab keine Übergabe von Gesetzestafeln durch Gott an Mose auf einem Berg Sinai."[28]
Überdies platzierten offenbar schon die verschiedenen biblischen Autoren den Sinai ganz unterschiedlich, so dass bereits J. Wellhausen spitz bemerkte: „Wo der Sinai gelegen hat, wissen wir nicht, und die Bibel ist sich schwerlich einig darüber; das Streiten über die Frage ist bezeichnend für die Dilettanten."[29]

Wir als „Dilettanten" wollten es aber genauer wissen und unternahmen vor etlichen Jahren eine Wüstenexpedition, auf der wir unter dem Programmwort „Gottesberge", angefangen vom Olymp in Nordgriechenland bis hin zum Karmel in Nordisrael, u.a. auch die verschiedenen Lokalisierungen des Sinai erkunden wollten. Dabei schieden wir eine von manchen Exegeten vertretene Lokalisierung des Gottesberges in Nordwestarabien, also östlich des Golfs von Akaba aus. Ganz abgesehen davon, dass wir dafür keine Zugangserlaubnis erhielten, schien uns die Wahrscheinlichkeit dafür gering zu sein. Denn wenn diese Möglichkeit auch eine gewisse Entsprechung zur Lage des Schilfmeers am Golf von Akaba aufweist und mit Spekulationen über den Aufenthalt des Mose bei den östlich des Golfs wohnenden Midianitern (wo Mose auch den „Gottesberg" hätte kennen lernen können) zusammengeht, schien uns die spezifische Begründung für diese Zuschreibung doch eher „schlicht" zu sein. Diese Argumentation lautet: Ex 19,18 („Der ganze Sinai war in Rauch gehüllt ... Der Rauch stieg vom Berg auf wie Rauch aus einem Schmelzofen. Der ganze Berg bebte gewaltig") setze vulkanische Phänomene voraus. Vulkane gebe es aber auf der Sinai-Halbinsel nicht, wohl aber im westlichen Arabien.[30] Ganz abgesehen davon, dass der nächste Vulkan etwa 200 km vom „Schilfmeer" entfernt liegt, dürfte mit einer solchen Argumentation der hermeneutische Zugang zur Perikope Ex 19 völlig verfehlt sein. Denn vermutlich hatte der Verfasser – jedenfalls nach einer Reihe von Exegeten – keinen Vulkan im Sinn, sondern die Jerusalemer Tempelliturgie. Daran erinnern der Posaunenschall, das festlich gekleidete Volk, der Rauch, der den Tempel erfüllt (nach Jes 6,4 und anderen Texten: Zeichen der Gegenwart Gottes), sowie der Priester, der wie Mose allein in das Dunkel des Geheimnisses hineingehen darf. Die Geschehnisse am Sinai sind also von der Erfahrung des Zion her entworfen. Was also ist mit diesem Sinai? Gab/gibt es ihn und wenn ja, wo ist er zu finden?

Wir begannen unsere damalige Expedition mit der Besteigung des Olymp, um uns gewissermaßen zu „sensibilisieren" für die Phänomene, die einen „Gottesberg" auszeichnen. Dazu zählen: weithin sichtbare Lage; höchste Erhebung inmitten einer Ebene oder einer umgebenden Berg- oder Hügelwelt; hervorstechende Konturen bzw. außergewöhnliche Formen mindestens in Bezug auf die nähere Umgebung; schwere Zugänglichkeit – alles Charakteristika, die sich uns später noch viele Male an anderen Götter- und Geisterbergen in Afrika und Asien bestätigten. Danach machten wir uns in den nördlichen Teil der Sinai-Halbinsel auf, erst in die Nähe der Oase Kadesch-Barnea, wo Israel vermutlich lange Wüstenjahre verbrachte, dann ins Gebirge Seir.

Hier, zwischen dem Toten und Roten Meer, an der Ostseite der Sinai-Halbinsel war ja das Land der „Schasu Jhw"', und hierauf beziehen sich auch die bereits genannten drei archaischen Texte über die Herkunft des Jahwe-Glaubens. Von ihnen sei Ri 5,4f ganz angeführt:

> „Jahwe, als du auszogst aus Seir,
> einherschrittest von Edoms Gefilden,
> da erbebte die Erde, ja die Himmel troffen,
> ja die Wolken troffen von Wasser,
> die Berge erzitterten vor Jahwe, dem aus Sinai,
> vor Jahwe, dem Gott Israels."[31]

An diesen, wie auch an die anderen Texte, stellt sich allerdings die Frage, ob der hier erwähnte „Sinai" überhaupt ein Berg ist oder nicht vielmehr eine Region. Es würde dann keinerlei Beziehung zur Theophanie auf einem Gottesberg zum Ausdruck gebracht, vielmehr bestünde die Sinnspitze dieser Texte in der Aussage, dass „Jahwe aus Sinai" kein lokal begrenzter und an eine bestimmte Region gebundener Gott ist, sondern ein Gott, der Erde und Himmel in Schrecken versetzt, der also überall erscheinen kann und erschienen ist, um sich und seine Herrlichkeit (Transzendenz und Nähe zugleich) zu offenbaren.

Wie aber kommt es dann zur Auffassung vom Sinai als einem Berg, wie ihn mindestens die spätere biblische Tradition kennt? Vielleicht spielte hierfür der Kontakt mit der kananäischen Religion des Kulturlandes eine entscheidende Rolle, insofern diese eine Reihe von Gottesbergen (bzw. -hügeln) kannte. Israel griff diese Idee zwar auf, zumal es ja selbst auch seinen Gott auf einem „Berg", dem Zion, verehrte, aber es lokalisierte den Berg der besonderen Offenbarung und des Bundes gerade in der Wüste, d. h. außerhalb seiner Existenz im kananäischen Kulturland, das ständig verführerisch dazu verlockte, sich lieber auf Baal und seine Astarte einzulassen. Mit der Lokalisierung des Gottesberges in der Wüste war somit ein deutliches Zeichen gesetzt: Jahwe ist nicht Baal, er ist keine „liebliche" Personifizierung von Fruchtbarkeit und Lebensrausch, er ist vielmehr der Wüstengott, der im Land des Todes Leben gewährt, solange Israel auf ihn hört und sich ganz und gar auf ihn verwiesen versteht und verhält. „Das ‚Herabsteigen Jahwes zum Zion [wurde also] erzählerisch an einen Berg ‚in der Wüste Sinai verlegt, um die Distanz des neuen Jahweberges [Zion] zu den kananäischen

Götterbergen festzuschreiben."[32] Diese Konzeption bedeutet – wie Zenger weiter ausführt – keine „Ent-geschichtlichung" der Heilsgeschichte: Es kann „gar nicht massiv genug betont werden: Die Sinaigeschichten Ex 19–34 sind tief getränkt von geschichtlichen Erfahrungen Israels, die Israel über Jahrhunderte hinweg – nicht punktuell, sondern permanent – gemacht hat, nämlich die Erfahrungen, dass Jahwe ‚der Gott aus Sinai' sein Volk immer wieder heimgesucht hat, verheißend und fordernd, strafend und vergebend. In den Sinaigeschichten hat Israel sein historisches Mysterium zu begreifen versucht, dass und wie es Volk Jahwes wurde und blieb. Dieses historisch einmalige Mysterium hat sich Israel erzählerisch in den Sinaigeschichten so vergegenwärtigt, dass es seine normative Gottesbegegnung als ein einmaliges Geschehen, als ein für alle Mal von Gott her gültig bleibendes Geschehen erzählt hat."

Dass die Lokalisierung des Gottesberges gerade in der Wüste zur entscheidenden Sinnspitze der Sinaigeschichten gehört, wird auch an Folgendem deutlich: Ab dem 7./6. Jh. vermied man die Bezeichnung „Sinai", da diese allzu sehr an den assyrischen Mondgott „Sin" erinnerte. Stattdessen sprach man (etwa in den Elija-Geschichten) von „Horeb". Horeb aber heißt übersetzt: Wüstengebiet. Der „ideelle" Berg Israels wird also deshalb in die Wüste platziert, weil Jahwe der Wüstengott ist, d .h. weil seine Charakteristika aufs engste mit der Erfahrung von Befreiung und Rettung in der Wüste, von seiner Lebensgabe am Ort des Todes bestimmt sind.

Wohin genau aber haben die biblischen Autoren diesen Gottesberg der Wüste nun lokalisiert? Dorthin, wo Jahwe ursprünglich „zu Hause ist"? Deswegen begannen wir unsere Suche rings um Kadesch.

In der Nähe von Kadesch, das wir damals nur mit besonderer Erlaubnis des israelischen Militärs aufsuchen konnten, fanden wir jedoch nicht einen einzigen Berg, der auch nur annähernd die genannten „Kriterien" eines Gottesberges erfüllt. Das ist besonders auch von dem 40 km von Kadesch entfernt gelegenen Djebel Halal zu sagen, der von einigen Forschern zur Lokalisierung vorgeschlagen wird. Er gehört phänotypisch – gemäß den anfangs genannten Kriterien – gewiss nicht zu den Gottesbergen; und wirklich überzeugende Möglichkeiten taten sich im Seir-Bergland gleichfalls nicht auf. So machten wir uns weiter auf den Weg in den südlichen Teil der Halbinsel, wo seit dem Altertum die Lage des Gottesberges angenommen wird.

Djebel Serbal, unweit des heute als „Sinai" oder „Horeb" lokalisierten Gottesberges. Von allen Bergen der Umgebung ist er der markanteste und am schwierigsten zu besteigen. Zudem dürfte es hier eine alte Kulttradition geben, die in nabatäischer Zeit greifbar wird. Für uns hat der Djebel Serbal die größte „Chance", ein (der?) biblische Gottes-berg zu sein.

Vielleicht hat hier bereits die Priesterschrift den Gottesberg vermutet, weil nur sie in Ex 16,14 eine auch naturkundlich zutreffende Beschreibung des Mannas gibt und dieses Tamariskenmanna[33] auf Grund der klimatischen Bedingungen einzig und allein in den Tälern des südlichen Sinaigebirges vorkommt. „Wenn die Priesterschrift den wunderbaren Sachverhalt, dass der gütige Gott sein unzufriedenes und murrendes Volk in der lebensfeind-lichen und unfruchtbaren Wüste vor dem Hungertod bewahrt hat, mit dem Tamariskenmanna erklärt, dann muss sie wohl der Meinung gewesen sein, dass die Israeliten durch den Süden der Halbinsel gezogen waren und irgendwo im dortigen Hochgebirge der Sinai lag."[34] Auch die Nabatäer haben schon vor 150 n. Chr. von der besonderen Heiligkeit dieses Teils der Halbin-sel gewusst und hier Heiligtümer gehabt; vielleicht haben sie diese sogar von der vornabatäischen Bevölkerung übernommen. Albrecht Alt geht mit seiner Vermutung sogar so weit, dass der hier ansässige nabatäische Kult „gerade-zu ein örtlicher Nachfolger des ältesten uns noch erkennbaren Jahwekultus" gewesen sei.[35] Das alles ist aber spekulativ.

Auch der Djebel Garet el Djenoun (2327 m), der Geisterberg der Tuareg im Herzen der Sahara, erfüllt die „Kriterien" eines Gottesberges: weithin sichtbare Lage; höchste Erhebung inmitten einer Ebene oder einer umgebenden Berg- oder Hügelwelt; hervorstechende Konturen bzw. außergewöhnliche Formen mindestens in Bezug auf die nähere Umgebung; schwere Zugänglichkeit.

Sicher ist nur, dass die älteste Zuschreibung des heutigen Sinai (greifbar ab ca. 313 nach Christus) durch Eremiten geschah, die sich nicht nur generell an die heiligen Stätten der Bibel zurückzogen, sondern die auch ganz speziell an den „historischen" Stationen der Wüstenwanderung Israels diese Strecke in allegorischer Weise als Weg der nach Vollkommenheit strebenden Seele nachvollziehen wollten und sich eben dazu auch auf die Suche nach dem Gottesberg machten. Diese ursprünglich auf Eremiten zurückgehende Platzierung des Sinai wurde dann durch nachfolgende Pilger (Aetheria u.a.) gewissermaßen bestätigt und durch die Klostergründung Justinians im 6. Jh. endgültig fixiert.

Wie kamen aber die Eremiten dazu, den heute als Sinai deklarierten Gottesberg auszuwählen? Vielleicht ist die einfachste Antwort darauf die, welche P. Maiberger gibt: „Weil er so hieß!"[36] Und er hieß so, weil aramäisch sprechende Nabatäer dem gesamten Gebirgsmassiv den aramäischen Namen Tur Sina, d. h. „Baumberg", „Strauchberg" oder auch „Dornbuschberg" gaben, und zwar wegen der dort zahlreich vorkommenden Dendriten.

Dendriten sind zweidimensionale strauch-, farnblatt- oder auch eisblumenartige Kristallisationen, die sich auf Grund der dortigen mineralischen Lösungen auf dem Gestein abgelagert haben und die schon seit alters, auch jetzt bei uns, besondere Aufmerksamkeit erregten und von denen wir einige Stücke mit nach Hause nehmen konnten. Nimmt man die Gründe für diese Zuschreibung als plausibel an, ergibt sich immer noch die Frage, warum dann nicht der viel höhere Katharinenberg oder der imposante, wohl am meisten unseren „Kriterien" für einen Gottesberg entsprechende Djebel Serbal in diesem Gebirgsmassiv als der biblische Sinai identifiziert wurde. Hierfür mag es verschiedene Gründe geben. Einmal ist der Serbal – wie wir am eigenen Leibe erfuhren – äußerst schwer zu besteigen. War das der Grund für die Mönche, einen leichter zu erreichenden Berg zu wählen? Oder fand man am heutigen Sinai-Berg und nur dort einen Dornbusch, der auf die Geschichte des brennenden Dornbuschs zurückverweist?[37] Oder stellte nur der heutige Gottesberg die passende Kulisse für die rings um die Theophanie berichteten übrigen Ereignisse dar? Eindrucksvoll ist in der Tat die dem Sinai vorgelagerte, ca. 500 ha große „Ebene der Bereitung", die etwa Ex 19,2ff entspricht. Aber sind durch solche Zuordnungen die biblischen Texte nicht völlig überfordert, insofern sie – wie wir sahen – kein historisches Detailwissen über eine weit zurückliegende Vergangenheit enthalten können?

Wie auch immer – der heute als Sinai vorgestellte Berg ist mit Sicherheit ein „Gottesberg" im Sinne der anfangs genannten „Kriterien" (auch wenn der Djebel Serbal es „noch mehr" ist). Für beide Berge treffen die Zeilen zu, die der große jüdische Dichter Jehuda Halevi aus Andalusien über den Gottesberg gedichtet hat:

> „Uns erfüllt mit Wonne manche Gegend,
> Doch kein Aug' hat je ein Land erblickt,
> Das an Schönheit je dich überböte.
> Hat der Himmel sich auf dich gesenkt,
> Oder bist du zu ihm aufgestiegen?"[38]

Mindestens seit frühchristlicher Zeit trägt dieser Ort Last und Segen des Gebetes und der gläubigen Zuordnung hunderttausender von Pilgern, christlicher wie moslemischer. An ihm, d.h. ihn vor Augen, entzündete sich die durch Origenes vorbereitete, aber dann durch Eremiten am Sinai entfaltete und von da an dann durch die Geschichte der Spiritualität weitergegebene Idee des „Aufstiegs" der Seele zu Gott. Angesichts dieser gewichtigen Faktoren wird die Frage nach der historischen Faktizität mindestens sehr zweitrangig.

Wüstenzeit – Idealzeit?

Die durch und durch positive Sicht der Wüste als Raum der Freiheit (eine Sicht, die wir später noch ins rechte Gleichgewicht mit einer anderen, der negativen, bringen werden) ist der Grund, dass eine Reihe von Autoren die Wüstenzeit Israels als „Idealzeit" verstehen und von einem „nomadischen Ideal im Alten Testament" (K. Budde) sprechen.[39]

Zu diesem Ideal gehört die Relativierung des Opferkultes, ruft doch Amos (5,25) aus: „Habt ihr mir etwa Schlachtopfer und Gaben dargebracht, während der vierzig Jahre in der Wüste?" Und Jeremia (7,22) verkündet in ähnlicher Weise: „Ich habe euren Vätern, als ich sie aus Ägypten herausführte, nichts gesagt und nichts befohlen, was Brandopfer und Schlachtopfer betrifft." Damit wollen – so einige Exegeten – die Propheten offenbar ihre Zeitgenossen provozieren: Wie damals in der Wüste fordert Jahwe etwas anderes als kultische Opfer, die generell im Nomadentum gegenüber der Hingabe des Herzens zurücktreten.[40] Darüber hinaus gibt es nach einigen

Autoren im Alten Testament auch insofern ein „nomadisches Ideal", als Gott bei Hos 12,10 verspricht, dass er in der verheißenen Heilszeit Israel „wieder in Zelten wohnen lassen werde wie in den Tagen der (ersten) Begegnung", da Gott selbst nach 2 Sam 7,5f in einer Zeltwohnung im Volk zugegen war. Mit Verweis auf Am 5,21ff, Jer 35 sowie auf die schon erwähnten Jer- und Hos-Texte wird sogar das am Sinai gegebene Gesetz in seiner Urform als typisch für das nomadische Leben gedeutet. Die Auffassung von einem „Nomadenjahwismus", der sich an der Wüstenzeit orientierte und sich bei einigen vorexilischen Propheten auch in der Kritik am städtischen Leben und an Formen der sesshaften Gesellschaft niederschlug, erlangte im Blick auf Qumran, dem Rückzugsort einiger Essener in der Wüste, noch einmal neuen Auftrieb.

Doch wenn sich auch einige Texte auf ein „nomadisches Ideal" hin interpretieren lassen, dürften Extremstandpunkte in diesem Punkt kaum der Wirklichkeit entsprechen. Es kann nämlich zum Verständnis des Gesamtbefundes nicht übersehen werden, dass – ganz abgesehen von der noch zu behandelnden negativen Seite der midbār – die Wüste wesentlich Übergang war, eine erste Phase, um in das Land zu gelangen, wo sich erst Gottes Verheißungen, die volle Freiheit zumal, erfüllen.

Das gilt auch für die Leute von Qumran; sie haben ihre Existenz in der Wüste nicht als Ideal aufgefasst, sondern als Vorbereitung für einen neuen Einzug in das von Gott versprochene Land. Auf der anderen Seite aber konnte, da Gottes gütige Führung sowie ein Leben in Freiheit im Bund mit Gott bereits in der Wüste anhoben, aus eben dieser „Betonung des Heilscharakters der Wüstenzeit ... im Judentum die Neigung [erwachsen], ihr alles Große und Herrliche zuzuschreiben. Die Züge der Endzeit ... werden schon in sie zurückgetragen, ebenso aber ihre Züge mit der messianischen Endzeit verbunden. ... So entstand der Glaube, dass jene entscheidenden Heilszeichen des Endes ihren Ausgang gleichfalls in der ἔρημος [Wüste] haben: dass dort der Messias erscheinen werde. Dieser Glaube wirkte sich konkret dahin aus, dass revolutionär-messianische Bewegungen mit Vorliebe in die ἔρημος zogen (Ag 21,38); daher Mt 24,26."[41]

Hintergrund der idealen Sicht der Wüste dürfte die priesterliche Theologie der Wüste sein, wonach diese vornehmlich als jener „Ort" verstanden wird, wo Gott seinem Volk ganz unmittelbar begegnet und ihm nahe ist. Deswegen wird in der priesterschriftlichen (exilischen!) Überlieferungsschicht schon in der Wüste das heilige Zelt, die Wohnstatt Jahwes, gebaut und auf dem Zug durch die Wüste mitgeführt. Auf diese Weise wird bereits die Wüste als Ort göttlichen Heils gekennzeichnet und der Hoffnung Ausdruck gegeben, dass auch in der „Wüste der Völker", nämlich im Exil, Israel von Gott nicht verlassen wird. Mehr noch: laut DeutJes 41,18f und 43,19f, der ebenfalls im Exil als Prophet der Hoffnung auftritt, steht gerade die Wüste unter der endzeitlichen Verheißung Gottes:

> „Auf den Sandhügeln lasse ich Ströme hervorbrechen …
> Ich wandle die Wüste zum See, das ausgetrocknete Land zur Oase.
> In der Wüste pflanze ich Zedern, Akazien, Ölbäume und Myrten …
> Dann werden alle sehen und erkennen, begreifen und verstehen, dass die
> Hand des Herrn das alles gemacht hat …
> Seht her, ich mache etwas Neues.
> Schon kommt es zum Vorschein, merkt ihr es nicht?
> Ja, ich lege einen Weg an durch die Steppe, eine Straße durch die Wüste …
> Ich lasse in der Steppe Wasser fließen und Ströme in der Wüste,
> um mein Volk, mein erwähltes zu tränken.
> Das Volk, das ich mir erschaffen habe, wird meinen Ruhm verkünden."

Die von Gott zum „Urparadies" verwandelte Wüste wird mithin zum entscheidenden Bild der Vollendung. Das Chaos der Wüste wird durch die paradiesischen Wasser des Lebens zum endgültigen Kosmos, in dem das ursprüngliche Schöpfungsgeschehen („vom Chaos zum Kosmos") seine Erfüllung findet. Diese künftige Erfüllung kann gemäß Ps 84,7f jetzt schon ihren Vorschein zeigen:

> „Selig die Menschen, deren Stärke in dir gründet
> die Pilgerwege in ihrem Herzen haben.
> Ziehen sie durch das Tal der Dürre,
> machen sie es zu einem Quellgrund,
> ja, mit Segen bedeckt es der Frühregen.
> Sie gehen von Kraft zu Kraft,
> bis sie schauen den Gott der Götter in Zion."[42]

Hiernach „ist es nicht mehr JHWH, der … durch die Wüste zieht und diese in eine paradiesische Landschaft des Lebens verwandelt, sondern es sind ‚die Gottes-Pilger'. Sie bewirken die ‚Gottes-Welt' – dadurch dass sie ‚die

Zions-Straßen' in ihrem Herzen haben. … Wenn Menschen, die von Sehn-sucht nach Gott bewegt sind, Regionen des Todes betreten, verwandeln sie die Wüsteneien in paradiesische Oasen. … ‚Die, welche in Gott den Quell ihrer Kraft finden, machen auch die schlimmsten Lebenswege … zu Pfaden des Heils für sich selbst und das Reich Gottes überhaupt'."[43]

Wüste als Raum des Todes

All das bisher Dargelegte bliebe einseitig, ja falsch, nähmen wir jetzt nicht auch die andere, die negative Seite der Wüste wahr. Wie das Meer ist die Wüste eine lebensfeindliche Landschaft. Deshalb wird, wie in Gen 1,2 das Meer, so in Gen 2,5 die Wüste als Bild für das Ur-Chaos gezeichnet, in dem (noch) kein Leben möglich ist. Diese „urgeschichtliche" Einsicht knüpft an natürliche Erfahrungen an: Die Wüste ist das Land unerträg-licher Gegensätze: es ist „das Land der brennenden Sonnenglut" (Hos 13,5) wie auch „das Land der Dunkelheit, das keiner durchwandert und niemand bewohnt" (Jer 2,6). Als Raum der Öde und Leere ist sie ab-schreckend und furchtbar, sie birgt vielfache Gefahren in sich: Ihre Weg-losigkeit führt in die Irre; ihr starker Wind treibt alles, Pflanzen, Tiere, Menschen wie Spreu vor sich her (vgl. Jer 13,24 u.ö.); Ungeziefer (Schlan-gen und Skorpione) sowie Tiere, die als unrein gelten (Hyänen und Scha-kale, Geier, Kamele, Wildesel), lauern überall und gefährden den Men-schen. Dazu ist Wüste unwirtlich und unfruchtbar und verweigert auf Grund ihrer Wasserarmut das Leben. Darum ist sie noch einmal mehr Raum des Todes. Ja, sie ist der Ort, wo die Erde gewissermaßen ihr Maul öffnet und die Totenwelt alles Lebende verschlingen kann (vgl. Dtn 11,6). Deshalb ist sie auch voll von Dämonen und Spukgestalten, den Boten des Todes:

> „Wilde Hunde und Hyänen treffen sich hier,
> die Bocksgeister begegnen einander.
> Auch Lilit (die Nachthexe) ruht sich dort aus
> und findet für sich eine Bleibe" (Jes 43,14).

Ganz ähnliche Erfahrungen sind in anderen altorientalischen Schriften ver-arbeitet, so z. B. im ägyptischen Totenbuch (175,2). Hier klagt Osiris über die Wüste, die wasserlos ist, dunkel lastet, in ihrer Grenzenlosigkeit dem Menschen die Luft abschneidet und ohne Liebesfreuden ist.

All solche und ähnliche Erfahrungen zusammengenommen, führten den alttestamentlichen Menschen dahin, die Wüste als „Irrnis und Wirrnis" zu betrachten, als eine Landschaft, die gegenüber den guten Schöpfungswerken Gottes das Anfangsstadium der Welt, das Urchaos, widerspiegelt. Nicht von ungefähr trieb man darum am großen Versöhnungstag einen mit allen „Verschuldungen der Israeliten" beladenen Bock in diesen Raum des Unheils und des Todes. Und nicht von ungefähr drückt die Sprache Israels bis heute ödes Daliegen, Vom-Leben-abgeschnitten-Sein und Entsetzen mit einem einzigen Wort aus. „All dies fließt in dem Begriff emamah ‚Wüste, Öde, Entsetzen' zusammen."[44] Und überall da wird die gute Welt wieder zum Chaos, wo Gottes lebensspendende Ordnung vom Menschen zurückgewiesen und als Strafe dafür die Ver-Wüstung verhängt wurde. So nimmt – um nur ein Beispiel von vielen anderen zu nehmen – der Prophet Jeremia wahr:

„Ich schaute hin: Das Gartenland war Wüste,
und all seine Städte waren zerstört,
zerstört durch den Herrn, durch seinen glühenden Zorn.
Ja, so spricht der Herr:
Das ganze Land soll zu Öde werden" (Jer 4,26f).

Und diese Strafe Ver-Wüstung wird parallelisiert mit Aussagen, die dem Anfang der Genesis entnommen sind und das Werk der Schöpfung kontrastieren:

„Ich schaute die Erde an. Sie war wüst und leer (wâbohû).
Ich schaute zum Himmel: Er war ohne sein Licht.
Ich schaute die Berge an: Sie wankten" (Jer 4,23f).

Diese Überzeugung, wonach die Wüste dem Chaos am Schöpfungsbeginn entspricht, lässt noch einmal neu und tiefer verstehen, warum die Geburt Israels gerade in der Wüste erfolgte. Damit ist zum Ausdruck gebracht: Die Berufung zum Gottesvolk ist ein Schöpfungsgeschehen, Neuschöpfung. So wie am Anfang der Zeit alles durch Gottes schöpferisches Wort aus dem Chaos des Nichts ins Sein gerufen wurde, so schafft Gott in der Wüste, im

Raum des Chaos und des Todes, etwas ganz Neues: sein geliebtes Volk. Dieses darf so lange in der besonderen Beziehung zu Gott und damit im Raum der Lebensfülle und Freiheit wandeln, als es im Bund mit ihm verbleibt und ihm entspricht. Wenn nicht, wird die Wüste wieder zum Chaos, zum Raum der Unfreiheit, der Misere und des Todes.

Und eben so versteht die Heilige Schrift den Wüstenzug Israels. Faktisch war das Volk Gott widerspenstig; faktisch wurde die Wüste zum Raum ständigen Murrens, ja der Meuterei gegen Gott bzw. – als dessen Kehrseite – zum Anlass apathischer Resignation („Wären wir doch in Ägypten oder wenigstens hier in der Wüste gestorben!": Num 14,2) und halluzinierter Übertreibungen („Das Land, das wir durchwandert haben, frisst seine Bewohner auf; … sogar die Riesen haben wir dort gesehen": Num 13,32). Da Israel die helfende und rettende Gegenwart Gottes in Frage stellte, wurde die Wüste zum Ort und zur Zeit der Bedrängnis, der Mühsal und des Todes. Eine ganze Generation musste gar darin umkommen, bis Gott einen Neuanfang schenkte.[45]

Murren und Halluzinieren: all dies geschah für die Heilige Schrift nicht nur einmal, in jener Zeit der „vierzig Jahre" zwischen Ägypten und Landnahme. In analoger Weise wurde und wird immer wieder der Fluch der Wüste verhängt, wenn das Gottesvolk untreu wurde. Dann proklamiert Gott:

„Ich ziehe sie aus [gemeint ist das Gottesvolk als ehemals geliebte Frau],
und stelle sie hin wie am Tag ihrer Geburt;
ich mache sie der Wüste gleich,
wie verdorrtes Land wird sie sein,
ich lasse sie verdursten" (Hos 2,5).

Oder:

„Deine heiligen Städte sind zur Steppe geworden
Zion wurde zerstört, Jerusalem ist eine Wüste" (Jes 64,9).

So wird, wenn Gott infolge menschlichen Ungehorsams seine Lebenszuwendung entzieht, die Wüste erneut zum Raum des Todes, umgekehrt aber bezeugt sich der Segen Gottes gerade dadurch, dass er das Chaos der Wüste umformt und Israel wiederherstellt. Die zwei Gesichter der Wüste, das positive und das negative, beziehen sich also nicht einfach auf zwei historische Phasen, in denen Israel die Wüste erlebt hat: die erste kürzere Zeit, bis man zum Gottesberg gelangte, eine Zeit, die als „Brautzeit" und Zeit der „ersten Liebe" erfahren wurde, und dann die erheblich längere Zeit des Herumirrens in der Wüste, da man Tod und Unheil als den Fluch Gottes über Unglauben, Abtrünnigkeit und Zweifel an seiner Führung entgegennehmen musste (so: Talmon). Vielmehr entspricht das „Doppelgesicht" der Wüste einer sich immer wiederholenden Erfahrung: Das Todeschaos der Wüste wird nur ertragen, überwunden, ja ins Gegenteil: in Leben, Befreiung und Freiheit, verwandelt, wenn der Mensch sich der Führung Gottes, seinen Weisungen und Verheißungen, anvertraut und die Wüste als Land der Hoffnung durchwandert.

Doppelcharakter der Wüste

Dieser Doppelcharakter der Wüste zeigt sich nicht nur als eine vergangene heilsgeschichtliche Erfahrung. Er drängt sich jedem unweigerlich auf, der sich auf diese Landschaftsform einlässt. Die Wüste ist von sich her faszinierend und schrecklich zugleich; sie ist wunderbar abwechslungsreich und kann zugleich grauenhaft langweilig sein; sie ist – wie Manfred Scheuer zu Recht im „Tagebuch" vermerkt – „kaputte Landschaft" und „Traumlandschaft".

Auf unseren Wüstenfahrten haben wir uns oft gefragt und uns manche Abende darüber ausgetauscht: Wie kommt es nur, dass wir diese Landschaftsform Wüste als „schön" erleben, wo doch so wenig Leben, Fruchtbarkeit und Fülle in ihr zu finden ist, stattdessen so viel Armut, so viel totes Gestein und Geröll, so viel lebloser Sand und erstickender Staub. Was macht eigentlich im Letzten ihre faszinierende Schönheit aus, welche ihrer Reize erwecken unsere Sehnsucht nach ihr? Auch Antoine de Saint-Exupéry, der große Freund der Wüste, der drei Jahre in der Sahara lebte, hat über diese Frage nachgegrübelt: „Wie so viele andere habe ich über ihren Zauber nachgedacht. Jeder, der das Leben in der Sahara, wo alles nur Armut und Einsamkeit zu sein scheint, kennen gelernt hat, weint diesen Jahren als den schönsten seines Lebens nach. Die Worte ‚Heimweh nach dem Sande', ‚Heimweh nach der Einsamkeit', ‚Heimweh nach dem Raume' sind nur literarische Formeln und erklären nichts."[46] Wo liegt dann aber die Erklärung, worin liegt wirklich der Zauber dieser „Todeslandschaft Wüste" begründet?

Dazu mag es gewiss verschiedene zutreffende Antworten geben, etwa: Die Wüste ist auf Grund der oft bizarren Verwitterungsphänomene buchstäblich eine Traumlandschaft, deren ungewohnte, oft nie zuvor gesehene oder auch nur erahnte Formen so schön sind, wie ein Kunstwerk, das Neues und bisher Ungesehenes zur Darstellung bringt; oder: Die Wüste hat etwas „unberührt Paradiesisches" an sich, da sie ganz „sie selbst" ist, nicht deformiert von menschlicher Technik und nicht für irgendetwas funktionalisiert. Doch bleibt bei all dem die Frage: Warum erdrückt nicht der Todescharakter dieser Landschaft die Elemente des Schönen und Erhabenen? Warum ist hier der „Tod" schöner als das „Leben"?

Eine mich überzeugende Antwort fanden wir 1987, da wir nach Durchquerung des Erg von Bilma nahe dem Tschadsee die Sahelzone betraten. Was sich uns da bot, war erschreckend, bestürzend, grauenhaft. Selbst unser Führer, ein „Sohn der Wüste", war fassungslos. Die Gegend, die noch zwei Jahre zuvor zum Savannengürtel des Sahel gehörte, war seitdem durch die vordringende Wüste buchstäblich vom Leben zum Tod gebracht: Der einstmals von einer dünnen Grasnarbe und einer zwar sparsamen, aber doch freundlichen Vegetation überzogene Boden – jetzt überlagert von Sandschichten; das, was früher Bäume waren – nun morsche Silhouetten ohne jedes Grün; die Zweige – verdorrt aus dem Sand ragend; die Vogelnester auf den Ästen, ehemals Zeichen der vielfältig bunten Vogelwelt des Sahel – nun leblos und verlassen. Alles Leben war erloschen. So wirkte die verwüstete Landschaft trostlos und erschreckend. Einem von uns kam in den Sinn: Ähnlich würde die Welt nach einem Atomkrieg aussehen.

Es ist bekannt, dass die vordringende Wüste in den letzten 50 Jahren die Sahara um 65.000 km^2 vergrößert hat (ein Gebiet mehr als doppelt so groß wie Belgien) – mit zunehmender Beschleunigung. Zur Zeit wächst sie jährlich um rund 2000 km^2, fast eine Fläche von der Größe Luxemburgs. Und jedes Jahr dringt sie weiter vor. Grund sind die – dank moderner Veterinärmedizin – wachsenden Viehherden, welche die Vegetation zertrampeln (jedes Schaf weidet täglich eine Fläche von 40 x 50 Metern radikal ohne Überreste von Grashalmen ab) und denen man mangels ausreichender Weiden Blätter und grüne Zweige vorwirft (weshalb wiederum der Baumbewuchs eingeht), Grund ist vor allem auch die – auf Grund sinkender Kindersterblichkeit und besserer medizinischer Versorgung – wachsende Bevölkerung, welche die begrenzten Wasserressourcen ausbeutet und den ohnehin spärlichen Baumbestand durch Abholzung eliminiert (400 kg Holz verbraucht jeder Sahel-

Die mörderische Wüste! Noch zwei Jahre zuvor war in dieser Sahel-Landschaft der Boden von einer dünnen Grasnarbe und sparsamer Vegetation überzogen. Jetzt hat die vordringende Wüste alles mit Sand erstickt: Die früheren Bäume wurden zu morschen Silhouetten, ihre Zweige ragen verdorrt aus dem Sand heraus. Alles trägt das Zeichen von Vernichtung und Tod.

bewohner pro Jahr oder nach einer anderen illustrativen Rechnung: Um eine Kanne Mokka zu trinken, müssen als Brennmaterial auf einer Fläche von 20 x 50 Metern alle brennbaren Pflanzenteile ausgerissen werden![47]). So dringt die Wüste unaufhaltsam vor und tötet alles Leben. Genau diese mörderische Wüste aber, welche die Spuren lebensvernichtender Gewalt hinter sich zieht und zerstörerisch immer weiter voranschreitet, ist das genaue Gegenteil von „schön". Sie ist hässlich, schrecklich, abstoßend.

Auf diesem negativen Hintergrund zeigt sich nun aber das tiefste Wesen jener ganz und gar anderen Wüste, die überwältigend schön ist und faszinierend und in ihren Bann zieht. Gewiss, sieht man einmal davon ab, dass die Wüste nie ohne jedes Leben ist – einen spärlichen Pflanzenwuchs, ein paar wenige Tiere und (besonders!) immer neu vom Wind in den Sand gezeichnete und darum höchst „lebendige" Muster trifft man fast überall an –, so ist auch diese Wüste, gleich der anderen „mörderischen", durch einen Mangel an Leben und Fruchtbarkeit charakterisiert. Aber dieser zeigt sich bei ihr nicht als Ergebnis eines zerstörerischen Prozesses, als Ver-Wüstung. Ihr Mangel an Leben und Unfruchtbarkeit ist vielmehr eine Art von Armut, die an möglichen Reichtum denken lässt, ist Fehl, der auf Fülle verweist, ist „Tod", der künftiges größeres „Leben" ankündigt. Der „Nullpunkt" (an Leben), den diese Wüste erreicht hat, zeigt sich nicht als Resultat einer

Nichtung (auch wenn er es de facto ist), sondern in ihm ist ein „Nullpunkt" erreicht, von dem aus es nur aufwärts gehen kann: von Leere zur Fülle, vom Mangel zum Überfluss, vom Tod zum Leben. Es ist eine Situation, von der Rainer Maria Rilke in der fünften „Duineser Elegie" schreibt:

> „Und plötzlich in diesem mühsamen Nirgends, plötzlich
> die unsägliche Stelle, wo sich das reine Zuwenig
> unbegreiflich verwandelt –, umspringt
> in jenes leere Zuviel.
> Wo die vielstellige Rechnung
> zahlenlos aufgeht."[48]

Gerade das „unnütze Nirgends" und das „reine Zuwenig" der Wüste kann zum Ort einer urplötzlichen, unbegreiflichen Verwandlung in ein grenzenloses, nicht mehr quantifizierbares und in diesem Sinn „leeres Zuviel" werden. Gerade darin dürfte jener Zauber liegen, der die Wüste so schön und faszinierend macht. Sie zeigt sich von sich selbst her als Hoffnungslandschaft, die unter dem Mantel von Mangel, Unfruchtbarkeit und Tod bereits auf Neues verweist, ja Neues in sich birgt. „,Es macht die Wüste schön', lässt Saint-Exupéry seinen „kleinen Prinzen" sagen, ‚dass sie irgendwo einen Brunnen birgt.'"[49]

So gesehen ist es kein Wunder, dass in der Heilsgeschichte gerade vom „Nullpunkt Wüste" aus das Leben des Gottesvolkes beginnt. Und es ist nicht von ungefähr, dass dieses Volk und Einzelne seiner Glieder immer wieder in die Wüste zurück müssen, um jene „unbegreifliche Verwandlung" zu erfahren. Hier in der Wüste erhält auch das spirituelle Stichwort von der „Gnade des Nullpunkts" seine ikonenhafte Anschaulichkeit. Erst die erlittene Armut und Leere, erst der erfahrene „Tod" führen zur Erkenntnis, dass man aus sich heraus nichts vermag, und lassen neu die Hoffnung auf Den erwachen, der Reichtum, Fülle und Leben verheißt und verschenkt. Ist es darum so verwunderlich, dass es gerade der reichen und selbstbewussten, wohlorganisierten und pastoralstrategisch durchstrukturierten Kirche unserer Länder so schlecht geht, besser: dass ihr die „Gnade des Nullpunkts", ein Weg durch die Wüste, zugemutet wird? Es liegt an jedem selbst, ob er diese Wüste nur als „mörderisch" versteht und den „Nullpunkt" nur als Resultat eines zerstörerischen Prozesses oder ob er in der „Hoffnungslandschaft Wüste" die Quelle des Lebens entdeckt, wie es ein Text von Ernst

Degasperi unter der Überschrift „Weg zur Wüstenerkenntnis" eindringlich formuliert:

Ausgezehrt erkannte ich
Wüste ist Quelle des Todes
Tod ist Quelle des Lebens
Leben ist Quelle des Seins
Sein ist Quelle der Gnade
Gnade ist Quelle des Ichs
Tanzende Kreise
Drehendes Schwarz
Ziehendes Licht
Da stieß Gott in meine Ohnmacht
‚Quelle sei mir
in der Wüste des Lebens'.[50]

Wüste im Deuteronomium – eine ganzheitliche Sicht

Die verschiedenen biblischen Dimensionen der Wüste sind im Buch Deuteronomium zusammengefasst, da sich hier nicht nur, wie in den Büchern Exodus und Numeri, die Schilderung einzelner Wüstenereignisse findet. Vielmehr wird – auf dem Hintergrund von Einzeltraditionen – die ganze Wüstenzeit gedeutet und für das Israel der Gegenwart aktualisiert. Gerade auf die Bedeutung des Themas Wüste *hier und jetzt* kommt es dem „fünften Buch Moses" an. Wenn Mose in seinen „Abschiedsreden" kurz vor dem Einzug in das Land der Verheißung, das er selbst nicht mehr betreten wird, an die vergangenen Jahre in der Wüste erinnert und das Volk neu dazu herausfordert, Antwort auf den Bund Gottes zu geben, so geht es hier nur auf den ersten Blick um einen historischen Rückblick auf den vierzigjährigen Wüstenaufenthalt Israels. In Wirklichkeit ist die „historische Szenerie" – wie heutige Exegese einhellig und mit guten Gründen zeigt – *fiktional*. Besser: sie ist literarische Form und konkretes Mittel, durch welche das Buch Deuteronomium die *gegenwärtige* Generation ansprechen, herausfordern und in Bewegung setzen will. Die damals, zur Zeit der Abfassung dieser Schrift, gegenwärtige Generation ist das Israel, das sich im Exil befindet und im Begriff steht, nach den Jahren der Verbannung, in seine Heimat, das von Gott verheißene Land, zurückzukehren. Die im Deuteronomium thematisierte und erinnerte Wüste ist also in Wahrheit Bild für das Exil und die Vorgänge, die dahin führten. Das lässt sich anschaulich Ez 20,21f.35 entnehmen: Der Zorn, den Gott in der „realen" Wüste über Israel verhängt hat, ist Vorwegnahme jenes Zorns, der sich im Exil erfüllt: „Ich bringe euch in die Wüste der Völker." Hierher, in die „Wüste", ist der Weinstock Israel verpflanzt und hier ist er dabei zu vertrocknen (vgl. Ez 19,13).

Die Wüste ist also *Gegenwart*. Was damals nach dem Auszug aus Ägypten geschah, ist Bild für das Hier und Heute, so wie umgekehrt das Hier und Heute durch das Vergangene interpretiert wird. Wüste ist im Deuteronomium also nicht einfach eine geographische Landschaftsform, sondern eine zeitliche „Situation", weshalb für sie auch die Chiffre „vierzig Jahre" stehen kann. Es ist die Situation zwischen dem Berg Horeb, dem Ort der Theophanie, der Gotteserfahrung und des Bundes, *und* dem „Berg der Amoriter" (Dtn 1,19), der synonym für das verheißene „gute Land" steht (vgl. Dtn 3,25). Zwischen diesen beiden „Bergen" liegt die „Wüste".

Auf diesem Hintergrund deutet das Deuteronomium – mit unterschiedlichen Akzenten in den verschiedenen literarischen Schichten – sowohl die „historische Zeit" des Exodus, da Israel aus Ägypten in die Freiheit aufbrach, als auch und vor allem die „Wüste" des Exils und die Situation, in der Israel jetzt steht: da ihm neu angeboten wird, die Verheißung Gottes in Besitz zu nehmen. So finden wir folgende ineinander liegende Charakterisierungen der „Wüste":

(1) Wüste ist der Ort, wo Gott Israel als seinen Sohn „entdeckte": „Der Herr fand ihn in der Steppe, in der Wüste, wo wildes Getier heult. Er hüllte ihn ein, gab auf ihn Acht und hütete ihn wie seinen Augenstern, wie der Adler, der sein Nest beschützt und über seinen Jungen schwebt, der seine Schwingen ausbreitet, ein Junges ergreift und es flügelschlagend davonträgt. Der Herr allein hat ihn geleitet, kein fremder Gott stand ihm zur Seite" (Dtn 32,10f). Gott „*trug*" also Israel (Dtn 1,31), so wie Eltern ihr Kind zärtlich durch alle Gefährdungen tragen und schützend umsorgen. Das heißt: Die Wüste ist – gewissermaßen in Verlängerung all dessen, was Gott in der Befreiung am Schilfmeer für Israel getan hat – die Zeit einer besonderen, wunderbaren Fürsorge und Liebe Gottes zu seinem Volk, wo diesem nichts gefehlt hat (Dtn 2,7; siehe auch 8,3f), wo Israel Gottes große Taten „sah" (Dtn 11,2) und sich als ganz von ihm und seinem Geleit abhängig erfuhr.

(2) Wüste ist die Zeit und der Ort, da Gott sein Volk zu *erziehen* suchte und auf die Probe stellte (Dtn 8,5; 8,16; 11,2). Israel sollte lernen, sich allein an Gott zu halten, ja, Jahwe als seinen Gott „wirklich" wahrzunehmen (Dtn 29,2f). Deswegen brachte Gott sein Volk in Not und Bedrängnis, um zu erforschen, wie Israel in der Tiefe seines Herzens zu ihm stand. Aber die Probe bestand Israel nicht; es setzte sein Vertrauen auf andere Götter (das „Goldene Kalb" am Horeb: Dtn 9,16); es hielt sich nicht an die Weisungen seines Gottes (9,7) und misstraute ihm ständig aufs Neue (6,16) bis dahin, dass es den Zusagen Gottes Zustimmung und Bereitschaft zum Mithandeln entzog (Dtn 9,22 mit Bezug auf Num 13-14). Was Gott bei all dem forderte und wozu er Israel erziehen wollte, „ist allein der Glaube, wenn einen die Angst überfällt. Genau hierin hat Israel ... versagt, obwohl es diese Lektion am Schilfmeer hätte lernen sollen."[51] Wohlgemerkt: All dies wird nicht einfach als Erinnerung des historischen Wüstenaufenthalts ins Gedächtnis gerufen, sondern es dient zur Charakterisierung der ganzen Königs- und Exilszeit: So war es immer mit Israel.

(3) Deshalb wird die Wüste zur *Strafe*, zum Ort und zur Zeit, da Gott nicht für, sondern gegen Israel kämpft. Eine Generation muss hinwegsterben und eine neue wird erwartet, die wieder aus dem Glauben lebt und der deshalb ein neuer Anfang angeboten wird.

(4) Dass Gott aber seine Zusage nicht ganz zurückzieht, verdankt Israel der Fürsprache des Mose, nicht nur einmal am Horeb (Dtn 10,10), sondern in der ganzen Wüstenzeit (Dtn 9,22). Dass Gott Israel nicht aufgibt, obwohl es nie seine Weisungen beobachtet hat, ist reine Gabe Gottes, Frucht der Fürbitte Moses, aber auch, vor allem sogar, Konsequenz der den Erzvätern zugeschworenen Verheißungen, Folge seiner Treue, an die Mose ihn erinnert. Von daher trägt die Erziehung Gottes in der Wüste nicht nur das Prägemal der Strafe, sondern auch des Erbarmens, der Vergebung und neuen Segens.

(5) All dies aber ist Vorbereitungszeit für das, was jetzt gewissermaßen als „Ziel" der Wüste bevorsteht: der neue Bund, die wahre Gotteserkenntnis. Bisher hatte Israel noch „kein Herz, um wirklich zu erkennen" (29,3), doch nun wird sich die Verheißung erfüllen, dass Gott das Herz beschneidet (30,6) und neu den Bund besiegelt (29,6).

Noch einmal: All das sind – im Sinne der Autoren des Deuteronomiums – nicht Aussagen über die Vergangenheit, sondern sie gelten für das Volk des (nunmehr vor dem Ende stehenden) Exils. Die Exilanten, die vor der Heimkehr stehen, können und sollen sich nochmals als das Israel der Wüste betrachten. Mehr noch: Die Aussagen gelten nicht nur für sie, sondern auch für die Zeit, die zwischen erster Landnahme und Exil liegt. „Insofern hat die Wüste so etwas wie Urzeit-Charakter."[52] Sie ist Typos, Prototyp für die ganze bisherige Existenz Israels, und sie bleibt es sogar für die nachexilische Zeit, da Israel noch immer nicht den vollen Schalom des Landes besitzt. Die Zeit Israels ist also als Ganze (noch) Zeit der Wüste und das heißt: Zeit der besonderen Fürsorge Gottes, Zeit der Erziehung, Zeit der Strafe, Zeit der Fürbitte, der Treue Gottes und seines Erbarmens und schließlich Zeit, in der stets aufs Neue „Beschneidung des Herzens", Bund und Gotteserkenntnis bevorstehen. Ja, wenn man bedenkt, dass für Israel mit dem Buch Deuteronomium, das mit dem Blick auf die bevorstehende Landnahme endet, die Tora, der atl. Kanon der Heiligen Schrift, im engen Sinn, abschließt und danach in der synagogalen Lesung wieder neu die Schöpfungsgeschichte von Genesis gelesen wird, so lässt sich sagen: „Die Tora als Ganze spricht zu einem Israel, das noch gar nicht in sein wirkliches Heil eingezogen ist."[53] So ist die Wüste „die bleibende Hörsituation der Synagoge."[54] Aber nicht nur der Synagoge, sondern auch der Kirche. Auch sie ist noch außerhalb des verheißenen Landes, fern der „ewigen Stadt" (Hebr 4; 13,14), unterwegs in der Wüste dieser Welt (vgl. Offb 12,14). Ihr gilt darum das gleiche „Doppelgesicht" der Wüste als Gleichnis und Mahnung, wie 1 Kor 10,11 es ausdrücklich hervorhebt. Nachdem hier an das Murren des Volkes und seine Bestrafung in der Wüste erinnert wurde, heißt es:

„Das aber geschah an ihnen, damit es uns als Beispiel dient;
uns zur Warnung wurde es aufgeschrieben,
uns, die das Ende der Zeiten erreicht hat."

Wüste im Neuen Testament

Damit sind wir beim Neuen Testament. Dieses führt zunächst einmal bruchlos und selbstverständlich die alttestamentliche Doppellinie weiter: Die Wüste ist einerseits jener einsame Ort, an den Jesus sich zurückzieht, um der Menschenmenge zu entkommen (Mt 14,13 parr), um sich mit seinen Jüngern auszuruhen und zu entspannen (Mk 6,31), vor allem aber um die Beziehung zum Vater zu suchen und zu beten (Mk 1,35; Lk 5,16). So ist die Wüste der Ort engster Beziehung zu Gott, Zeit seiner Gnade und besonderer Zuwendung (vgl. Apg 7,41ff; 13,18; Joh 6,31.49). Andererseits ist sie voller Gefahren und Heimtücken (vgl. 2 Kor 11,26; Lk 10,30), eine Gegend, in die der Dämon die ihm Verfallenen hineintreibt (Lk 8,29).

Beides kommt zusammen in der Perikope über die „Versuchungen Jesu in der Wüste" (Mk 1,12f; Mt 4,1f; Lk 3,21f). So wie Gott Israel in die Wüste führte, „um es zu prüfen" (Dtn 8,16), so treibt der Geist Jesus in die Wüste, „um vom Teufel versucht zu werden" (Mt 4,1). „Hier lebte er bei den wilden Tieren, und die Engel dienten ihm" (Mk 1,13). Die Wüste ist also beides: „himmlische Engelslandschaft" und „gefährliches Bestiarium", und in der Mitte zwischen beidem steht der Mensch, der sich entscheiden muss. So wird auch Jesus in dieser zwei-einen Befindlichkeit der Wüste versucht.

Die Schilderung dieser Versuchungen zeigt – vor allem in der matthäischen Fassung – einen deutlichen Bezug zum Versagen Israels in der Wüste. Israel – hier wie auch sonst Realsymbol der ganzen Menschheit – hatte sich in der Wüste Gott entzogen und ihm sein Vertrauen gekündigt. Statt auf die Karte Gottes zu setzen, hatte der Mensch seinem eigenen „Begehren" nachgegeben: dem Begehren des Haben-Wollens (Speise und Trank: Ex 16,4 bzw. Dtn 8,2ff), des Bestätigung-finden-Wollens (durch die Provokation Gottes zum Wunder: Ex 17) und des Selbst-sein-Wollens (Lebensabsicherung gegen die göttliche Weg-Weisung: Ex 23). Hier springt Jesus nun gleichsam „in die Bresche".[55]

So weist z. B. seine erste Versuchung ganz auf Dtn 8,2ff bzw. Ex 16,4 zurück: Das Volk beklagt sich über Hunger. „Da sprach der Herr zu Mose: Ich will euch Brot vom Himmel regnen lassen. Das Volk soll hinausgehen, um seinen täglichen Bedarf zu sammeln. Ich will es prüfen, ob es nach meiner Weisung lebt oder nicht" (Ex 16,4). Genau diese Prüfung hatte auch Jesus zu bestehen, und er bestand sie so, dass er aus eigener Kompetenz sprach:

„Der Mensch lebt nicht nur von Brot, sondern von jedem Wort, das aus Gottes Mund kommt." (Mt 4,4 = Dtn 8,3).

Auch in der zweiten Versuchung zitiert Jesus aus dem Deuteronomium: „Ihr sollt den Herrn, euren Gott, nicht auf die Probe stellen, wie ihr ihn bei Massa auf die Probe gestellt habt" (Dtn 6,16). Dieses Gott-auf-die-Probe-Stellen bei Massa (Ex 17; Num 20) bestand darin, dass das nach Wasser dürstende Volk die zweiflerische Frage stellte: „Ist der Herr nun in unserer Mitte oder nicht?" (Ex 17,7). Auf den ersten Blick ist die zweite Versuchung Jesu anderer Art. Doch ist ihre „Struktur" ganz ähnlich: Gott soll ein „Schauwunder" wirken, indem er sich von den Tempelzinnen hinabstürzt, um von Gott gerettet zu werden. Damals war es Israel, das Gott zum wunderbaren Eingreifen provozieren und darin die Treue Gottes verdinglicht vor sich haben und sie beurteilen wollte. Nur inhaltlich geht es also bei der zweiten Versuchung Jesu um etwas anderes, gleichwohl zielt sie auf das Gleiche ab: auf die Provokation Gottes zum wunderbaren Eingreifen, auf die magische Verdinglichung seiner Treue.

Die dritte Versuchung Jesu bezieht sich auf einen Text aus dem Deuteronomium, der jene Situation im Auge hat, in der Israel im Begriff steht, das von Gott verheißene Land in Besitz zu nehmen. Es heißt: „Nimm dich in Acht, dass du nicht den Herrn vergisst, der dich aus Ägypten, dem Sklavenhaus, geführt hat. Den Herrn, deinen Gott, sollst du fürchten; ihm sollst du dienen. … Ihr sollt nicht anderen Göttern nachfolgen, keinem Gott eines Volkes, das in eurer Nachbarschaft wohnt. Denn der Herr, dein Gott, ist als eifersüchtiger Gott in deiner Mitte" (Dtn 6,12f). Auch angesichts dieser Weisung versagte Israel, da es glaubte, die Götter des Kulturlandes verehren zu müssen, um sich ihrer Gunst zu versichern und so Herr im Land zu bleiben. Es hatte kein Vertrauen zum Gott des „fernen Sinai", sondern arrangierte sich mit den kananäischen Göttern. Jesus steht in einer strukturell ähnlichen, doch noch viel radikaleren Versuchung: Er soll sich arrangieren mit dem „Herrscher der Welt", um sich als „Herr auf Erden" erweisen zu können. So zeigt sich die Berechtigung der folgenden Sätze von Jacques Guillet:

> „Der Bericht von der Versuchung Jesu in der Wüste während des vierzigtägigen Fastens ist eine offensichtliche Wiederaufnahme der vierzig Jahre des Exodus. Aber die Parallelität beschränkt sich nicht auf die Zahl vierzig, sondern sie trifft den Wesenskern dieser vierzig Jahre, die in einer einzigen Ver-

suchung bestanden. Ebenso wie Israel, das von Jahwe zu seinem Sohn erwählte Volk (Ex 4,22), durch die Feuersäule, d. h. entsprechend einer geheiligten Auslegung Israels, durch den heiligen Geist Jahwes (Jes 63,11.14), in die Wüste geführt wurde, um dort während vierzig Jahren versucht zu werden (Dtn 8,2), ebenso wird auch Jesus, der vielgeliebte Sohn Gottes (Mt 3,17), vom Geist … in die Wüste getrieben, um dort seine Versuchung zu bestehen. Jesu Versuchung ist die seines Volkes: die Nahrung von der Erde und nicht allein von Gott zu erwarten, Zeichen nach seiner Laune zu fordern und so Gott zu versuchen, und schließlich, als höchste Prüfung, neben Gott einen anderen anzubeten. Wenn Jesus dem Satan mit Schriftversen antwortet, so geschieht dies nicht nur, um die gefährliche Aufforderung durch ein unwiderlegbares Argument zurückzuweisen, noch viel weniger wegen einer magischen Kraft der inspirierten Worte. Sondern es geschieht, weil er durch den Teufel in die gleichen Situationen versetzt wird, in denen Israel unterlag … Durch seinen Sieg über ‚die Versuchung der Wüste' offenbart er sich selbst als ‚das einzig treue Volk', das wahre Israel, den Sohn Gottes."[56]

Das vom Menschen her ausgebliebene „Ja" zu Gott holt er „nach", besser: Er spricht es für uns, stellvertretend. Nicht im Sinne einer Ersatzleistung, sondern so, dass er uns in sein „Ja", in seinen Glauben und seine Hingabe an den Vater hineinzieht. So ist er der neue und nunmehr „endgültige" Mose, der in der Wüste für sein Volk vor Gott steht und für es eintritt. Nur auf diese Weise kann die fehlgelaufene Menschheitsgeschichte von innen her „repariert" und zum Gelingen gebracht werden.

Vermutlich hat auch ein Detail aus der Passionsgeschichte Jesu einen Bezug zur Wüste, obwohl man es auf den ersten Blick gar nicht bemerkt: Die Nacht vor seiner Verhaftung verbringt Jesus im Ölgarten am bzw. auf dem Ölberg. Dieser aber war geradezu der „klassische" Ausgangspunkt, um aus Jerusalem in die Wüste (Juda) zu flüchten, die gleich hinter ihm beginnt. So war z. B. auf der Flucht Davids vor Absalom der Ölgarten der Sammlungsort derer, die dann mit ihm in die Einöde flohen (2 Sam 15,23). Wir dürfen mit Sicherheit davon ausgehen, dass Jesus sich dieses Zusammenhangs bewusst war, so dass Getsemani ihm die Frage stellen „musste", ob nicht auch er sich der drohenden Verhaftung und Folterung durch Flucht in die Wüste entziehen wolle. Von daher zeigt sich die uns von Lukas überlieferte Ölbergsszene (22,42f), in der Jesus ein letztes Mal mit dem Vater um seine Berufung und Sendung ringt, in einem neuen Licht: Die nahe Wüste machte es ihm nicht nur ganz leicht möglich, dem Kelch des Leidens zu entkommen, sie lockte gewissermaßen dazu an, sie gleich David als Zufluchtsstätte in äußerster Gefahr aufzusuchen.

Noch in einem weiteren Punkt werden im Neuen Testament alt- bzw. zwischentestamentliche Vorstellungen über die Wüste aufgegriffen. Es sind jene, wonach die messianische Heilszeit in der Wüste beginnt. Schon Teile der Essener trennten sich vom Tempelkult, um im Anschluss an Jes 40,3 den Weg Jahwes zu bereiten: „In der Wüste bereitet den Weg .... [vier Punkte statt des Gottesnamens]; macht gerade in der Steppe eine Straße für unseren Gott" (1 QS 8,13f). Die Wüste ist für die Leute von Qumran der Ort der besonderen Nähe Gottes und die Stätte seines endzeitlichen Handelns.

Damit dürfte auch das Auftreten Johannes' des Täufers in der Wüste zusammenhängen (Mk 1,4f parr). Joachim Gnilka erwägt im Anschluss an Hartmut Stegemann[57] den Gedanken, ob sich im Auftreten des Täufers am Jordan nicht Erinnerungen aus der Josua-Geschichte niederschlagen: So wie dieser das aus der Wüste kommende Israel durch den Jordan in das Land der Verheißung führte, so will jetzt Johannes durch die Taufe im Jordan das Volk hinübergeleiten in die künftige Heilszeit. Trifft dieser Bezug zu, so setzt Johannes in einer Art symbolisch-prophetischer Zeichenhandlung das gegenwärtige Israel jetzt, vor dem Eintritt in die Heilszeit, in Entsprechung zur Wüstengeneration.[58] Die ungewöhnliche Lebensweise des Täufers ist dann zu deuten „als Demonstration einer neu zu gewinnenden Lebenseinstellung angesichts des bevorstehenden Endgerichts. ... Bürgerliche Werte zählen nicht mehr. Das Ende steht bevor."[59] Und dieses „Ende" kündigt sich gerade in der Wüste an.

Diese Vorstellung schien weit verbreitet zu sein. Denn auch Flavius Josephus berichtet, dass in der Zeit zwischen 52 und 62 n. Chr. mehrere anonyme Propheten auftraten, die ihre Anhänger aufforderten, ihnen in die Wüste zu folgen (vgl. Apg 21,38). Dort würden sie Zeichen der Freiheit und Erlösung sehen und ein Ende aller Übel erfahren. Die Römer unterdrückten diese Bewegungen, die zu einem neuen Exodus in die Wüste aufforderten. Auch Jesus warnt davor, zu falschen Propheten in die Wüste hinauszuziehen (Mt 24,26).

Dem widerspricht nicht, dass die Offenbarung des Johannes von einer Flucht der Kirche in die Wüste spricht, „wo Gott ihr einen Zufluchtsort geschaffen hat" und wo sie in Ruhe und Geborgenheit das Kommen des Herrn erwartet (Offb 12,14). Damit ist zum Ausdruck gebracht, dass der eigentliche „Ort" der Kirche die Wüste ist, durch die hindurch sie als wanderndes Gottesvolk zum Land der Verheißung, zur „zukünftigen Stadt" und „himmlischen Heimat" unterwegs ist (Hebr 13,14; 11,15).

Die – wie wir sahen – sehr komplexen Aussagen und vielschichtigen Dimensionen, in denen „Wüste" in der Heiligen Schrift begegnet, bilden nun in der nachfolgenden Glaubens- und Kirchengeschichte die Basis für eine bunte und variationsreiche Entfaltung. Von ihnen aus entsteht ein ganzer Fächer unterschiedlicher Spiritualitäten und spiritueller Knotenpunkte, von denen die wichtigsten in den folgenden Kapiteln behandelt werden.

2. Die Spiritualität der Wüstenväter

Der geschichtliche Kontext

Warum in die Wüste? Um den Anfang des Mönchtums in der Wüste zu verstehen, seinen geschichtlichen Kontext, die geistliche Motivation und Zielrichtung, sind zunächst einige Missverständnisse bzw. einseitige Verstehensweisen zu revidieren, die immer noch in vielen Köpfen und in nicht wenigen Büchern herumschwirren. Diese der Wirklichkeit nicht bzw. nicht ganz angemessene Perspektive sieht etwa so aus: Als die Kirche im 3./4. Jahrhundert sich mehr und mehr in der damaligen Gesellschaft einrichtete – und dies geschah vor allem in den blühenden Gemeinden Ägyptens, aber nicht nur dort –, zogen wache Christen aus einer der „Welt" allzu angepassten Kirche aus, um in der Wüste, fern ihrer bisherigen Lebenswelt, das Evangelium in neuer Radikalität zu leben. So gesehen sei das Wüstenmönchtum als Auszug aus der Welt und damit als Protest bzw. evangeliumsgemäßer Neuaufbruch in einer sich etablierenden und das Evangelium verwässernden Kirche zu verstehen.

So ist schon der Ausdruck „Auszug aus der Welt" mindestens missverständlich, denn man braucht nur eine Landkarte Ägyptens oder Palästinas zu nehmen, um sich zu veranschaulichen, wie nah die Wüste an die Kulturwelt angrenzt. Nur wenige hundert Meter, ja fast nur einen Steinwurf weit entfernt beginnt z. B. östlich und westlich des bevölkerten und bebauten grünen Nil-Tales sogleich die Wüste; und nicht anders ist es mit dem Jordan-Tal. Auch von den Städten Jerusalem, Jericho und Bethlehem ist es nur ein Katzensprung, um in die Wüste zu gelangen. So heißt „In-die-Wüste-Gehen" nicht schlechthin „Auszug aus der Welt", sondern zuerst ein „Abseitsgehen" von der normalen Lebenswelt, vergleichbar etwa dem Exodus von Bruder Klaus in die „Ranft", eine Einsiedelei, die ja auch nur etwa eine halbe Stunde von seiner bisherigen Heimat entfernt liegt. Und wie bei aller Abgeschiedenheit des Lebens zwischen ihm und „der Welt" noch weiterhin intensive Beziehungen gab, so war dies auch bei den meisten der so genannten Wüstenväter, wie wir noch sehen werden, der Fall. Allerdings gab es neben Eremiten, die in einer gewissen Nähe zum Kulturland lebten, noch andere Mönche, die sich tiefer in die Wüste zurückzogen, um die Brücken zur gewohnten Welt radikaler abzubrechen.

Auch der Grund, der zum „Exodus" führte, war nicht immer und nicht allein der Wunsch, das Evangelium radikal zu leben. Hier spielten verschiedenste Motive eine Rolle. Vor allem sind dabei auch nichtreligiöse und nichtchristliche Wurzeln in Rechnung zu stellen.

Nichtreligiöse Wurzeln

Die gesellschaftliche Situation: Im Nil-Tal war das Hauptkontingent der Bevölkerung besitzlos und arm. Es herrschten armseligste Wohnverhältnisse; häufig wüteten Epidemien; ein Vierzehn-Stunden-Arbeitstag, dazu noch mit ungenügender Entlohnung, war keine Ausnahme. Aus Ausbeutung und wirtschaftlicher Notlage resultierte eine riesige Kriminalität, die ihrerseits zur allgemeinen Verunsicherung und Gefährdung des Lebens führte. Hinzu kam noch: Da es an freiwilligen Kräften zur Durchführung öffentlicher Arbeiten an Deichen, Kanälen, Brunnen u.dgl. fehlte, betrieb man seitens der Regierung die zwangsweise Arbeitsverpflichtung von dörflichen Fellachen und städtischen Slum-Bewohnern, und dies zu einem Hungerlohn. Ebenso gab es eine unbarmherzige Rekrutierung zum Militärdienst.

Von solchen und ähnlichen Faktoren her wird verständlich, dass damals nicht wenige durch einen Auszug aus der gewohnten Lebenswelt, und das hieß konkret: durch Flucht in die nahe Wüste, ihrer erbärmlichen Situation und ihren Zwangsverpflichtungen zu entkommen suchten. Die finanziell besser gestellten Bürger konnten sich zwar von öffentlichen Dienstleistungen loskaufen, doch bekamen die Angehörigen dieser Schicht die gerade in Ägypten schwer lastende erpresserische Steuerpolitik des Römischen Reiches unerträglich zu spüren. So ist es verständlich, dass sich auch von ihnen eine nicht unbeträchtliche Zahl diesem Druck durch Veräußerung ihres steuerpflichtigen Besitzes oder (bzw. und) durch Flucht entzog. Mit der Wüste als Fluchtmöglichkeit hatten auch viele Christen in der äußerst blutigen decischen Christenverfolgung um die Mitte des 3. Jh. bereits ihre Bekanntschaft gemacht. Um nicht ergriffen zu werden, wählte man auch in dieser Situation die Wüste als Zufluchtsort.

Auf Grund dieser äußeren Verhältnisse bestand also eine starke Tendenz, in die Wüste zu gehen, um der bisherigen Welt und ihren Unerträglichkeiten zu entkommen sowie eine Art „Gegen-Welt" aufzubauen, heute würde man sagen: um „alternativ" zu leben bzw. um in einer Art „Subkultur" einen neuen gesellschaftlichen Anfang zu finden. Dabei war der „Sprung" aus der bisherigen Lebenswelt heraus in die der Wüste hinein nicht so groß, wie wir dies heute empfinden. Für uns ist Wüste das schlechthin „andere", „Fremde", geradezu „Exotische". An der damaligen Wiege des Mönchtums in Nordafrika, dem Vorderen Orient und Kleinasien war weder die räumliche noch die qualitative Distanz zwischen Wüste und Kulturland so beträchtlich.

Wohl nur wenn man dies bedenkt, kann das Wüstenmönchtum als Massenphänomen plausibel werden. Immerhin waren es in Ägypten Zehn-, ja Hunderttausende, die in die Wüste zogen, weshalb Rufinus v. Aquileia meinte, mittlerweile gebe es so viele Mönche wie „Einwohner der großen Städte". Ebenso gab es während der Blütezeit des 3.–5. Jahrhunderts in Palästina in der relativ kleinen Wüste Juda etwa zweihundert Klöster, zum Teil mit je Tausenden von Mönchen. Dies wird wohl kaum von einer rein religiösen Motivation her verständlich.

Ebenso kann die außerreligiöse Wurzel den Grund dafür angeben, warum sich unter den Mönchen auch solche befanden, die alles andere als „geistliche Menschen" waren. Die tradierten Mönchsgeschichten berichten nicht nur von der kriminellen Vergangenheit mancher Mönche, sondern auch von ihrem gegenwärtigen lasterhaften Leben, von Sünden und schlimmen Verfehlungen. Es war eben eine höchst gemischte Gesellschaft, die sich auf Grund äußerst verschiedener Motive in der Wüste zusammenfand.

Asketismus: Die zweite, nicht unbedingt evangeliumsgemäße Wurzel des Wüstenmönchtums liegt im zeitgenössischen Asketentum. „Askese" hatte damals noch nicht den düsteren und verbissenen Charakter, wie es in späteren Zeiten zum Teil der Fall war. Askese bedeutete ganz schlicht „Training", Einüben in ein bestimmtes Können. Im religiösen Zusammenhang richtete sich die Askese auf das Frei- und Offensein für die Erfahrung der göttlichen Wirklichkeit. So führte etwa der Dualismus der spätjüdischen Apokalyptik mit ihrer Erwartung eines „kommenden Äons", der in diesen irdischen, vom Bösen infizierten Äon einbrechen werde, zu einer militanten Hoffnung, die sich in ständiger Bereitschaft für das Kommende und einem intensiven asketischen Streben nach Heiligkeit ausdrückte.

Auch in der zeitgenössischen Philosophie herrschte eine asketische Grundhaltung: Von den Pythagoräern und Orphikern angefangen über die platonischen Schulen bis hin zu gnostischen Systemen galt das Prinzip: „Der

Angesichts des kleinen, engen und oft so grämlich in sich verschlossenen eigenen Lebensraumes lockt die geheimnisvoll-unberührte, farbige Wüste in die Freiheit.

Leib ist das Grab der Seele". Das natürliche Streben der Seele war darauf gerichtet, sich vom Leib und den übrigen irdischen Bedingungen zu befreien, um in die wahre Heimat, die des Geistes und des Ewigen, zurückzukehren. Frei gewählte Askese, d. h. ein willentliches, sich gegen die Triebe, Wünsche und Bedürfnisse des Leibes richtendes „Training", unterstützt das natürliche Streben der Seele.

Ähnlich, nur etwas anders pointiert, wurde von den Kynikern und Stoikern des 2.–4. Jahrhunderts das Ideal der Freiheit herausgestellt, und zwar der „Freiheit des Selbst" von allen nur denkbaren inneren und äußeren Entfremdungen. Der Weg zu solcher Freiheit war die Askese, die Einschränkung und Beherrschung aller leiblichen Bedürfnisse und Triebe. Deshalb galten als Hochbild und Vorbild wahren Menschseins diejenigen, die es zu asketischen Höchstleistungen (Bedürfnislosigkeit, Fasten, Schlafentzug, geschlechtliche Enthaltsamkeit u.dgl.) brachten. Von solchen schreibt Seneca mit Hochachtung: „Einige haben es fertig gebracht, überhaupt nicht zu lachen; andere haben sich des Weines, andere der geschlechtlichen Liebe, andere des Trinkens ganz enthalten; wieder andere haben sich mit kurzem Schlaf begnügt und sich zu Menschen ohne jede Müdigkeit gemacht."[60]

Askese war aber auch notwendig oder wenigstens angebracht, um die philosophische bzw. religiöse Wahrheit, die jemand vertrat, durch seine außergewöhnliche Lebensweise zu bestätigen. Die Askese entschied gewissermaßen über den Wahrheitsgehalt der Lehre, die man vorbrachte.

Diese asketische „Atmosphäre" war dem frühen Christentum vorgegeben, war also als solche kein genuines Produkt des christlichen Glaubens. Doch wie so oft in der Geschichte geschah es auch hier: Das Christentum greift kulturelle Vorgegebenheiten auf, stellt sie aber – wenigstens teilweise – in einen anderen Kontext, motiviert sie um, gibt ihnen eine neue Stoßrichtung und überbietet sie. Auf dieser Linie wurde auch der damalige Asketismus aufgegriffen, tief greifend korrigiert – und übertrumpft. Gerade dieses letztere Moment spielte eine gewaltige Rolle. So finden wir in der christlichen Literatur der damaligen Zeit nicht selten Bemerkungen wie: Wenn schon die Heiden diese oder jene asketische Höchstleistung zustande bringen, so doch erst recht wir, die Christen, die wir von Christus belehrt und befähigt werden! Wenn schon die heidnischen Philosophen die Wahrheit ihrer Lehre durch staunenswerte asketische Werke bestätigen wollen, so erst recht wir …! Das Evangelium wird nun vorrangig auf seine „asketischen" Aussagen hin, die ja auch darin enthalten sind, ausgelegt: Die Aufforderung zu Armut und Besitzlosigkeit, zu Ehelosigkeit und Heimatlosigkeit, zu radikaler Selbstentäußerung und Verfügbarkeit, kurz: zur „Distanz" zur Welt wird emphatisch herausgestellt. Gleichzeitig aber empfängt die Askese vom Evangelium her zwei neue Motivationen bzw. Sinnkontexte: Sie ist *erstens* die Form der Nachfolge Jesu, der sich selbst entäußerte und ehelos, arm und gehorsam bis zum Tod am Kreuz sein Leben führte und der in diese seine Lebensgestalt auch die Jünger hineinruft: „Wenn einer … nicht Vater und Mutter, Frau und Kinder, Brüder und Schwestern, ja sogar sein Leben gering achtet, dann kann er nicht mein Jünger sein. Wer nicht sein Kreuz trägt und mir nachfolgt, der kann nicht mein Jünger sein" (Lk 14,26f). Mit der Nachfolge Jesu ist eng verbunden die Suche nach dem wahren Leben, die Sorge um das ewige Heil. Denn Jesus selbst sagt: „Wer sein Leben retten will, wird es verlieren; wer aber sein Leben um meinetwillen verliert, wird es gewinnen. Was nützt es dem Menschen, wenn er die ganze Welt gewinnt, dabei aber sein Leben einbüßt?" (Mt 16,25f). Askese üben heißt, tief besorgt um sein Heil, dem Begehren, „die ganze Welt zu gewinnen", abzusagen und das Leben allein von Gott her zu erwarten.

Die Askese ist *zweitens* die Lebensgestalt angesichts des kommenden Weltendes und des drohenden Weltgerichts. Und auch hier spielt die bange Frage nach dem ewigen Heil die entscheidende Rolle. Um Rettung zu finden, gilt es, sich von dieser Welt loszusagen und ganz auf das Künftige hin zu leben - im Sinne des Paulus-Wortes: „Wer die Welt gebraucht, tue es so, als gebrauche er sie nicht" (1 Kor 7,31). „Die Zeit ist kurz ... Die Gestalt dieser Welt vergeht" (ebd. V.29.31). Asketische Weltdistanz wird zur eschatologischen Lebensform schlechthin.

Diese beiden neuen, im Evangelium gründenden Sinnbezüge christlicher Askese: Christusnachfolge und eschatologische Existenz sind es, die nun von den Mönchen der Wüste gelebt werden – und dies tatsächlich meist im Unterschied oder besser: im zeichenhaften „Gegenüber" zu den „normalen" Christen. Waren es in der Verfolgungszeit die Märtyrer, die den übrigen Christen das Zeugnis wahren Glaubens vorhielten, so sind es nun die „unblutigen Märtyrer", die Asketen. Zwischen beiden gibt es eine ganz enge Beziehung. Denn „schon das Martyrium nimmt in der Spätphase ... seinen Ursprung aus asketisch-mönchischer Gesinnung; nach Tertullian bietet der Kerker dem Christen das, was die Wüste dem Propheten war, er verschafft ihm in der Absonderung von der Welt die Freiheit ungestörten Gebetes. Die Verfolgungen haben zweifellos zur Hervortreibung des Mönchtums mit beigetragen. Das Martyrium als Vollendung der Askese verleiht dieser einen unerhörten Glanz."[61] Weil aber dieser „Glanz der Askese" in den sich etablierenden Gemeinden keinen rechten Platz mehr hatte bzw. weil asketisches Leben nur schwerlich im Kontext „normalen" christlichen Lebens zu verwirklichen war, zogen sich die asketischen „Sonderexistenzen" zurück. Dabei wollten sie „keine Gegenkirche schaffen, sondern allein und ungestört nach den Forderungen des asketisch gedeuteten Evangeliums neben den übrigen Gemeinden leben."[62] Allerdings war die Folge dessen dann doch „die Schaffung einer eigenen religiösen Sonderwelt, in der nun christliche Gemeinschaften entstehen, deren Besonderheit die grundsätzlich asketische Lebensgestaltung ist."[63] So differenziert sich mit dem Entstehen des Mönchtums die Kirche aus, indem sie gewissermaßen einen besonderen Stand, eben das Mönchtum freisetzt, welches das asketische Ideal lebt, und zwar mit einer spezifisch christlichen Motivation: radikale Jesus-Nachfolge und eschatologische Existenz.

Das macht auch das richtige Moment in der anfangs skizzierten, nicht ganz zutreffenden Betrachtungsweise des Wüstenmönchtums aus, wonach dieses als Protest und Neuaufbruch in einer das Evangelium verharmlosenden Kirche zu verstehen sei. Dennoch: Das asketische Ideal an sich war weder spezifisch christlich, noch bestand darin das Spezifische des frühen Mönchtums. Wenn darum von asketischen Höchstleistungen der „Wüstenväter" und auch einiger „Wüstenmütter" berichtet wird[64,] so darf nicht darin das Eigentümliche ihrer Spiritualität gesehen werden. Vieles gehört einfach in das Klima der damaligen Zeit und ist für uns heute kaum noch nachvollziehbar. Weshalb aber geht man gerade in die Wüste?

Wüste als Gegen-Welt

Der erste Grund mag banal klingen, aber die Wüste lag nun einmal als angemessener Ort, „Distanz" zur Welt zu leben, „vor der Tür". Man zog ohne großen Aufwand zu ihr „hinauf" oder zog sich in sie „zurück" (so die beiden Grundbedeutungen des griechischen Wortes anachoresis, von dem das Fremdwort: Anachoret, Anachoretentum gebildet ist). Aber natürlich kamen noch andere Gründe hinzu: So wie die Wüste als Landschaftsform sich darbietet, ist sie bereits ein Bild für die „Umwertung aller Werte", von der das Evangelium weiß. Schon in ihrer natürlichen Verfassung ist sie von sich her eine Gegen-Welt, in welcher der „Anachoret", was man heute durchaus angemessen als „Aussteiger" übersetzen könnte[65], seine Lebensform zu verwirklichen vermag; es galt gegen das, was in der Welt ist, gegen „die Begierde des Fleisches, die Begierde der Augen und das Prahlen mit dem Besitz" (1 Joh 2,16) anzugehen und ganz auf die Karte Gottes und seines Evangeliums zu setzen. Dieses „Gegen", zu dem die Wüste herausfordert, wird sehr klar in einigen Zeilen des Hieronymus formuliert, die dieser an einen Mönch namens Heliodor richtete, der sich einem Leben in der Wüste verweigerte:

„Du fürchtest die Armut?
Christus aber nennt die Armen selig.
Du schreckst vor der Mühsal zurück?
Aber kein Athlet wird ohne Schweiß gekrönt.
Du denkst an die Nahrung?
Doch der Glaube fürchtet den Hunger nicht.
Du scheust dich, dir mit den vom Fasten abgezehrten Gliedern auf dem harten Erdboden wehe zu tun?

Doch der Herr liegt bei dir.
Es starrt das wirre Haar des ungewaschenen Hauptes?
Doch dein Haupt ist Christus.
Dich schreckt die endlose Weite der Wüste?
Durchwandle im Geiste das Paradies. Sooft du in Gedanken dorthin
emporsteigst, so oft bist du nicht in der Wüste."[66]

Die Wüste verweigert dem Menschen alle Annehmlichkeiten des Lebens,
alle äußeren Stützen, alle lustvollen Ablenkungen und wirft ihn ganz auf
sich selbst und auf Gott. Die Leere und Kargheit der Wüste fordert dazu
heraus, ihr im eigenen Leben zu entsprechen, indem man sich entleert von
all dem, was die Beziehung zu Gott verhindert, zustellt oder von ihr ab-
lenkt. So schenkt sie eine Freiheit, die „in der Welt" so nicht gegeben ist.
Das bringt sehr schön folgende Geschichte zum Ausdruck:

> „Man erzählte vom Abbas Nebra, einem Schüler des Abbas Silvanos: Als
> er in seinem Kellion[67] auf dem Berge Sina wohnte, traf er eine maßvolle
> Ordnung für das leibliche Leben. Als er aber Bischof in Pharan wurde, da
> wandte er sich einer harten Lebensführung zu. Seine Schüler sprachen zu
> ihm: ‚Vater, als wir in der Wüste waren, da lebtest du nicht so streng.' Der
> Alte antwortete ihnen: ‚Dort war die Wüste, die Ruhe und die Armut, und
> ich wollte den Leib so halten, dass ich nicht schwach werde und begehre,
> was ich nicht habe. Nun aber ist da die Welt, und da gibt es viele Gelegen-
> heiten …'"[68]

Die Wüste erleichtert also von sich her das Leben nach dem Evangelium, ja
sie ist Ort der wahren Freiheit. Auf dieser Linie rief einmal ein gewisser Abbas Sisos aus: „Es genügt mir schon allein die Freiheit des Denkens in der
Wüste!" (829). Diese wahre Freiheit – die Freiheit, ganz vor Gott zu stehen,
Christus nachzufolgen und angesichts des kommenden Endes zu leben –
haben die Mönche bewusst gesucht. Sie hätten es auch „einfacher", „leichter", einfach: „schöner" haben können. So sagte einmal Abbas Abraham zu
Cassian, der uns dieses Wort überliefert hat:

> „Wir hätten unsere Kellia auch an den Ufern des Nil errichten und Wasser
> vor der Tür haben können. So hätten wir die Mühe vermieden, es vier Mei-
> len weit herschleppen zu müssen. Wir hätten leicht die Möglichkeit gehabt,

uns an einem fruchtbaren Garten zu erfreuen … Aber wir haben diese Bequemlichkeit verachtet und für nichts erachtet. Wir haben nur Geschmack an der trockenen Wüste. Allen Vergnügungen dieser Welt ziehen wir die schreckliche Weite dieser Einöde vor …, die desolate Herbheit dieses Sandes."[69]

Wenn Nachfolge des Gekreuzigten – nach einem Wort des Hieronymus – so viel heißt wie „nackt dem Nackten folgen", so ist die Wüste der „kongeniale Ausdruck" dieser „Nacktheit". Sie ist Symbol der Heimatlosigkeit der irdischen Pilgerexistenz und der radikalen Entsicherung des Menschen, wie Christus sie vorgelebt hat. Und dass es den Mönchen um die Nachfolge Christi ging, bezeugen noch heute die vielen Kreuze, die sie auf die Wände ihrer Kellia eingeritzt oder eingezeichnet haben.

Schließlich kommt noch hinzu, dass die Wüste der Ort der großen Gestalten der Heilsgeschichte ist: von Mose, Elija, Johannes dem Täufer, Christus selbst, Paulus. „Die Wüste ist das Noviziat, das Gott gewählt hat, um die Propheten und Apostel zu formen. Von Abraham bis Bruder Karl [Charles de Foucauld] haben Menschen die Nähe Gottes in der Einsamkeit der Wüste kennen gelernt."[70] In der Wüste fallen die großen Entscheidungen über Tod oder Leben, Scheitern oder Gelingen einer Berufung und Sendung. In diese sowohl von ihrer natürlichen Realsymbolik als auch von den heilsgeschichtlichen Begebenheiten so bedeutsame und herausfordernde Landschaft fügt sich das Leben der Wüstenväter ein.

Form und Weg des Wüstenmönchtums

Der im Folgenden unternommene Versuch einer systematisierenden Gesamtsicht der Spiritualität, wie sie von den Wüstenvätern gelebt wurde, gibt aus einer gewaltigen Fülle überlieferten Materials nur einige wenige Texte, und zwar zumeist aus den sog. „Apophthegmata Patrum" wieder. Bei diesen „Sprüchen der Väter" handelt es sich um eine Sammlung kleiner anekdotischer Erzählungen, welche in kurzer Form kleine packende Szenen aus dem Leben der Väter tradieren sowie geistliche Unterweisungen weitergeben, die diese damals ihren Mitbrüdern, aber auch Mitchristen „in der Welt" haben zukommen lassen. Viele der Wüstenmönche wurden nämlich von noch Unerfahrenen in Fragen geistlichen Lebens um Rat angegangen und wurden so zu „geistlichen Vätern".[71] Dabei war das Charisma einer solchen „geistlichen Vaterschaft" nicht an das Alter gebunden – auch ein jüngerer Mönch konnte Abbas - Vater sein (nicht zu verwechseln mit dem „Abt" der späteren Orden) –, sondern an ihre „Weisheit" und ihre (authentische) Lebensform, beides Zeichen des Geisterfüllt-Seins. Auffällig ist, dass der „Vater" nie von sich aus die Initiative zur geistlichen Führung ergreift. Er wartet, bis er um sein Wort gefragt wird. Deshalb ist uns die geistliche Weisung eines Vaters oft in einer eigentümlichen Form überliefert: Man kam zu ihm mit der Aufforderung: Dos moi rhema – Gib mir ein Wort! Schon diese Bitte ist bezeichnend. Man erwartete ein Wort, keinen Vortrag, keine Abhandlung, sondern ein Wort, mit dem man leben konnte oder das in einer dunklen, vielleicht aussichtslosen Situation weiterhalf, innere Blockaden sprengte, Perspektiven eröffnete. Diese Worte sind oft sehr eindringlich, sie treffen „den Nagel auf den Kopf". Nicht selten sind sie aber auch dunkel, mehrdeutig und widersprüchlich, vergleichbar den sog. Kungans bzw. Koans der buddhistischen Meditationsmethode; dies sind Worte, die nicht nur auf den ersten Blick als sinnlos erscheinen, in die sich aber meditierend der Geist „hineinfallen" lassen soll, bis ihm plötzlich eine neue Erkenntnis „aufblitzt". Ähnlich dienen die Worte der Väter dazu, mit ihnen im Leben „experimentierend" die eigene Wahrheit, besser: die Wahrheit Gottes für das eigene Leben zu finden.

Das Wort des Abbas wurde vom Empfänger als persönlicher Anruf Gottes entgegengenommen und als kostbare Gabe gehütet. Aber zugleich spürte man, dass solchen Worten eine über den persönlichen Ruf hinausgehende weitertragende Bedeutung zukam. Deshalb waren schon in der 2. Hälfte des 4. Jahrhunderts Aussprüche der Väter und Erzählungen ihres Lebens im Umlauf, und es bildeten sich erste schriftliche Sammlungen heraus, von denen die wichtigste die der „Apophthegmata" ist. Gerade weil manche der hier zusammengestellten Worte dunkel und widersprüchlich sind, ist es schwierig, diese und damit „die" Spiritualität der Väter zu systematisieren, ganz abgesehen davon, dass die Zeit des Wüstenmönchtums sich über Jahrhunderte erstreckt und tief greifende Änderungen erfuhr. Dennoch soll im Folgenden eine gewisse „Gesamtschau" versucht werden, die daran interessiert ist, jene Elemente herauszustellen, die auch für uns heute Bedeutung haben können.

Wüste als Heilmittel

Bei Origenes, dem mit der Wüste wohl vertrauten, großen alexandrinischen Theologen, kam man lesen: „Johannes der Täufer floh dem Lärm der Städte und ging in die Wüste, wo die Luft reiner, der Himmel weiter geöffnet und Gott näher und vertrauter war."[72] In diesem Wort erscheint die Wüste als der Ort, wo der Mensch an Leib und Seele vor sich und Gott gesunden kann. Dieses Charakteristikum wird von Abbas Matoe noch einmal in einer anderen Hinsicht unterstrichen:

> „‚Wenn du dich nicht beherrschen kannst, dann fliehe in die Einsamkeit. Denn es ist eine Schwäche. Wer mit Brüdern zusammenwohnt, darf nicht viereckig, sondern muss rund sein, damit er sich allen zuwenden kann.‘ Und der Abbas bekannte von sich: Es ist nicht die Tugend, derentwegen ich in der Einsamkeit sitze, sondern die Schwäche. Die Starken sind es, die unter die Menschen gehen" (225).

Diese beiden Texte stehen deshalb am Anfang unserer „Zusammenschau", weil sie ganz deutlich machen, dass das Aufsuchen der Wüste nicht nur unter „heroischem" Aspekt steht. Wer in die Wüste geht, ist hiernach nicht der Held, der großartige Asket und Heilige, sondern der Schwache, der der Wüste bedarf, um jene Ecken und Kanten abzuschleifen, mit der er Beziehungen stört oder unmöglich macht. Ziel ist es, auf neue, geläuterte Weise wieder auf seine Brüder und Schwestern zuzugehen. Die Wüste erscheint hier somit als Heilmittel gegen menschliche Defizite und Schwächen, als Erziehungsmittel, das der Mensch ergreifen darf und soll, um „rund" zu werden. – Etwas ganz Ähnliches sagt der folgende Text aus:

> „Ein Abbas sagte: ‚Wenn du in der Wüste weilst, bilde dir nicht ein, dass du etwas Großes tust, sondern halte dich vielmehr für einen Hund, den man von der Menge weggejagt und angebunden hat, da er beißt und die Menschen belästigt.‘"[73]

Auch hier erscheint das Leben des Wüsteneremiten nicht als etwas Großartiges, sondern als eine Art „Umweltschutz", wie Anselm Grün treffend bemerkt. Die Wüstenväter „wollten die Welt nicht mit ihren unaufgearbeiteten Problemen und ihren getrübten Emotionen beschmutzen, … mit ihren

Aggressionen, mit ihren unbewussten Bedürfnissen und ihren verdrängten Leidenschaften." Darum „haben sich die Mönche … in die Einsamkeit zurückgezogen. Sie wollten erst sich selbst bessern, bevor sie die Welt verändern konnten. Sie wollten die Menschen vor ihren unaufgearbeiteten Neurosen bewahren."[74] In der Tat gibt es ja wohl niemanden, der mit seinem eigenen (Un-)Wesen nicht immer auch ein Stück Welt „verschmutzt": Angehörige und Freunde, die eigene Umgebung und Einflusszone. Die Anachoreten haben gespürt, dass die über die eigene Person hinaus wirkenden Defizite nur dann aufgearbeitet werden können, wenn man „in die Wüste geht", d. h. wenn man die Stille aufsucht, Distanz zu sich selbst findet und sich dem eigenen Unwesen stellt. So wurde für sie (und von ihrem provozierenden Beispiel her auch für die folgenden Generationen) die Wüste – ganz im Zuge des Alten Testaments – zum Ort der Reinigung und der Erziehung. Das Ziel dieses Prozesses ist dabei, ähnlich wie das Gebot der Liebe, ein zweifaches.

Die zweifach-eine Lebensform

Vor Gott stehen: Das erste Ziel, zu dem die Wüste erzieht, ist das Offenwerden für die Erfahrung der *unmittelbaren* Nähe Gottes. Man geht in die Wüste, „um auf sich selbst zu achten"[75], dies aber gerade nicht im Sinne einer stoischen Selbstreflexion oder eines modischen „Ego-Trips", sondern damit das Ich ohne Ablenkungen vor Gott leben kann. Es geht darum, „immer und überall Gott vor Augen zu haben" (3). Eben dazu verhilft auch die Landschaftsform der Wüste. Man kann sie ansehen als – wie Eucherius es zum Ausdruck bringt – „grenzenlosen Tempel unseres Gottes. Hier ist der Ort, wo Gott wirklich weilt."[76] Dieses Wort ist in seinem Aussagegehalt nicht weit entfernt von folgendem, in verschiedenen Variationen überlieferten arabischen Sprichwort: „Die Wüste ist der Garten Allahs, aus dem er alles Überflüssige entfernt hat. Gott schuf sie sich, damit es einen Ort gäbe, darinnen er in Ruhe und Frieden lustwandeln könne." Die Wüste wird erfahren als Ort einer besonderen Gegenwart Gottes, wo er sich auch in besonderer Weise finden lässt.

Bei den Wüstenvätern geschah die Begegnung mit Gott in einer beständigen Gebetshaltung, die nicht von vielen Worten bestimmt ist, sondern vom Verweilen bei einem schlichten Gebetswort oder einem Vers der Heiligen Schrift oder auch einfach vom Schweigen, in dem das Herz für ein Wort

Gottes empfänglich wird. In der Praxis der meditierenden Wiederholung eines knappen Gebetswortes liegt auch wohl der geschichtliche Ursprung des ständigen Jesus-Gebets. Dem „Beten-ohne-Unterlass" wird alles andere untergeordnet: die mechanische und darum nicht ablenkende Arbeit, das eingeschränkte Essen und Schlafen, die vom Gebet getragene Begegnung mit dem anderen.

Von diesem absoluten Vorrang der Gottesbeziehung her muss man auch das folgende (missverständliche) Wort des Abbas Alonios verstehen: „Wenn der Mensch nicht in seinem Herzen spricht: Ich und Gott allein sind in der Welt – dann kommt er nicht zur Herzensruhe" (144). Zum rechten Verständnis dieses Spruches ist Folgendes zu bedenken: Das deutsche Wort Ruhe bzw. Herzensruhe gibt nur sehr vage das hier Gemeinte wieder. Der entsprechende griechische Begriff hesychia meint das innere Freisein von Zerstreuungen und Ablenkungen, Ärger und Beunruhigungen, Versuchungen und sündhaftem Nachgeben, von all dem also, was den Menschen nicht zu sich selbst kommen lässt, sondern von seiner eigentlichen Bestimmung entfremdet.[77] Zugleich aber besagt hesychia auch Freisein für das unverstellte Hinsehen und Hinhorchen auf das Ich mit seiner tiefsten Sehnsucht, seinem Glücksverlangen und seinem Streben nach unendlicher Liebe, nach all dem also, was nur in der Beziehung zu Gott ans Ziel kommen kann.

Von dieser „Herzensruhe", so könnte man hesychia ins Deutsche übersetzen, heißt es in der „Vita" des hl. Antonios: „Nie geriet er in Verwirrung, so befriedet war seine Seele. Nie sah man ihn verdrießlich, denn sein Geist ruhte in der Freude."[78] Eben diese Freude ist die Frucht des Vor-Gott-Gestelltseins, das sich in den angeführten Worten des Abbas Alonios ausdrückt: Ich und Gott allein! oder – mit den Worten Augustins – „animam et Deum scire cupio. Nihil plus? Nihil omnino." – „Es gilt, Seele und Gott zu erkennen, sonst nichts!" Dass dieses „sonst nichts" aber nicht reduktiv zu verstehen ist, kann man sehr schön dem Wort des Evagrius Ponticus entnehmen: „Mönch ist einer, der sich von allem trennt und vereinigt ist mit allen."[79] Wer ganz auf die „Karte Gottes" setzt, ist in der „Herzensruhe" nicht allein, sondern ist durch Ihn und in Ihm mit allen und allem, mit der ganzen Wirklichkeit, auf neue Weise vereinigt. Solange jedoch der Mensch lebt, wird die „Herzensruhe" niemals zu einem unangefochtenen Besitz, sie muss ständig neu „erkämpft" werden. Das ist im folgenden Wort des hl. Antonios zum Ausdruck gebracht:

„Wer in der Wüste sitzt und die Herzensruhe pflegt, ist drei Kämpfen entrissen: dem Hören, dem Reden, dem Sehen. Er hat nur noch einen Kampf zu führen, den mit dem eigenen Herzen" (11).

Hier ist zunächst der von den Wüstenvätern oft gebrauchte Ausdruck „In-der-Wüste-Sitzen" zu erläutern. Damit kann in einem ersten Sinn tatsächlich das Sitzen = Hocken gemeint sein; es ist die bevorzugte Haltung der Wüstenbewohner bis heute. Dann aber ist Sitzen identisch mit „Betrachten"[80], insofern es die Grundhaltung für das meditierende Gebet und das schweigende Offensein für Gott ist. In einem noch umfassenderen Sinn ist mit Sitzen aber das Bleiben-im-Kellion bezeichnet, der Verzicht auf einen Ortswechsel um der Zerstreuung oder um der Beseitigung einer derzeitigen Unzufriedenheit willen. Nur im treuen Durchhalten und „Sitzen" im Sinne von Bleiben ist die Chance gegeben, im geistlichen Leben voranzukommen.

Sodann ist im angeführten Wort die Rede vom „Kampf mit dem eigenen Herzen". Das Schweigen der Wüste, ihre Leere und die Einfachheit des in ihr gebotenen Lebens – all das ist dazu angetan, von den Zerstreuungen und Zwängen des gewöhnlichen Lebens mit seinen „Kämpfen" für das „tägliche Brot" (und mehr), für Anerkennung und Karriere, Genuss und Vergnügungen frei zu werden, um sich ganz auf das „unum necessarium" – „das eine Notwendige" auszurichten. Aber eben dies kann nur geschehen im Kampf mit dem eigenen Herzen, in welchem Wunsch und Begehren nach Zerstreuung und Befriedigung nach wie vor wach sind. Und eben hier liegt auch eines der beiden genuin christlichen Motive für die „Askese" (auf das zweite werden wir später, S. 80, eingehen). Bei Verzicht und Entsagung sowie beim asketischen Kampf gegen Trägheit und triebhaftes Begehren geht es nicht darum, die Welt und das Schöne darin „mies" zu machen, sondern den Weg freizulegen für das eine große Ziel, ganz vor Gott zu stehen und durch Ihn und in Seinem Licht die Welt als Gabe und Aufgabe entgegenzunehmen. Dieses „Ganz-auf-Gott-hin-Aufbrechen" und „Ganz-vor-ihm-Stehen" kann nicht gelingen ohne Distanzierung von dem, was unfrei macht, von dem, was besetzt hält (bis zur „Besessenheit"), von dem, was Leben vorgaukelt und doch nur in Sackgassen führt und enttäuscht. Gefordert ist Lösung und Absage von dem, was Aufbruch verhindert und Bereitsein für das wahre und erfüllende Leben zustellt.

Asketische Wüstenerfahrungen, ungewollte wie frei gesuchte, die zunächst etwas sehr Befremdliches an sich tragen, haben es also nicht mit Resignation an der Welt bzw. Weltverachtung zu tun, sondern sie befreien gerade „zur ganzen und wahren Wirklichkeit", wie Corona Bamberg treffend sagt: „Fremdlingschaft besteht dann darin, dass einer sich zurücknimmt, im Reden, im Tun. Dem Nächsten absterben heißt dann: ihn nicht richten, sondern die eigene Sünde tragen. Die Welt hassen heißt: … der Gewalttätigkeit in jeder Form absagen, ein Mensch ohne Habgier sein und als solcher offen für Kontakt und Beschenktwerden. Welt-‚Hass‘ wird zu einem anderen Namen für Liebe … Nicht schöpfungsverachtende Flucht hat das letzte Wort, sondern Zuwendung, Bejahung. Eine Welt wird bejaht, in der Gott sich zu schauen gibt ‚von der Rückseite‘ (Ex 33,23), als Licht, das im Dunkel der Entsagung frei macht zur Liebe."[81] Mag sich also damals bei den „Wüstenvätern" das „Ganz-vor-Gott-da-Sein" im Auszug aus der bisherigen Lebenswelt und im Abstand von ihr verwirklicht haben, so könnte heute gerade auch das Umgekehrte gefordert sein: ein entschlossenes, in innerer Freiheit gründendes Zugehen auf die unverstellte Wirklichkeit. (Welt-)„Flucht" gibt es dann nur in einer Hinsicht, „dass man nur vor einem flieht: vor dem, was blind und taub macht gegenüber ihrem Ruf."[82] Denn dieser „unverstellte Ruf der Wirklichkeit" gründet im Ruf Gottes, vor den der Mensch sich in der „Wüste" unmittelbar gestellt erfährt. Von dieser Unmittelbarkeit zu Gott spricht folgender Text:

> „Brüder suchten den Abbas Antonios auf und legten ihm eine Stelle aus dem Buch Leviticus vor. Da ging der Greis weit in die Wüste hinaus … Lange verweilte er dort im Gebet und schrie mit lauter Stimme: ‚O Gott, sende den Mose, und er wird mich über diese Stelle da belehren!‘ Da kam eine Stimme, die mit ihm redete …" (26).

In diesem Text spricht sich eine Erfahrung aus, die durch die ganze Geschichte der Spiritualität geht, dass es nämlich eine *unmittelbare* Beziehung zu Gott gibt. Der Mensch kann unmittelbar zu Gott sprechen, und Gott spricht unmittelbar zu ihm, legt ihm die Heilige Schrift aus, gibt ihm Weisungen und Sendung. In die Wüste gehen bedeutet somit damals wie heute, Bindungen und Zwänge, die das Herz zerteilen, zustopfen und unfrei machen, zurücklassen, um „gesammelt", ganz, aus der Unmittelbarkeit des Hörens auf Gott zu leben. Dies muss sich nun keineswegs in außerordent-

Kloster („Große Laura") Mar Saba im Kidrontal der Wüste Juda, sudöstlich von Jerusalem. Es wurde ab 483 vom hl. Mönchsvater Sabas errichtet, der hier in einer Felswand des Wadis sein Kellion hatte. Es ist das älteste erhaltene Kloster Palästinas, das sich ganz in der Wüste versteckt.

lichen Erfahrungen abspielen. Das Aushalten der Wüstenexistenz hat selbst schon eine Stimme oder kann zur Stimme werden, die Gottes Wort in sich trägt. So jedenfalls lautet die Botschaft des folgenden kurzen Apophthegmas: Ein Bruder kam in die Sketis zum Abbas Mose und bat ihn um ein Wort. Der Greis sagte zu ihm: „Fort, geh in dein Kellion und setze dich nieder, und das Kellion wird dich alles lehren" (500).

Solche und ähnliche Sätze finden sich in der Überlieferung der Wüstenväter zuhauf: Jemand, der mit der Bitte um ein „Wort" zu einem Abbas, in diesem Fall zum Abbas Mose, kommt, wird zurückgewiesen. Der Vater hat kein Wort für ihn, Gott selbst muss es ihm zukommen lassen. Und das geschieht, wenn der Betreffende da bleibt, wo er ist, in seinem Kellion, d. h. im weiteren Sinn: in dem ihm vorgegebenen Lebensraum. Man kann auch sagen: Das Wort Gottes ergeht dort, wo jemand seinen „Alltag" als den ihm zugemuteten Lebensauftrag übernimmt und darin aushält. Das Auf-sich-Nehmen der „täglichen Wüste", das Ausharren im oft so Banalen des alltäglichen Trotts und grauen Einerlei trägt Gottes Wort in sich. Gerade darin vollzieht sich das unmittelbare Stehen vor Gott und Hören auf ihn. So wird man ganz. Mit diesem Ziel der Wüstenexistenz ist aber erst ein Pol genannt, der mit dem zweiten untrennbar verbunden ist:

Neu für die Menschen da sein: Mönchsein heißt nicht einfach, sich radikal von allen Übrigen abzusondern. Zwar spielte sich das Wüstenmönchtum in einer „Sonderwelt" ab, jedoch – von Ausnahmen abgesehen – zugleich in einem vielfachen Beziehungsnetz. Da gab es auf der einen Seite die verschiedenen spezifischen Gemeinschaftsformen, in denen sich das Leben vollzog: Am Anfang Nachbarschaften von Kellien, Eremitenkolonien, die sich um einen erfahrenen Mönch („Abbas") gruppierten (gelegentlich bewohnte dieser sogar das gleiche Kellion mit seinen Schülern), in Palästina beginnt dann die spezifische Form der „Lauren"[83], in denen die Behausungen der Mönche, die Kellien, enger aneinander rückten und die über gemeinsame Räume verfügten, dann – seit Pachomius (+ 346) – Zönobien, Klostergemeinschaften mit einem Vorsteher und gemeinsamen Lebens-, Arbeits- und Gebetsformen. Hier findet sich so etwas wie eine „kollektiv veranstaltete Einsamkeit".[84] Neben der Pachomius-Regel ist es vor allem die des hl. Basilius, die gegen ein gewissermaßen „privatisierendes" Wüsten-Eremitentum zum gemeinsamen Leben einlädt. In dieser Regel heißt es:

„Gott der Schöpfer hat gewollt, dass wir einander helfen, damit wir zur Gemeinschaft miteinander finden. …Wollte ein jeder für sich allein leben, … wie könnten wir dann, geschieden und getrennt, füreinander Glieder sein, uns gegenseitig Hilfe leisten und unserem Haupte, das Christus ist, unterworfen bleiben? …Wenn du allein lebst, wem kannst du dann die Füße waschen? Wen kannst du umsorgen? Wie kannst du dich auf den letzten Platz begeben? … Das Gemeinschaftsleben ist die Arena, in der wir uns üben wie Athleten, eine Schule, die uns Fortschritte machen lässt."[85]

Auf der andern Seite lebten viele Mönche – wie wir schon sahen – in unmittelbarer geographischer Nähe zur übrigen Gesellschaft, mit der es durchaus ständigen Kontakt gab. Dieser war schon allein dadurch gegeben, dass die Mönche sich oft ihren Lebensunterhalt durch Verkauf von handgefertigten Waren, etwa von Körben und Seilen, die sie aus den am Nil wachsenden Pflanzen herstellten, verdienten und deshalb die nahe gelegenen Märkte besuchten. Auch war es an einigen Orten selbstverständlich, die großen liturgischen Feiern, etwa die der Heiligen Woche, zusammen mit den übrigen Christen zu begehen. So strömten zum Palmsonntag die Mönche aus der Wüste Juda in Jerusalem zusammen, um hier das Pascha-Mysterium zu feiern. Und dann gab es noch die umgekehrte Richtung: Christen suchten die Mönche als ihre „geistlichen Väter" in der Wüste auf, um sich von ihnen Rat und Trost zu holen. So gab es ein ständiges Hin und Her zwischen Wüste und Kulturland. „Die Mönche hatten zwar die Welt verlassen, aber diese Welt folgte ihnen in die Wüste."[86]
Zum Wüstenmönchtum gehört also der Kontakt zum anderen dazu. Die Unmittelbarkeit zu Gott, das Ganzsein vor ihm, zu dem die Existenz in der Wüste verhelfen will, hat sich darin zu bewähren, dass es eingebracht wird in ein neues Da-Sein für den Bruder, die Schwester. Davon ist in vielen überlieferten Texten die Rede.

„Als Pachomius einmal zur Nachtzeit betete, um Klarheit über den Willen Gottes in seinem Leben zu erhalten, hatte er eine Erscheinung, die ihn nach dem Grund seiner Trauer fragte. Pachomius antwortete: ‚Ich suche den Willen Gottes zu erkennen.' Da kam die Weisung: ‚Der Wille Gottes ist, dass du dich in den Dienst der Menschen stellst, um sie mit ihm zu versöhnen.' Pachomius erwiderte unwirsch: ‚Ich suche den Willen Gottes, und du sagst mir, ich solle den Menschen dienen!' Aber dreimal erhielt er die

Weisung: ‚Der Wille Gottes ist, dass du dich in den Dienst der Menschen stellst, um sie einzuladen, zu ihm zu kommen.'"[87]

Wenn man bedenkt, dass Pachomius einer der bedeutendsten Vertreter des Wüstenmönchtums ist (wenn auch des zönobitischen), so wird an dieser Szene über alle Maßen klar, dass dieses Mönchtum nicht um sich kreist, sondern auf den Dienst am Mitmenschen zielt, sei dieser nun innerhalb oder außerhalb der „Sonderwelt" der Wüste. Das wird auch im folgenden Text aus dem streng eremitischen Mönchtum anschaulich zum Ausdruck gebracht:

> „Abbas Johannes Kolobos sprach: ‚Es ist unmöglich, ein Haus von oben nach unten zu bauen, vielmehr muss es von Grund auf in die Höhe.' Sie fragten ihn: ‚Was ist der Sinn dieses Wortes?' Er antwortete ihnen: ‚Der Grundstein ist der Nächste, dass du ihn gewinnst. Das muss am Anfang stehen; davon hängen alle anderen Weisungen des Herrn ab'" (354).

In die Wüste gehen bedeutet also nicht, einem geistlichen Egoismus zu frönen, sondern auf neue Weise für die Menschen da zu sein. Dennoch stellt sich nochmals die Frage: Warum gerade die Wüste? Lässt sich all das bisher Gesagte nicht auch im Kulturland verwirklichen (auch wenn die Landschaft Wüste hilfreich ist)? Welche konstitutive Bedeutung hat gerade diese spezifische Landschaft?

Der Weg: Dämonenkampf

„Dämonenkampf" dürfte den meisten Menschen heute unverständlich sein und allenfalls als Relikt einer unaufgeklärten Vergangenheit buchstäblich „museale" Bedeutung haben, so wie man in Museen mittelalterlicher Malerei das äußerst häufig vorkommende Motiv der „Versuchungen des hl. Hieronymus" betrachtet. Doch übersähe man das Wesentliche des Wüstenmönchtums, würde man diese Wirklichkeit unterschlagen und sich nicht bemühen, sie zu verstehen. Suchen wir uns das Wesen des „Dämonenkampfes" zunächst aus der damaligen Perspektive heraus begreiflich zu machen.
Bereits gegen Ende des 2. Jh. schreibt Irenäus v. Lyon: „Die Kirche erstreckt sich über das ganze Weltall bis an die äußersten Grenzen der Erde". Und

wenig später übertreibt Tertullian arrogant und provokant: „Seit gestern erst gibt es uns, und schon haben wir euren ganzen Lebensraum angefüllt: Städte und Inseln, Garnisonen, Gemeinden, Ortschaften, ja die Militärlager, Stadtbezirke, Dekurien, Palast, Senat und Forum. Nur die Tempel haben wir euch gelassen."[88] Aber diese Einschränkung fällt im 3./4. Jh. weg: Die heidnischen Tempel zerfallen oder werden zerstört. Auf ihren Grundmauern oder mit den Materialien ihrer Ruinen werden christliche Kirchen gebaut; die früheren religiösen Kulte sind abgeschafft bzw. geraten in Vergessenheit. So erfährt man handgreiflich, dass die – von den Christen als Dämonen eingestuften – heidnischen Gottheiten und bösen Mächte besiegt sind. Sie mussten sich aus dem Kulturland zurückziehen. Aber sie haben sich dahin zurückgezogen, wo sie noch ein „Schlupfloch" gefunden haben, und das ist die Wüste.[89] Schon in der Hl. Schrift gilt die Wüste als bevorzugter Ort des Dämonischen. Denn eines ihrer „Gesichter" besteht darin, dass sie lebensverneinend ist, Ort des Todes und der Unfruchtbarkeit, der Versuchung und der Anfechtung durch böse Mächte und Triebe. Eben deshalb haben sich die im Kulturland besiegten Dämonen in die Wüste zurückgezogen. Dort tummeln sie sich gewissermaßen noch aus. Deshalb können die Mönche, die in die Wüste gehen, hier im letzten verbleibenden „Schlupfloch" den Teufel und die teuflisch-dämonischen Mächte in einer Art „Endgefecht" überwältigen. Sie ersetzen in ihrer Person die gefallenen Engel und führen als „Engelgleiche" die Auseinandersetzung zwischen Gut und Böse weiter fort. Indem die Mönche in der Wüste im Kampf gegen das Böse leben und es sogar besiegen, erweisen sie, dass das Böse durch Christus grundsätzlich überwunden ist und der Sieg Christi durch sie bis in die Wüste, dem gleichsam letzten „Winkel" der Wirklichkeit, getragen wird. So schreibt Athanasius in seinem „Leben des Antonios":

„Der Feind wollte die Inbesitznahme seines Wüsten-Territoriums nicht hinnehmen; er fürchtete sogar, Antonios werde schon bald die ganze Wüste mit Askese erfüllen, und kam eines Nachts mit einer Menge Dämonen daher und setzte ihm so sehr mit Schlägen zu, dass er stumm vor Schmerzen am Boden lag." Die Dämonen schreien Antonios an: „Verlasse, was uns gehört! Was geht dich die Wüste an." Und der Satan spricht zu Antonios: „Ich habe keinen Ort mehr, keine Waffe, keine Stadt. Überall sind Christen, und jetzt ist auch die Wüste voll von Mönchen." Deshalb unternahmen die Dämonen alles, „um Antonios aus der Wüste zu vertreiben".[90]

Das Sich-Niederlassen in der Wüste ist also bereits eine Kampfansage an die Dämonen, der Sieg über sie bedeutet Reinigung einer bis dahin dämonischen Enklave. In diesem Sinn sagt später Johannes Eunuchus: „Kinder, beschmutzen wir diesen Ort nicht, den unsere Väter von den Dämonen gereinigt haben" (405)

Der gedankliche Hintergrund des Dämonenkampfes ist heute fremd und befremdlich. Er muss in unsere Gegenwart buchstäblich über-setzt werden, so wie man vom Ufer eines Flusses auf das andere nicht mühelos übergesetzt wird. Doch bevor wir uns dem zuwenden, ist zu fragen: Auf welche Weise geschieht der Dämonenkampf? Eine erste Antwort lautet: Dadurch, dass die Mönche sich den Anfechtungen durch das Böse ganz bewusst und entschieden stellen. Auf Grund ihrer eremitischen Lebensform, die sie in unerhörtem Maß mit sich selbst und der eigenen kleinen Welt konfrontiert, erfahren sie das Dämonische vor allem in ihren Gedanken, Vorstellungen, Trieben und Leidenschaften. Ja, die Dämonen sind mehr oder minder identisch mit den ungezügelten Leidenschaften. So heißt ein Wort des Abbas Pityrion: „Welche Leidenschaft einer auch überwindet, deren Dämonen treibt er damit aus" (780). Während bei den „Weltleuten" – wie Evragius Ponticus bemerkt – Gegenstand des Kampfes die Dinge sind, an denen sich der Mensch so hängt, dass er Gott vergisst, so sind es bei den Mönchen meist die Gedanken, die zu schlechten Taten versuchen und die innere Wahrnehmung und Ausrichtung vernebeln oder pervertieren. „Aber wie es viel leichter ist, in Gedanken als in der Tat zu sündigen, so ist der Kampf gegen die Gedanken viel schwieriger als der gegen die Dinge."[91] Die Welt der Leidenschaften und Gedanken ist also der vorrangige „Kampfplatz", den es von den Mönchen zu bestehen und nicht zu räumen gilt. Das zeigen die folgenden Texte:

> „Altvater Poimen erzählt über den Altvater Johannes Kolobos: Er rief Gott an, und die Leidenschaften wurden von ihm genommen und er war ohne Sorgen (= beunruhigende Anfechtungen). Er ging fort und sagte zu einem Altvater: ‚Ich stelle fest, dass ich in Ruhe bin und keine Anfechtungen mehr habe.' Der Greis sprach zu ihm: ‚Geh und rufe Gott an, dass ein Feind gegen dich aufsteht und so auch die alte Zerknirschung und Demut, die du früher hattest, wieder zurückkehrt. Denn gerade durch die Anfechtung macht die Seele Fortschritte.' Er bat also, und als der Feind kam, betete er nicht mehr, dass er von ihm befreit werde, sondern sagte: ‚Gib mir Geduld, Herr, in den Kämpfen!'" (328).

„Abbas Enagrios sagte: ‚Nimm die Versuchungen hinweg und keiner kann gerettet werden‘“ (231).[92]

Hinter diesen und ähnlichen Texten steht die Überzeugung, dass der Mensch letztlich nur dann vor dem Bösen gerettet bzw. vor Gott reifen und Fortschritte machen kann, wenn er sich dem Bösen stellt und den Kampf mit den Anfechtungen aufnimmt.

Die inneren Kämpfe vollziehen sich auf ganz unterschiedliche Weise: Versuchungen können erwachsen aus Zweifel und Misstrauen gegen Gott bis hin zur Verzweiflung, aus der eigenen Triebhaftigkeit mit ihren ungezügelten Vorstellungen und Projektionen, aus Allmachtsfantasien und Selbstbestätigung suchenden Vergleichen mit anderen. Ja, in der Gedankenwelt spielt sich sozusagen ein Vorentwurf dessen ab, was danach in der Praxis umgesetzt wird oder wenigstens umgesetzt werden könnte. Aber es gibt auch Anfechtungen, die beim frömmsten Tun erwachen, etwa beim Gebet und beim meditierenden Nachsinnen über das Wort Gottes. Wie oft und wie leicht resultiert da aus der Erfahrung, dem Verweilen im Gebet nicht gewachsen zu sein, die Versuchung, das Gebet abzukürzen, aus der Stille wegzulaufen und stattdessen etwas „Sinnvolleres“ zu tun. Die Gebetszeit wird gefüllt mit (bewussten) Zerstreuungen und gedanklichen Selbstbefriedigungen aller Art, um sich das Beten „gefälliger“ zu machen. Selbst im Verweilen bei Gott also sieht sich der Mensch auf einen „Kriegsschauplatz“ gestellt.

Und eben dies war den Wüstenvätern klar: Zum Christsein gehört der Kampf „nicht gegen Menschen aus Fleisch und Blut, sondern gegen die Fürsten und Gewalten, gegen die Beherrscher dieser finsteren Welt. Darum legt die Rüstung Gottes an“ (Eph 6,12f). So lässt sich auch von den Mönchen lernen: „Was Entmutigung ist, Aufbegehren, Vereinsamung, innere Zerrissenheit, hat auch ihnen zugesetzt; sie kannten sogar die Verzweiflung. Aber sie wichen nicht davor aus, sondern gingen auf sie zu. Sie gingen gerade dorthin, wo jede Ausflucht versperrt war. Damit weisen sie auf etwas hin, was heute so wichtig ist: dass man sich der Anfechtung stellen muss. Man verdrängt Anfechtung nicht ungestraft. Man wird nur reif, wenn man auf sie zugeht.“[93] Christliches Leben kann nicht ohne Anfechtungen, Versuchungen und Nachstellungen des Bösen sein. Ihr Fehlen wäre ein Zeichen dafür, dass es nicht genuin christlich ist. Denn im Neuen Testament heißt es ausdrücklich: „Der Jünger ist nicht über dem Meister“ (Joh 15,20), der selbst versucht wurde und durch Leiden „den Gehorsam lernen musste" (Hebr 5,8). Doch welchen Sinn haben die vielfachen inneren Anfechtungen und Versuchungen?

Sie sind nicht nur Konsequenz der Jesus-Nachfolge, sie zeigen auch, dass der Mensch ihnen im Grunde nicht gewachsen und oft hilflos und ohnmächtig ausgeliefert ist. Und genau darin liegt ihre positive Möglichkeit. Denn man kann den Erfahrungen der eigenen Armut aus dem Wege gehen, indem man den Versuchungen nachgibt oder sie zu verdrängen sucht. Dann wächst man nicht nur nicht daran, man gibt auch dem Bösen neuen und weiteren Raum. Wo der Mensch sich aber den Anfechtungen und seiner eigenen Ohnmacht stellt, da werden sie zur Einladung, sich selbst aus der Hand zu geben und Gott zu überlassen. So sagt es das folgende Apophthegma: „Ein Bruder befragte sich beim Altvater Agathon wegen der Unzucht. Er erklärte ihm: ‚Wohlan, wirf dein Unvermögen vor Gott, und du wirst Ruhe finden.'" (21). Hinter diesem Rat steht die Überzeugung, dass der Mensch dann mit sich und Gott im Einvernehmen steht („Ruhe findet"), wenn er in Demut, Geduld und Hoffnung sein Unvermögen auf Gott wirft und gerade so das Böse besiegt. Eben dazu laden die „dämonischen" Anfechtungen in der Wüste ein.

Spätestens hier wird man nochmals fragen müssen: Was sind denn eigentlich diese Dämonen und teuflischen Mächte, die hinter den Versuchungen und Anfechtungen als „Urheber" stehen? Wir sagten schon: Sie sind mehr oder minder identisch mit den unbeherrschten Leidenschaften und Gedanken. Zwar haben die Wüstenväter sich die Dämonen wohl recht „massiv leibhaftig" vorgestellt. Aber es gibt auch sehr „aufgeklärte" Texte, wie etwa den folgenden:

„Abbas Abraham … fragte den Altvater Poimen: ‚Wie können mich die Dämonen anfechten?' Abbas Poimen sprach: ‚Dich bekriegen die Dämonen? Sie kämpfen nicht mit uns, solange wir unseren Willen tun. Denn unsere Willensneigungen sind[!] die Dämonen, und sie sind es, die uns bedrängen, unseren Willen zu tun. Wenn du aber sehen willst, mit wem die Dämonen kämpfen: sie kämpfen mit Mose und seinesgleichen.'" (641)

Ein außerordentlich aufschlussreicher Text! Hier werden die Dämonen mit „unseren Willensneigungen" identifiziert, und zwar mit jenen unserer Willensneigungen, Wünsche und Triebe, kraft derer der Mensch ichzentriert

und aus sich selbst heraus leben will. Solange er selbstbezogen um sich kreist und sich autonom verwirklichen will, gibt es im Grunde keine Anfechtungen für ihn, denn dann steht er voll im Machtbereich des Dämonischen, sein Lebensentwurf ist mit diesem identisch. Dämonenkampf gibt es nur da, wo einer gerade nicht aus sich heraus, sondern aus der Bestimmung durch Gott, aus dem Hören auf ihn leben will „Die Dämonen kämpfen mit Mose und seinesgleichen", d. h. mit Menschen, die Hörende waren.
Um das Dämonische in seiner eigentlichen Tiefe zu verstehen, bedarf es also nicht unbedingt der Vorstellung von leibhaftigen bösen Geistern. Wir können heute in unserer Sprach- und Vorstellungswelt durchaus vom Ich-Schatten sprechen, vom Unbewussten oder vom Über-Ich, kurz: von all dem, was – so oder so – personal nicht eingeholt ist, unfrei macht, innerlich zerreißt und sich zwischen Gott und Mensch schiebt. Dieses „Dämonische" bricht gerade „in der Wüste" auf, wenn man die allzu selbstverständlich gewordenen Gewohnheiten und Moden, eingefahrenen Geleise und eingebildeten „Notwendigkeiten" des Lebens lässt, die gewohnten Zerstreuungen und das Lärmende des Alltags beiseite schiebt und sich in Stille und Alleinsein den inneren Strebungen und Regungen des Herzens stellt.
Das „Dämonische" kann aber auch in jenen „Wüsten" auftreten, die man nicht sucht, sondern die über den Menschen hereinfallen, wenn der bisherige Lebensentwurf gescheitert ist, wenn Partnerschaften auseinander brechen und das, was bislang Geltung hatte und Glück bedeutete, untergegangen ist. In solchen Situationen kann das „Dämonische" bewusst werden: die eigene Oberflächlichkeit und Triebhaftigkeit, Zerrissenheit und Zwiespältigkeit. Und aus der Erfahrung der Entfremdung kann sich die Frage stellen: Woraus lebst du eigentlich – aus dir selbst oder aus Gott? Zwischen diesen beiden Fronten bewegt sich letztlich der Kampf, den die Wüstenväter in besonders ausdrücklicher Weise erfahren und bewusst auf sich genommen haben. Wenn sich zwei Mönche, die sich nicht näher kannten, begegneten, fragten sie nicht: „Wo wohnst du?", oder: „Wo lebst du?", sondern: „Wo kämpfst du?" In dieser Formel drückt sich mehr als deutlich das geradezu „selbstverständliche" Lebensprojekt dieser Menschen aus: ihr bewusst aufgenommener Kampf mit den „Dämonen".
Die Mönche fochten diesen Kampf aber nicht allein für sich aus, sondern stellvertretend ebenso für ihre Mitchristen, für die Kirche, ja für die ganze Welt. Diese Idee der Stellvertretung ist bereits im ursprünglichen Ansatz des Mönchtums tief verwurzelt. Man ging ja gerade in Wüste, um die Dä-

monen, die im Kulturland durch das Vordringen des christlichen Glaubens bereits (grundsätzlich) besiegt waren, nunmehr in ihrem äußersten „Schlupfloch" zu bekämpfen und ihre letzte noch verbliebene Machtbastion zu brechen, auf dass die Welt vom Bösen befreit werde. Darüber hinaus taten viele Wüstenväter bewusst stellvertretende Buße für gefallene Brüder und Schwestern. Kurz: sie traten vor Gott für die Welt ein. Deshalb heißt es im Prolog der „Geschichte der Mönche", ein Werk, das gegen Ende des 4. Jh. verfasst wurde: „Es ist ganz klar, dass nur durch sie die Welt noch existiert und um ihretwegen das Menschengeschlecht noch besteht und in den Augen Gottes etwas wert ist."[94]

Der Gedanke der Stellvertretung ist tief in die Heilige Schrift eingeschrieben. Schon im Alten Testament gehörte es zu den wesentlichen Aufgaben der „Gottesmänner", dass sie stellvertretend für die anderen vor Gott hintraten, für-bittend und für-leidend („der leidende Gottesknecht" bei Jes 52,13ff) und sich auf diese Weise für die andern in die Waagschale warfen. So hielten sie den Raum für Gott offen in einem Volk und für ein Volk, das sich oft genug Gott entzog und verweigerte. Dann war es Jesus Christus, der alle Menschen aller Zeiten stellvertretend in seine Hingabe an den Vater hineingenommen hat, dann kamen die unzähligen bekannten und namenlosen Heiligen, die sich das Bild vom Leib Christi und das Wort des hl. Paulus zu Herzen genommen haben: „Wenn *ein* Glied leidet, leiden alle Glieder mit; wenn *ein* Glied geehrt wird, freuen sich alle mit" (1 Kor 12,26), und die deswegen nach dem Grundsatz lebten: Wenn einer das Böse besiegt, besiegt er es auch für alle anderen.

Auf welche Weise waren die Wüstenväter stärker als die Dämonen, wie haben sie das Böse besiegt? Sie haben – wie schon ausgeführt – die eigene Armut und Ohnmacht und alles Unvermögen Gott hingehalten und sich in Geduld und Hoffnung ihm überlassen. Darüber hinaus aber gab es in diesem Kampf eine ganz besondere „Waffe", die immer wieder in den überlieferten Texten aufscheint: die Demut.

> „Dem Abbas Makarios begegnete der Teufel mit einer Sichel. Als er ihn schlagen wollte, vermochte er es nicht und sprach zu ihm: ‚Eine große Kraft geht von dir aus, Makarios, so dass ich gegen dich nichts vermag! Siehe, wenn du etwas tust, tue ich es auch: Du fastest – ich auch. Du hältst Nachtwache – ich schlafe überhaupt nicht. In einem jedoch besiegst du mich.' …‚Und was ist das?' – ‚Deine Demut! Und deswegen vermag ich nichts gegen dich!'" (464).

Ein sehr bezeichnender Text! Der Teufel ist wie ein Ich-Schatten; er tut das Gleiche wie Makarios, ja er will sogar besser sein als dieser. So kann man geradezu sagen: Der „Teufel" ist im Grunde das „Über-Ich" des Makarios, das ihn dazu versucht und stimuliert, immer mehr von sich zu fordern, immer mehr zu vollbringen, immer größere asketische Leistungen zu tun. Doch Makarios besiegt diesen „Teufel" durch seine Demut, d. h. durch den Verzicht darauf, in großen, ja immer größeren Leistungen sich selbst zu gefallen und sich vor Gott und den Menschen „darzustellen". Die Demut versagt sich jeder Großartigkeit, sie begnügt sich mit dem Kleinen und Unscheinbar-Selbstverständlichen und überlässt die eigenen Grenzen, Schwächen und Halbheiten der Güte Gottes. „Deswegen vermag ich nichts gegen dich!" Das Gleiche sagt auch folgender Text:

> „Die Altväter lehrten: ‚Wenn wir versucht werden, sind wir demütiger. Denn Gott sieht dann unsere Schwachheit und schützt uns. Wenn wir uns aber rühmen, nimmt er seinen Schutz von uns und wir gehen zu Grunde'" (1073).

Die Aufforderung zur Demut ist vielleicht der schärfste Einspruch gegen den überzogenen zeitgenössischen Asketismus, von dem auch manche Mönche nicht frei waren. Zugleich gibt sie den Tenor des Verhaltens zum Nächsten an. Gerade weil in der Wüste die „Altväter" in unerhörtem Maß mit sich selbst konfrontiert waren, standen sie unaufhörlich in der Versuchung, sich selbst mit anderen (Mönchen, Mitchristen) zu vergleichen, also die anderen im Licht und nach den Maßstäben des eigenen (asketischen) Lebens zu beurteilen und zu „richten". Von daher entsteht aus der Aufforderung zur Demut die nachdrückliche, auch im Neuen Testament vielfach bezeugte Weisung: „Richtet nicht!" Wer nicht richtet, nimmt den andern an, wie er ist; er entrüstet sich nicht über dessen dunkle und böse Züge, sondern weiß, dass er diese oder ganz ähnliche in sich selbst trägt. Richten bedeutet im Grunde nur, die eigenen Schattenseiten auf andere zu projizieren, statt sich selbst der eigenen Wahrheit zu stellen. Deshalb ist der Ruf „Richtet nicht!" für die Wüstenväter die konkreteste Form der Demut sowie die höchste Maxime und der Gradmesser des geistlichen Lebens:

> „Abbas Paphnutios, der Schüler des Abbas Makarios berichtete: ‚Ich bat meinen Vater: Sage mir ein Wort!, und er antwortete: Tue keinem etwas Böses und urteile über niemand. Das beachte und du wirst gerettet'" (481).[95]

Dazu noch eine überlieferte „Szene":

> „Ein Bruder in der Sketis war (in Sünde) gefallen. Man hielt (über ihn) eine Versammlung ab und schickte zu Abbas Moses. Der aber wollte nicht kommen. Daraufhin sandte ihm der Priester den Auftrag: ‚Komm, man erwartet dich!' Moses erhob sich und kam. Er nahm einen durchlöcherten Korb, füllte ihn mit Sand und nahm ihn auf die Schulter. Die Brüder kamen ihm entgegen und sagten zu ihm: ‚Was ist das, Vater?' Da sprach der Altvater zu ihnen: ‚Das sind meine Sünden. Sie rinnen hinter mir heraus, auch wenn ich sie nicht sehe, und nun bin ich gekommen, um fremde Sünden zu richten?' Als sie das hörten, sagten sie nichts mehr zu dem Bruder, sondern verziehen ihm" (496).

Wer dahin gelangt ist, niemanden zu richten, zu beurteilen und zu verurteilen (was ja immer heißt, den eigenen als den allgemeinverbindlich-endgültigen Maßstab an die anderen anzulegen), hat die wahre Spitze allen geistlichen Tuns erreicht und die „Dämonen" in ihrem letzten Winkel besiegt. Aus dem Dämonenkampf erwächst, wenn er mutig bestanden und durchstanden wird, eine neue Lebensgestalt. Es ist die Gestalt des „geistlichen Vaters" (oder auch der „geistlichen Mutter").

Das zweifache Ziel

Geistlicher Vater

Es war schon vielfach davon die Rede, dass das Mönchtum der Wüste sich nicht darin erschöpfte, einem geistlichen Egoismus zu frönen. Im Gegenteil! Schon der Dämonenkampf geschah stellvertretend für Kirche und Welt. Aber auch das spirituelle Bemühen, vor Gott „ganz zu werden" und als geisterfüllter Mensch in unmittelbarer Beziehung zu ihm zu leben, sollte Frucht bringen für die anderen. Dies geschah nicht zuletzt dadurch, dass auf Grund der Erfahrungen, welche die Mönche in der Wüste mit sich selbst und mit Gott gemacht hatten, viele von ihnen zu „geistlichen Vätern", heute sagt man meist: zu „geistlichen Begleitern" ihrer Mitchristen wurden und für ca. drei Generationen zu maßgebenden Orientierungspunkten der damaligen Kirche. Dann artete das anfänglich charismatische

Wüstenmönchtum weithin aus und wurde mehr und mehr zum Gegenstand eines touristischen Kulturprogramms reicher Christen. Dagegen lässt sich an den frühen Anachoreten noch das Nietzsche-Wort veranschaulichen: „Wer viel einst zu verkünden hat, schweigt viel in sich hinein: Wer einst den Blitz zu zünden hat, muss lange – Wolke sein." Die „Altväter" der Wüste waren wie Mose mit dem Herrn lange „in der Wolke", in der schweigenden Abgeschiedenheit der Wüste; so konnten sie auch bei anderen „den Blitz zünden", indem sie ihnen zu geistlichen Führern wurden.

Auf welche konkrete Weise haben die Wüstenväter nun ihre geistliche Verantwortung wahrgenommen? Anfangs war schon davon die Rede, dass Menschen zu ihnen kamen mit der Bitte: „Gib mir ein Wort, sag mir ein Wort, damit ich leben kann." Betrachtet man die uns überlieferten „Worte" genauer, so ist daran ein Zweifaches bemerkenswert: Erstens ist auffällig, dass die ratgebenden Worte der Mönche oft sehr widersprüchlich sind. Zweitens kommt in ihren Weisungen auffallend wenig die Heilige Schrift vor und fast nie ein Wort über das Kreuz Christi, so dass eine Reihe vornehmlich protestantischer Theologen schon die Meinung geäußert haben und bis heute äußern, das Leben der Mönche sei wohl wenig vom Evangelium her bestimmt gewesen. Wie lassen sich beide Charakteristika erklären? Zum Ersten: Der geistliche Vater kann sozusagen bis auf den Grund der Seele dessen schauen, der da von ihm ein Wort erbittet. Deshalb gibt er ihm keinen „Einheitsratschlag", sondern eine Weisung, die zunächst einmal nur für diesen Menschen in dieser seiner Situation zutrifft. Deshalb kann es durchaus sein, dass er einem anderen Menschen in einer anderen Situation ein gegenteiliges Wort sagt oder dass er Weisungen gibt, die, „objektiv gesehen", nicht zutreffen. Beides führt gelegentlich auch zu Verwirrungen und Konflikten, wie folgende drei Geschichten zeigen:

„Einmal besuchte Abbas Abraham den Abbas Are. Als sie beisammensaßen, kam ein Bruder zu Are und bat: ‚Sag mir ein Wort, damit ich gerettet werde!' Er sprach zu ihm: ‚Geh und verbringe dieses Jahr damit, nur jeweils abends Brot und Salz zu essen; dann komm wieder, und ich werde mit dir reden.' Der Bruder ging und tat so. Als das Jahr zu Ende war, kam der Bruder wieder zum Abbas Are, und es traf sich, dass auch Abbas Abraham wieder zugegen war. Wiederum sprach der Alte zu dem Bruder: ‚Geh und faste auch dieses Jahr jeweils zwei Tage.' Als der Bruder fort war, sprach Abbas Abraham zu Abbas Are: ‚Wie kommt es: Zu den Brüdern sprichst du so, dass sie ein leichtes Joch haben, diesem Bruder aber legst du schwere Lasten auf?' Der Abbas erklärte ihm: ,In der Art, wie die anderen Brüder zum Fragen kommen, in dieser Art gehen sie auch wieder weg. Der aber kommt Gottes wegen, ein Wort zu hören. Er ist ein Arbeiter! Und wenn ich ihm etwas sage, dann tut er es mit Eifer. Darum sage ich ihm auch das Wort Gottes'" (143).

„Ein Bruder kam zu Abbas Poimen und sagte zu ihm: ,Ich bestelle meinen Acker und gebe davon Almosen.' Der Altvater sagte: ,Du tust gut daran.' Und jener ging mit Zuversicht weg und gab noch mehr Almosen. Abbas Anub hörte von dem Ausspruch und sagte zu Abbas Poimen: ,Fürchtest du Gott nicht, dass du so zu dem Bruder sprichst?' [Gemeint ist: Wie konntest du nur diesem Bruder ein gutes Gewissen machen, der doch nicht wie ein Mönch lebt, da er einen Acker besitzt, diesen bestellt, Geld verdient und es ausgeben kann!] Der Greis schwieg. Nach zwei Tagen schickte Abbas Poimen zu jenem Bruder und sagte zu ihm, wobei der Abbas Anub ihn hörte: ,Was hast du mir gestern gesagt? Mein Geist war anderswo. [D. h., ich habe nicht recht aufgepasst].' Der Bruder sagte: ,Ich bestelle meinen Acker und gebe davon Almosen.' Abbas Poimen sprach nun zu ihm: ,Ich glaubte, dass du von einem Bruder in der Welt sprachst. Wenn du es aber bist, der so handelt, so ist dieses Handeln nicht mönchisch!' Als der Bruder das hörte, wurde er traurig und sagte: ,Ich verstehe mich auf kein anderes Handeln als auf dieses, ich kann nichts als meinen Acker bestellen.' Als er nun weggegangen war, warf sich der Abbas Anub auf die Knie und sagte: ,Verzeih mir!' Und Abbas Poimen antwortete: ,Auch ich wusste von Anfang an, dass es kein mönchisches Tun ist, aber ich sprach gemäß seiner Fassungskraft, und ich gab ihm auch Mut dazu, mehr Almosen zu geben. Nun aber ist er traurig weggegangen und bleibt doch bei dem, was er immer getan hat'" (596).

„Einmal kam ein Bruder zu Abbas Theodor und verwendete Tage darauf, ihn um ein Wort zu bitten. Der aber gab keine Antwort. Betrübt ging er weg. Sein Schüler sagte daraufhin zu ihm: ,Vater, warum hast du ihm kein Wort gegeben? Traurig ist er weggegangen!' Da antwortete der Alte: ,In der Tat, ich wollte nicht zu ihm sprechen. Er ist ein Wichtigtuer und will sich mit dem Wort eines anderen nur rühmen'" (270).

Alle drei Geschichten zeigen die strikte Bezogenheit der Weisungen auf den Einzelnen und dessen Situation. Dass der Abbas solche Worte zu geben vermag, hängt eng mit der „Wüste" zusammen. Ihr Schweigen, ihre Weite, die Konzentration auf das eigene Ich mit dessen Gefährdung und dessen Gottesbeziehung – all das vermittelt jenen durchdringenden Blick, mit dem der „Vater" auch die ganz persönliche Lage des anderen zu erfassen vermag. Deshalb ist es nicht zufällig, dass man bei den Wüstenvätern zum ersten Mal so etwas findet wie die „Entdeckung des Ich", nämlich die Erfahrung der ganz persönlich-einmaligen Berufung des Einzelnen sowie dessen individuelle innere Veranlagung und Gestimmtheit. Und es ist nicht zufällig, dass in der Wüste zum ersten Mal in größerem Umfang konkrete Regeln, „Kriterien", zur geistlichen Unterscheidung der verschiedenen Antriebe im Menschen gefunden wurden.

Zum Zweiten: Die Tatsache, dass die Heilige Schrift in den Weisungen der Wüstenväter relativ wenig vorkommt, lässt keineswegs den Schluss zu, sie hätten die Schrift nicht gekannt oder nicht aus ihr gelebt. Wir wissen von vielen Vätern, dass sie die ganze Heilige Schrift oder wenigstens ganze Bücher auswendig lernten, um sie in der Meditation Wort für Wort, Vers für Vers „wiederzukauen" (lt. ruminare – bis ins Mittelalter der Fachausdruck für Meditation!). Darüber hinaus waren die Väter, auch wenn sie nicht über das Kreuz Christi redeten, ständig mit diesem konfrontiert, da es überall in den Kellien, die ausgegraben wurden, auf Wänden und Gebetsnischen gemalt oder gekrizzelt ist.[96] Der Grund für das Zurücktreten der Hl. Schrift – wenigstens was die ausdrücklichen Formulierungen angeht – liegt woanders: Der Vater selbst, sein Leben nach dem Evangelium, zeigt sich als die konkrete, „leibhaftige" Übersetzung der Heiligen Schrift. Wie man später von Franz von Assisi sagte, dass er ein „alter Christus" – „ein anderer Christus" war, der in seiner Existenz das Evangelium darstellte, so verhielt es sich auch mit den Wüstenvätern. Deswegen musste, ja durfte nicht einmal viel vom Evangelium geredet werden, es sollte in die Tat umgesetzt, gelebt und dadurch auch anderen vor Augen gestellt werden. Deshalb lehnten es eine Reihe von Vätern ab, auf die Bitte um ein „Wort" überhaupt eine verbale Antwort zu geben. Sie forderten den Fragenden auf, das zu tun, was sie sähen. Auf dieser Linie sagt etwa Abbas Hyperichios: „Jener ist wahrhaft weise, der andere durch seine Tat, nicht durch seine Worte belehrt" (1095).[97] Von daher ergibt sich eine gewisse „Relativierung" des *verbalen*

Umgangs mit der Heiligen Schrift, wie es sich auch in den folgenden zwei Texten zeigt:

„Zwei Brüder kamen zu einem Abbas, der einsam in der Sketis wohnte. Und der erste sprach zu ihm: ‚Vater, ich habe das ganze Alte und Neue Testament auswendig gelernt!‘ Der Alte entgegnete: ‚Du hast die Luft mit Worten angefüllt.‘ Da sagte der zweite: ‚Und ich das ganze Alte und Neue Testament abgeschrieben und trage es hier in meinen Händen!‘ Diesem entgegnete er: ‚Du hast deine Fenster mit Papier verdunkelt. Kennt ihr nicht den, der gesagt hat: Nicht in Worten, sondern in Kraft besteht das Reich Gottes!‘ (1 Kor 4,20). Und weiter sprach er: ‚Nicht die Hörer des Gesetzes sind gerecht bei Gott, sondern die Befolger des Gesetzes werden gerechtgesprochen!‘ (Röm 2,13)“ (1034).

„Ein Bruder fragte Abbas Poimen: ‚Mit mir wohnen Brüder. Willst du, dass ich ihnen Weisungen erteile?‘ Der Abbas antwortete: ‚Nein, sondern erfülle zuerst du deine Aufgabe! Wenn sie leben wollen, werden sie schon auf dich sehen.‘ Da sprach der Bruder zu ihm: ‚Sie wollen es aber selber, dass ich ihnen Weisungen gebe.‘ Der Alte erwiderte ihm: ‚Nein, werde ihnen ein Vorbild und kein Gesetzgeber!‘“ (748).

Mit „Brüdern“ sind hier in erster Linie wohl solche gemeint, die gleichfalls in der Wüste „kämpfen“. Doch erging – wie wir sahen – die gleiche Bitte auch von Mitchristen aus dem „Kulturland“. Wenn ein Vater dieser Bitte nach einem Wort des Lebens entspricht, so darf er damit kein „Gesetzgeber“ werden. Drastisch gesagt: Das Evangelium darf dem andern sozusagen nicht um die Ohren geschlagen werden. Es gilt vielmehr, lebendiger Zeuge, Vorbild, Orientierungsgestalt zu sein, jemand, dem suchende Menschen nachfolgen können. Nicht durch viele Worte und seien es auch die heiligsten übt der Abbas sein Amt der geistlichen Führung aus, sondern durch sein Dasein. Die geistliche Führung geschieht vornehmlich und primär durch die Art und Weise, wie man lebt, und von dieser Grundlage aus sekundär dann auch durch ganz kurze und knappe Worte, welche – nicht als gesetzliche Vorschrift, sondern als Rat oder Provokation formuliert – das Wort Gottes auf die Situation des Einzelnen hin übersetzen. Dass der Mönch beides vermag, setzt seine eigenen geistlichen Wüstenerfahrungen voraus: Streben nach Ganz-Sein in unmittelbarer Gottes- und Nächstenbe-

ziehung, Durchhalten im „Dämonenkampf", Anerkenntnis der Anfecht-
barkeit, Ohnmacht und Armut, Einübung in Geduld und Hoffnung, Demut und Hingabe an Gott.

In all dem zeigt sich eine durchgehende Grundstruktur der spezifischen
Wüsten-Spiritualität: Vor dem Reden steht das Zeugnis des Lebens. Es ist
ein Grundzug, der später in Gestalt und Weisung Charles de Foucaulds
wiederum eine ganz bedeutende Rolle spielt. Und es ist nicht von ungefähr,
dass auch dessen Spiritualität fest in der Wüste verwurzelt ist.

Führer in der Wüste

Die großen Wüsten kann man nicht allein und ohne Führung durchqueren,
die geologischen nicht und auch die „Wüste" dieser Welt nicht. Auf unseren
Touren hatten wir uns lange dagegen verwahrt, einheimische Führer mitzu-
nehmen. Wir meinten, diese würden für unsere „stillen Zeiten" sowie für das
gemeinsame Gebet und den Gottesdienst einen Fremdkörper, ja Störfaktor
darstellen. Dennoch waren wir nicht ganz ohne „Führung". Wir holten vorher Informationen ein und orientierten uns nach Karte, Kompass und Sa-
telliten. Gelegentliche Irrwege und Umwege nahmen wir dabei in Kauf.
Doch dann gab es Gegenden, für die man seitens der Polizei ohne einheimischen Führer keine Zugangserlaubnis erhielt, und gefährliche Dünenabschnitte, die uns ohne Ortskenntnisse einfach überforderten. So begannen
wir, uns mit Führern, wenn es Not tat, „abzufinden", ja mit der Zeit wurden
sie uns auf schwierigen Strecken immer selbstverständlicher.

Was wir mit ihnen und an ihnen erlebten, ist ein getreues Bild für das, was
„geistliche Führung" (bzw. – wie man heute meist sagt – „geistliche Begleitung") bedeutet. Ja, vielleicht sind überhaupt Elemente von geistlicher Führung erstmals auf dem Hintergrund von Wüstenerfahrungen entstanden: So
wie man in der geologischen Wüste eines Führers bedarf, so kann man auch
seinen geistlichen Weg durch die Wüste der Welt nicht ohne Begleitung antreten. Hier einige Erfahrungen mit unseren Führern.

Für uns war es lange rätselhaft, wie sich die Führer auf den unendlichen
Sand- und Geröllfeldern der Sahara zurechtfinden konnten. Dann las ich
einmal, dass Karawanenführer sich – so bizarr das klingt – zuweilen am
Schatten des Ohrs des Leitkamels orientieren. Weil es auf den riesigen Ebenen der Wüste nichts gibt, was Schatten wirft, und weil die Sonne gegen

Mittag so hoch am Himmel steht, dass man die Himmelsrichtung an ihr nicht ablesen kann, nehmen sie das abstehende Kamelohr gewissermaßen als „Schattengeber". Weil sie aus Erfahrung wissen, wo sich jeweils der Schatten befinden muss, um eine bestimmte Richtung einzuhalten, lenken sie die Karawane im Blick auf diesen Schatten. Wir aber waren nicht mit Kamelen unterwegs. Wie geschieht da die Orientierung?

Im Februar 1983 durchquerten wir mit zwei Wagen die Ténéré, eines der gewaltigsten Sandgebiete der Erde, die „Wüste der Wüsten", wie sie wohl genannt wird. Wenn man die Dünen am Rande dieser riesigen Sandzone hinter sich gebracht hat, gelangt man zu relativ ebenen Sandfeldern, über die man kerzengerade mit Höchstgeschwindigkeit nur so dahinbrausen kann. Der einheimische Führer neben mir, der über nur sehr mäßige Französischkenntnisse verfügte, gab mit einer kleinen Handbewegung und einem unterstreichenden „Eeh, eeh!" die Richtung an. Dann döste er vor sich und schlief schließlich ein. Jetzt wollte ich es wissen. Ich veränderte unseren Kurs um ca. 5–10 Grad. Nach einer Weile erwachte der Führer, blickte durchs Fenster und schrie erschrocken: „Eeh, eeh, eeh!" und gab die neue „alte" Richtung an. Wie war das möglich? Auf dieser Route war nichts, aber auch gar nichts zu sehen, an dem man sich hätte orientieren können. Bis zum Horizont ringsum war nur ebene Sandfläche ohne Bewuchs und Erhebung. Sollten vielleicht die Rückspiegel unseres Autos wie ein Kamelohr funktionieren? Nein, nachdem ich das „Spiel" mit einer unbemerkten Kursänderung nochmals unternommen hatte und prompt wieder eine Korrektur erhielt, klärte mich der Führer auf meine erstaunte Frage nach dem Wie der Orientierung auf: Da die Windrichtung in der Ténéré meist gleich ist, bilden sich Muster im Sand, die zwar je nach Schwere der Sandkörner und Intensität des Wehens unterschiedlich sind, die aber in ihrer Mehrheit sich alle in die gleiche Richtung formieren. Der Führer wusste „nur", in welchem Winkel man diese Richtung zu queren hatte, um ans Ziel zu kommen. Et voilà! Aus Mustern und Spuren im Sand die Richtung des Weges erkennen – ist dies nicht auch das Wesentliche eines geistlichen Begleiters?

Etwas Umgekehrtes erlebten wir im August 1985. In Schwarzafrika hatte bereits die Regenzeit eingesetzt, und davon bekam auch die südliche Sahara eine riesige Portion ab. Entsprechend waren Wadis und ebene Mulden mit gewaltigen Wassermassen angefüllt; dort aber, wo das Wasser schon wieder am Verdunsten war, bestanden kilometerweite Landstriche nur noch aus Schlamm, Matsch und rutschigem Lehm. So konnten wir auf der Fahrt von

Tamanrasset nach Mali nicht der normalen, durch ein Spurenband kenntlichen Piste folgen, sondern mussten unentwegt auf gut Glück die unpassierbaren Wadis und überfluteten Ebenen umfahren. Was waren wir froh, als wir am zweiten Tag einen einheimischen Geländewagen überholten, der mit 9 (statt mit 5) Personen hoffnungslos überladen war, aber einen kenntnisreichen Führer dabei hatte, der von Vorjahren her mit den Umgehungsstrecken vertraut war. Doch dann erzählte uns ein Student: Wir kommen überhaupt nicht vom Fleck. Sobald der Führer überflutete Wadidurchgänge oder größere Schlammfelder zu passieren hat (von denen auch die Umgehungsstrecken nicht ganz frei waren), bleibt er stehen – und denkt und denkt und denkt. Dann geht er ein wenig vor und ein wenig zurück – und dann denkt er und denkt er und denkt er. Schließlich nach etwa einer halben Stunde setzt er sich, ohne ein Wort der Erklärung zu sagen, wieder ans Steuer und fährt weiter, meist jedoch so, dass er sofort im Wasser oder Dreck stecken bleibt und wir ihn herausschaufeln müssen.

Als der Student uns dies in recht anschaulich-lustiger Weise berichtete, glaubten wir an eine der typisch afrikanischen Übertreibungen. Jedenfalls baten wir den immerfort „denkenden" Führer, ob wir uns ihm anschließen dürften. Er sagte gern zu, da damit die Zahl der Helfer zum Herausbuddeln größer werde. Nach einiger Zeit gemeinsamen Fahrens kam wieder ein Schlammfeld. Und tatsächlich: Der Student hatte nicht übertrieben. Der Führer stoppte, stieg aus und ging schweigend hin und her, dazwischen musterte er immer mal wieder die Wegstrecke und „dachte" und „dachte". Nach etwa 10 Minuten war mir die Sache zu bunt, und ich fragte ihn, warum er nicht fahre. Die Antwort war nur eine Handbewegung auf den Schlamm und ein verlegenes Lachen. Dann „dachte" er wieder. Nach nochmaligen 10 Minuten setzte er sich, ganz wie der Student es beschrieben hatte, zögernd ans Steuer und fuhr – wie einem geheimen Regiebuch folgend – den Wagen sofort im Matsch fest. Natürlich halfen wir beim Herausschaufeln und zogen ihn mit unserem Drahtseil aus dem rutschigen Schlamm hinaus. Als sich dann aber nach ungefähr einer halben Stunde das gleiche Spiel wiederholte und wir vor lauter „Denken" des zögernden Führers nicht vom Fleck kamen, verabschiedeten wir uns höflich und suchten unseren eigenen Weg.

Gott bewahre uns vor Führern, die vor lauter Denken und Bedenken keine Entscheidung fällen können, gerade so aber sich selbst und die Geführten nur festfahren! Ohne Wagnis und Entschiedenheit ist Führung nicht möglich.

Bei der außerordentlich schwierigen Durchquerung der Ténéré bis hin zum Tschadsee sind zwar nur ca. 730 km zu fahren, aber über 300 Dünen zu überwinden. Die Führer gehen kilometerlang zu Fuß voraus, um eine Durchfahrt durch die Dünenketten zu finden. Ohne solche Vorerkundung läuft man Gefahr, in einem Sandkrater zu landen, aus dem man mangels Anlauf nie wieder herauskommt.

Bemerkenswert bei den verschiedenen Führern, die wir angeheuert hatten, war auch die Art und Weise, wie sie uns auf dem Weg begleiteten und uns beistanden. So begann z. B. jede Tagesetappe und jede Mahlzeit mit einem „bismillah" („In Gottes Namen"), was in etwa unserem Kreuzzeichen entspricht. Wenn wir den Führern sagten, dass wir zur Eucharistiefeier – wir sagten „zum Beten" – eine Stunde Stille brauchten, kam stracks die Antwort: Dann bete ich auch! Und so konnten wir erleben, dass kaum 5–10 Meter entfernt vom Tisch, an dem wir Eucharistie feierten, gleichzeitig ein „Sohn der Wüste" gen Mekka betete und nach Beendigung seines Gebets aus gebührendem Abstand mit großer Ehrfurcht unser Tun betrachtete.

Vor schwierigen Wüstenabschnitten gab es oft regelrechte Ermahnungen, z. B. vor der wohl schwierigsten Sahara-Route (von Bilma zum Tschadsee, auf

der ca. 300 teils extrem schwierige Dünen zu überqueren sind), eine Route, die im Durchschnitt nur 1–2 Mal im Jahr befahren wird. „Jetzt wollen wir in aller Ruhe und Geduld (en toute tranquillité et patience) diesen schwierigen Weg antreten!" und dies natürlich mit einem kräftigen „bismillah!" Als wir auf dieser Route den Führer bedrängten, ob es denn sicher sei, dass wir in 5–6 Tagen den Tschadsee erreichen würden, antwortete er: „Ihr wollt immer sicher sein. Wir sagen: Wenn Gott will!" Auf dieser Tour verlor dann auch der Führer einmal die Orientierung. Verständlicherweise! Es war Hamatam-Wetter, das beim ersten Zusehen den gleichen Eindruck erweckt wie bei uns der Nebel, nur dass dieser „Nebel" nicht aus Wassertröpfchen, sondern aus winzigen Staubpartikeln besteht. Jedenfalls konnte man nicht weiter als 30–40 Meter sehen. Und der Führer hätte so dringend die Orientierung an der berühmt-berüchtigten (weil entlang der ehemaligen Sklavenstraße füh-renden) Fallaise von Bilma gebraucht. So irrten wir einen ganzen Tag lang umher. Endlich fanden am nächsten Tag die scharfen Augen unseres Füh-rers einige für uns kaum sichtbare Spuren im Sand. Darauf er: „Wir müssen jetzt aussteigen und ein kräftiges Hamdulillah (Dank sei Gott) sagen." Und er wiederholte: „Ein kräftiges Hamdulillah!" Was wir dann auch in gemeinsamem Gebet und Lied taten.

Auffällig war auch die „Pädagogik" der Führer. Wenn wir, was häufig geschah, mit unserem Wagen mal im Sand wieder festsaßen, schlugen uns unsere Begleiter oft vor, wie wir beim Flottmachen verfahren sollten: den Wagen ausgraben oder die Wagenheber benutzen – die Sandbleche vorne oder hinten legen – jeweils zwei oder vier zusammen u.dgl. Wenn wir ihrem Vorschlag folgten, halfen sie kräftig mit. Oft waren wir aber auch anderer Meinung. Dann wurden die Führer zwar keineswegs böse, aber sie hockten sich in den Sand und schauten interessiert zu, wie wir uns abquälten. Wenn wir dann nicht ganz selten unsere Vorgehensweise änderten und schließlich doch dem Vorschlag des Führers folgten, standen sie, ohne ein Wort zu sagen oder die Miene zu verziehen, auf und halfen mit. Ein Bild und Gleichnis für so manche Situation der geistlichen Begleitung?

Unsere Führer waren alle durch und durch „Söhne der Wüste", geprägt von deren religiöser Kraft, vom Schweigen, das sie umgibt, von der Einfachheit des Lebens, zu dem sie nötigt, von der Aufmerksamkeit für Spuren, zu der sie herausfordert. Hat das nicht auch für geistliche Begleiter zu gelten? Und liegt hier nicht die Antwort auf eine heute oft gestellte Frage: Wo kann ich einen geistlichen Begleiter finden, der mir weiterhilft? Es gibt sie zwar auch gegenwärtig, aber es sind wenige, und die wenigen sind über alle Maßen von suchenden und nach Heiligkeit strebenden Christen in Anspruch genommen. Liegt der Mangel an kompetenten geistlichen Begleitern nicht vielleicht darin begründet, dass so wenige „in die Wüste" (im realen und/oder – vor allem! – im übertragenen Sinn) gehen, in die Abgeschiedenheit und Stille, auf die Suche nach Gott, offen dafür, ihm unmittelbar zu begegnen? Irgendwelche praxisorientierte Kurse, wo man Psychologie, Gesprächsführung und Methoden lernt, um schnell ein paar handgestrickte geistliche Ratschläge geben zu können, vermögen „Wüste" nicht zu ersetzen. Ich kann nur H. C. Zander zustimmen: „Hätte jeder von uns gelegentlich in seiner Nähe einen ‚Abba', einen etwas erfahreneren Menschen, der kolossale Betreuungsbetrieb der christlichen Kirchen wäre so überflüssig wie der uferlose Jahrmarkt esoterischer Sinntiefe."[98]

„Eschatologische Existenz"

Die „Zielgestalt" des Wüstenvaters, die wir im Vorangehenden in der Perspektive ihres geistlichen Dienstes für die anderen in den Blick nahmen, lässt sich unter einem anderen Gesichtspunkt auch im Bildwort vom „engelgleichen Leben" erfassen. In dieses Wort konzentriert etwa der Fachmann für das frühe Mönchtum Karl Suso Frank seine diesbezüglichen Untersuchungen. Die Bezeichnung „engelgleiches Leben" ist zunächst einmal zweideutig und missverständlich, so ambivalent wie das Leben einiger Mönche selbst. Denn mit „Engelgleichsein" kann „Leibfreiheit", „reine Geistigkeit" und „überirdische Existenz" assoziiert werden. Und in der Tat gab es nicht wenige Mönche, die es sich – ganz auf der Linie extrem hellenistischer bis hin zu dualistisch-gnostischer Religiosität – zum Ziel setzten, durch radikale Askese den Leib und die damit gegebenen Bedürfnisse, Antriebe, Modalitäten und Ausdrucksformen hinter sich zu lassen, abzulegen, zu verneinen und allein den geistigen Fähigkeiten und Antrieben entsprechend zu leben. Zwischen Geist und Materie, zwischen „natürlicher" Schöpfung und „übernatürlicher" Gnade wurde ein unüberwindlicher Abgrund aufgerichtet. Nicht selten sind Worte wie die des Abbas Daniel: „Je mehr der Leib blüht, desto mehr wird die Seele geschwächt, und je mehr der Leib geschwächt wird, desto mehr blüht die Seele" (186). Oder noch radikaler ein Wort des Abbas Dorotheos aus der „Historia Lausiaca": „Er [der Leib] tötet mich, ich töte ihn."[99] Entsprechend versuchten nicht wenige Wüstenmönche, Hunger und Durst, Kälte und Hitze, Müdigkeit und Schlafbedürfnis, Triebverfasstheit und Sinnlichkeit, kurz: alle Äußerungen des Leibes zu unterdrücken, zu verdrängen, ja bewusst zu zerstören. Antonios z. B. „schämte sich", dass er essen, schlafen und anderen körperlichen Bedürfnissen nachgehen „musste".[100] Die Bedürfnislosigkeit z. B. in der Kleidung wurde bis zur völligen Verwahrlosung, ja buchstäblichen Nacktheit hin radikalisiert. Manche trainierten sich darin, so lange, wie nur eben möglich, vollständiges Fasten zu praktizieren; sie verbrachten die Nächte stehend oder hockend, um – wie Engel – ständig wach zu bleiben, und betrachteten natürliche Leibreaktionen (wie z. B. nächtlichen Samenerguss) als schwere Sünde und Erweis der noch nicht erreichten Engel-Existenz. Entsprechend galt ihnen auch das leibliche In-der-Welt-Sein mit seinen Aufgaben, Erfordernissen und Konsequenzen nichts. Es wird von Mönchen berichtet, welche handwerkliche Arbeit einzig und allein zwecks Ablenkung

und Vermeidung von Müßiggang verrichteten, so dass sie etwa die Körbe, die sie den Tag hindurch flochten, am Abend wieder verbrannten. All dies zeugt von einer leib- und damit schöpfungsfeindlichen, quasi-gnostischen Lebenseinstellung, welche die Grundfesten des christlichen Glaubens in Frage stellt: Gott hat den Menschen, auf den die ganze materiell verfasste Welt hinzielt, mit einem Leib, ja als Leib erschaffen. An der ganzen sinnenhaften Schönheit der Schöpfung hat Gott selbst sein Gefallen. Seine Weisungen haben den leibverfassten Menschen im Auge: dessen leibhaftige Beziehungswelt, materielle Arbeit, sakramentalen (d .h. sich in sinnlichen Zeichen ausdrückenden) Kult. Gottes Sohn ist „Fleisch" geworden, leibhaft. Die Verheißungen beziehen sich nicht auf leibfreie Engel, sondern auf die Auferstehung des Fleisches, d. h. des leiblich-konkreten Menschen. Kritik an Leibfeindlichkeit, überzogener Askese und dualistischen Einstellungen wurde von maßgeblichen Vertretern des Mönchtums selbst erhoben. So lautet etwa ein Wort des Abbas Poimen: „Wir sind gelehrt worden, nicht den Leib, sondern die Leidenschaft zu töten" (758). Vom gleichen Vater stammt das in vielen Varianten überlieferte Prinzip: „Alles Übermaß ist von den Dämonen" (703). Das heißt: Es gibt eine „dämonische Askese", die kein Maß kennt, wie Amma Synkletika bemerkt (906). „Nicht Askese, nicht Entbehrung des Schlafes, nicht vielerlei Anstrengung rettet – es rettet allein die echte Demut", heißt ein Wort von Amma Theodora (314). Und es ist wohl kein Zufall, dass die beiden letzten Worte nicht von Wüstenvätern, sondern von Wüstenmüttern stammen, die gegen männlichen Leistungsstolz die Perspektive demütigen Glaubens setzten.
Nicht selten findet auch eine kritische Rückschau auf das bisherige – nunmehr als übertrieben und fehlgelaufen eingeschätzte – überzogen asketische Leben statt, so wenn es heißt: „Hunger und Schläfrigkeit ließen uns nicht dazu kommen, die einfachsten Dinge klar zu sehen" (706). Hier drückt sich die Einsicht in einen falschen Einsatz der eigenen Kräfte und damit in eine fehlgelaufene Verschiebung der geistlichen Gewichte aus: Aszetisches Fasten und Schlafentzug haben dazu geführt, das Allereinfachste, nämlich den Anruf Gottes im Hier und Heute, zu übersehen.
Doch muss man sich vor der Meinung hüten, extreme Leibfeindlichkeit sei die überall vorzufindende Perspektive, in der das Ideal der „Engelgleichheit" verstanden und gelebt wurde. Im Vordergrund stand bei den meisten Anachoreten die eschatologische Ausrichtung: die Erwartung des Endes. Sie waren davon durchdrungen: Auch wenn das Ende der Welt auf sich

warten lässt, im bevorstehenden Tod wird jeder in nicht allzu ferner Zukunft das Ende „seiner" Welt, das Gericht über sein Leben und den Eintritt in das ewige selige Leben bei Gott und seinen heiligen Engeln erfahren. Es galt nun, den eigenen Tod in der Wüste, die ja schriftgemäß der „Raum des Todes" ist, vorwegzunehmen. Eben deshalb ist das Leben vieler Väter gefüllt mit Tränen und Trauer über die eigene Sünde und mit dem Mühen um Entsagung und Ab-„tötung", da diese Haltungen „der wahren Befindlichkeit des Menschen vor Gottes Gericht entsprechen", vermerkt Fairy v. Lilienfeld.[101] Doch vermag ich dieser Autorin nicht mehr zu folgen, wenn sie behauptet, dass es in der „Gegenwelt" Wüste „keinen Hauch" einer Erfahrung des schon anbrechenden Gottesreiches gebe. „Gottes verheißene Herrlichkeit wird im Mönchsleben der Wüste nur im Gegensatz erfahrbar."[102] Das trifft schlicht und einfach nicht zu. Gerade weil die Mönche ihren Tod „vorwegnahmen", erfuhren sie auch schon etwas von der kommenden Herrlichkeit Gottes. Das ewige Leben entwirft sich dort vorweg, wo ein Mensch durch Askese und intensive Gottesbeziehung den „Auszug" aus dem Irdischen jetzt schon vollzieht, dadurch den Engeln ähnlich wird und so bereits in dieser Zeit Anteil an der himmlischen Welt erlangt. In der „Herzensruhe", nach welcher die Väter strebten und die nicht wenige erlangten, war eine Antizipation des „ewigen Friedens" bei Gott gegeben. So sagte ein gewisser Abbas Johannes: „Wenn du in deinem Kellion ‚bleibst' [um nach der Herzensruhe zu streben], wirst du alle Wundertaten Gottes schauen."[103] Genau darin bestand ein Wesenselement des „engelgleichen Lebens", jetzt schon an der himmlischen „Engel-Existenz" teilzuhaben. So sagte Abbas Johannes Kolobos: „Ich will ohne Sorgen [d .h. in der ‚Herzensruhe'] sein, so wie die Engel ohne Sorgen sind und sich nicht abmühen, sondern unaufhörlich Gott dienen" (317).
Nicht wenige der überlieferten Mönchsgeschichten schildern deshalb das Mönchsleben als „wiedergewonnenes Paradies". Zeichen dafür ist der in zahlreichen Geschichten beschriebene „Tierfriede", den manche Mönche erfahren haben.[104] Über dieses wiedergewonnene Paradies sagt z. B. Johannes Chrysostomus, der selbst einige Jahre in der Wüste verbrachte:

„Die Mönche arbeiten wie Adam, als dieser noch am Anfang, vor dem Sündenfall, in Herrlichkeit gekleidet war und in jenem höchst glückseligen Land, das er bewohnen durfte, auf engste Weise mit Gott verkehrte. Oder worin sollte es unseren Mönchen weniger gut gehen als Adam, da er das Paradies bebaute? Er kannte keine irdischen Sorgen; sie kennen sie ebenfalls nicht. Er verkehrte reinen Gewissens mit Gott; sie gehen sogar noch vertraulicher mit Gott um, weil sie vom Heiligen Geist mit größeren Gnaden bedacht werden."[105]

Wegen dieser „Vorwegnahme" der himmlischen Herrlichkeit gab Abbas Benjamin sterbend als sein Vermächtnis an die Brüder weiter: „Freut euch allezeit!" (171). Dass dies nicht nur ein frommer Wunsch war, bezeugt die „Geschichte der Mönche", wenn es darin heißt: „Man konnte sie überall in der Wüste jubilieren hören, und zwar derart, dass man in der Welt keinen ähnlichen Jubel je erfahren konnte."[106] Und dies wird in der Vita Antonii deutlich eschatologisch pointiert: „Sie frohlockten in der Hoffnung auf das Kommende."[107]

Frei „von allem irdischen Sinnen und Trachten" ist der Mönch im selbstvergessenen Lobpreis Gottes jetzt schon mehr als die übrigen Christen den anbetenden himmlischen Chören der Engel zugesellt, wie es die Chrysostomus-Liturgie beim sog. Großen Einzug bildhaft zum Ausdruck bringt, wenn sie die versammelte Gemeinde auffordert:

„Da wir im Heiligen Geheimnis die Stelle der Cherubim einnehmen und der alles Leben schaffenden Dreifaltigkeit den Lobpreis des Dreimal-Heilig singen, lasst uns alles irdische Sinnen und Trachten ablegen."

So darf der Mönch, „engelgleich" (besser vielleicht: „ähnlich den Engeln") geworden, bereits jetzt die (anbrechende) himmlische Vollendung erfahren. Er kann damit seinen Mitchristen vor Augen halten, was es heißt, angesichts des anrückenden Endes und der Vollendung zu leben. Ja, er ist selbst „ein hinreichendes Zeichen für die Auferstehung".[108] Er realisiert das, was in der heutigen Theologie „eschatologische Existenz" heißt.

Allerdings steckt in dieser starken Profilierung des Kommenden die Gefahr, die gegenwärtige Welt in einem zu negativen Licht zu sehen. „Nirgends tritt in den Apophthegmata Gott als der Schöpfer, die Welt als Schöpfung Gottes auf – die Wüste lässt diese Theologumena wohl vergessen," vermerkt F. v. Lilienfeld.[109] Doch Letzteres kann wohl nur jemand schreiben, der die unbegreifliche Schönheit der Wüste nicht kennen gelernt hat. Der wahre Grund für das „Vergessen" der Schöpfungswahrheit dürfte die in der übertriebenen Askese sich äußernde einseitige Welt-Wahrnehmung sein: Die

Wirklichkeit, wie sie ist, wird nicht primär als Schöpfung wahrgenommen, sondern als von der Sünde verdorbene Welt; darum wird sie verneint und geradezu methodisch vernichtet, „damit eine neue durch Wirkung des Geistes hervorgebracht werden kann".[110] Wohl deshalb ist die Form der in den Kellien oder deren Umgebung gefundenen Kreuze die des Paradieses- bzw. Parusiekreuzes: Der Mönch der Wüste setzt ganz und gar auf die kommende Welt Gottes.

Das Fortleben des „Wüstenmönchtums" im Abendland

Aus dem eremitischen Leben der Wüste entwickelte sich vor allem über die pachomitischen Zönobien ein nicht mehr direkt in der (geographischen) Wüste verwurzeltes Mönchtum. In Städten und Dörfern der östlichen Kirchen entstanden Klöster, für welche „Wüste" allenfalls noch das „Stichwort" für Schweigen und Gebet, Askese und geistlichen Kampf war.
In ähnlicher Weise trifft man ein städtisches monastisches Leben auch im westkirchlichen Mönchtum an, das sich weithin, aber nicht ausschließlich dem östlichen Vorbild verdankt. Allerdings war es nicht einfach dessen Kopie: Es war von Anfang an eher in gehobenen, aristokratischen Schichten beheimatet (und pflegte einen gehobenen Lebensstil, der z. B. für die „Schmutzarbeit" Kloster-Sklaven vorsah); es verband in weitem Umfang mit der Askese das Studium, stand in engeren Beziehungen mit der bischöflichen Kirchengemeinde und war ganz auf der Linie römischen Rechtsdenkens klarer durchstrukturiert. Dennoch hielt sich auch hier wenigstens die „Idee" der Wüste durch, wenn auch mit bezeichnenden Variationen. So wird in Italien und außeritalischen römischen Siedlungen die (geographisch ja nicht vorhandene) Wüste „übersetzt" in die altrömische Idylle der „vita rusticana" – des Lebens in der Landvilla vor der Stadt. Aus der „Anachorese in die Wüste" des östlichen Mönchtums wird hier die „Flucht aus der betriebsamen Stadt" hinaus aufs angenehme Land. „Der immer geschätzte ‚secessus in villam' wird unter christlichen Vorzeichen zum ‚recessus in monasterium', die traditionelle ‚vita rusticana' wird zur ‚vita monastica'."[111] In der Landvilla wird Einsamkeit erfahren und die Askese einfachen Lebens praktiziert. Kein Wunder, dass solches Leben – im Unterschied zum ursprünglich harten Leben der realen Wüste – nicht selten als „Idylle" hochgepriesen wird.[112] So schreibt etwa Hieronymus werbend:

„Selbst gebackenes Brot, Gemüse aus dem eigenen Garten, frische Milch, all die Köstlichkeiten des Landes bieten uns bescheidene, aber bekömmliche Nahrung. Wenn wir so leben, wird uns der Schlaf nicht vom Gebet, die Übersättigung nicht von der [geistlichen] Lesung abhalten. Im Sommer wird uns der Schatten eines Baumes Schutz bieten. Im Herbst wird die milde Luft und das Laub, das den Boden bedeckt, uns zur Ruhe einladen. Im Frühling sind die Wiesen mit Blumen übersät. Zum Zwitschern der Vögel singen sich die Psalmen noch einmal so schön. Wenn der Winter kommt, wenn Frost und Schnee einsetzen, dann brauche ich doch kein Holz: Ich werde wachen, bis ich warm werde oder werde schlafen. Sicher aber, das weiß ich, werde ich nicht frieren."[113]

Andernorts sind es die vor der Küste Italiens und Südfrankreichs liegenden Inseln, die anstelle der fehlenden Wüste von Mönchen in Besitz genommen werden. Einige der bedeutenden Mönchsgestalten (z. B. Honoratus v. Lérins und Johannes Cassianus) hatten das orientalische Mönchtum persönlich kennen gelernt und orientierten sich an dessen geistlichen Grundzügen. Doch spielte bei ihnen – anders als im Osten – das Eremitentum im strengen Sinn gegenüber dem Zönobitentum eine eher untergeordnete Rolle. Es galt zwar noch als Hochform des Monastischen; doch blieb dieses weithin auf das zönobitische Klosterleben hingeordnet, sei es dass man vielfach in Zönobien seine „monastische Laufbahn" begann, um erst dann zum Eremitentum überzuwechseln, sei es, dass Eremiten in lockerer räumlicher und/oder geistlicher Beziehung zu einer Klostergemeinschaft standen (wie es etwa die Benedikt-Regel rät). In beiden Fällen wird jedoch die „reale Wüste" spiritualisiert zur „Einsamkeit des Herzens", die man in der „Zelle" des Klosters lebt. Daneben gab es jedoch radikale Anachoreten, die einen der Wüste vergleichbaren Ort aufsuchten. Diesen fanden sie in den undurchdringlichen Wäldern, die Europa damals überzogen, in unwirtlichen Talabschlüssen oder in Höhlen der Gebirge.
Der Vorrang des Zönobitischen wurde noch einmal mehr durch das Vordringen der Benedikt-Regel unterstützt. Es lässt sich zwar zeigen, dass das Wüstenmönchtum in manchen Zügen auf sie eingewirkt hat[114] – so waren die Benediktiner weiter an der Gründung eines Klosters „in eremo" interessiert, d. h. sie hielten an der Wüste bzw. an der Abgeschiedenheit fest –, doch wurden die „essentials" der Wüste durch ein Zweifaches modifiziert: Das Kloster nahm zum einen ständige pastorale und erzieherische Aufga-

ben für die Umgebung wahr, und es erfüllte zum andern Aufgaben der Kolonisierung des unbebauten Landes. So wurde aus der „Wüste" zwangsläufig der blühende und Frucht tragende Garten.

Einen gewissen Gegenpendelschlag stellt die Eremitenbewegung des 11. und 12. Jh. dar. Im Kontrast zu den Großklöstern, die sich immer mehr in der Welt einrichteten, aber auch im Zuge einer damals um sich greifenden apokalyptischen Naherwartung des Endes zog man erneut „in die Wüste" hinaus. Bezeichnend ist, dass z. B. Robert v. Arbrissels Einsiedlerkolonie in den Wäldern von Craon (bei Anjou) „das zweite Ägypten" genannt wurde. Aber die Wüste, „einst die dürre, wasserlose Wüste Ägyptens, wird im Abendland zum undurchdringlichen, unwirtlichen und tiefen Wald. Sie steht jetzt im Gegensatz zum geordneten und kultivierten Land. … Der ,Auszug in die Wüste' sollte das wieder ermöglichen, was die großen Klöster nicht mehr in vollem Maße hergaben: Trennung von der Welt und Unabhängigkeit von den Forderungen dieser Welt."[115] An ganz und gar abgelegenen Stätten wollte man jetzt ohne große Organisation in kleinen Eremitensiedlungen – vergleichbar den orientalischen „Lauren" – wieder ein abgeschiedenes, einsames und armes Leben führen. Aus dieser Eremitenbewegung bildeten sich sowohl neue Ordensgemeinschaften (z. B. die Kartäuser, Kamaldulenser und Cölestiner) wie auch Möglichkeiten, ein eremitisches Leben in an sich anders ausgerichteten Gemeinschaften zu verwirklichen, etwa in den Bettelorden. Franziskus und seine ersten Gefährten praktizierten noch einen Lebens- und Tätigkeitsstil, der apostolisches Wirken und eremitisches Zurückgezogensein zu integrieren suchte. So schreibt Thomas v. Celano, der Biograph des hl. Franz: „Es war nämlich seine Gewohnheit, die Zeit, die ihm verliehen worden, um Gottes Gnade zu verdienen, einzuteilen, und zwar, je nachdem es ihm notwendig schien, einen Teil zum Wohle seiner Mitmenschen zu verwenden, den andern in seliger Abgeschiedenheit der Beschauung zu verbringen."[116] Franziskus selbst verfasste eine Regel „pro eremitoriis" und zog sich selbst gegen Ende seines Lebens in die „Wüste" des Verna-Berges zurück.

Als Beispiel für einen ausgesprochenen Eremitenorden kann Bruno v. Köln, der Initiator der späteren Kartäuser, und einer von dessen Nachfolgern, Guigo v. Kastel, dienen. Bei ihnen findet sich nicht nur eine geniale Übersetzung des Wüstenmönchtums in die anders gearteten klimatischen Bedingungen Europas hinein (1), sondern auch eine z. T. wörtliche Übernahme von dessen geistlichen Grundzügen (2).

Zu (1): Bruno suchte sich für sein eremitisches Leben nicht nur eine radikal abgelegene, damals kaum zugängliche arme und unfruchtbare Gegend mit einem strengen (diesmal nicht heißen, sondern extrem kalten) Klima: die „Chartreuse" in der Nähe von Grenoble. Das damit gegebene Ausgesetztsein kam tatsächlich den entsprechenden Phänomenen der geologischen Wüste sehr nahe. Er konzipierte die Mönchsansiedlungen so, dass – ähnlich den orientalischen Lauren – eine Verbindung von eremitischem und zönobitischem Leben ermöglicht wurde: So gab es separate Behausungen für die Einzelnen und daneben Gemeinschaftsräume wie Kirche, Refektor und Versammlungsort. Wegen des strengen Klimas aber (bittere Kälte, riesige Schneemassen, Lawinenabgänge u.dgl.) wurden die einzelnen Zellenhäuschen durch einen Kreuzgang mit den Gemeinschaftsräumen verbunden. So waren die äußeren Voraussetzungen gegeben, ein eremitisches Leben zu führen, das mit (wenigen) Elementen von Gemeinschaftlichkeit modifiziert war.

Zu (2): Vom Wüstenmönchtum übernehmen Bruno und Guigo in fast wörtlicher Übereinstimmung die drei wichtigsten Grundzüge[117]:
– Erstens: Wenn auch die Vorstellung vom Dämonenkampf ganz zurückgetreten ist, bleibt doch die Grundüberzeugung von der eremitischen Existenz als Kampf, der zugleich stellvertretender „Wachdienst" für die Kirche ist. Deshalb fordert Guigo einen jungen Mann auf: „Nimm als großmütiger und hochherziger Mann im Blick auf das ewige Heil unsere Lebensform an und halte wegen der Schrecken der Nacht als neuer Rekrut Christi im Lager des himmlischen Heeres heilige Wache."[118] Und Bruno selbst sagt von seiner Lebensweise: „Alle stehen gleichsam auf göttlichem Wachposten, ‚sie warten auf die Rückkehr des Herrn, auf dass sie ihm sofort öffnen, wenn er anklopft' (vgl. Lk 12,26)."[119]
– Zweitens zielt die eremitische Lebensform darauf ab, in der Abgeschiedenheit der „Wüste" Ruhe zu finden. Gemeint ist damit – wie bei den Wüstenvätern – die ‚hesychia', das äußere Freisein von allen Zerstreuungen durch weltliche Geschäfte, Unruhen und Sorgen und das innere Freisein für Gott und die Betrachtung göttlicher Wahrheit. Wer als Eremit in der Einsamkeit lebt, hat sich „aus dem Unwetter dieser Welt in den sicheren, ruhigen Hafen" begeben.[120] Das Bild stammt von Chrysostomus, der selbst Jahre in der Wüste verbracht hat und es häu-

fig verwendet. Und es ist bezeichnend, dass Bruno wie auch Guigo es in der Bedeutung, die Chrysostomus ihm gegeben hat, und nicht in der Uminterpretation durch Gregor d. Großen benutzen. Für Letzteren ist der „sichere Hafen" die Gemeinschaft der Mitbrüder. Nicht so hier: Bei Chrysostomus und bei den Kartäusern bedeutet Im-sicheren-Hafen-Sein so viel wie einsames „Bei-sich-" und „Vor-Gott-Sein".
– Drittens ist das Ziel eremitischen Lebens die Erfahrung, schon anfänglich in der himmlischen Vollendung zu sein. Nicht von ungefähr bedeutet nach (unzutreffender) monastischer Etymologie „cella" so viel wie „caeli aula" – „Vorraum des Himmels".

„Hier kann man voll Freude die Früchte des Paradieses genießen. Hier lässt sich jener klare Blick finden, dessen Zauber den Bräutigam aus Liebe verwundet (vgl. Hld 4,9) und dessen Reinheit Gott schauen lässt (Mt 5,8). …
Hier teilt Gott den Kämpfern für die Mühe des Streitens den ersehnten Preis zu (vgl. 2 Tim 4,7f), nämlich den Frieden, den die Welt nicht kennt, und die Freude im Heiligen Geist."[121]

So halten sich die Grundzüge des Wüstenmönchtums, ja der „Wüste" (als Chiffre) bis in die Eremitenbewegungen des Mittelalters durch. Wüste ist der Raum, wo man „vor Gott steht" und stellvertretend für die ganze Kirche „Wache hält", um für sein Kommen bereit zu sein. Andere Orden versuchen, gleich den Zönobien, den Vorteil der Wüste zu verbinden mit den Vorteilen eines gemeinsamen geistlichen Lebens. Im Blick darauf singt zum Beispiel der Zisterzienserabt Guerric d'Igny (+ 1157) das Lob seines Ordens:

„Es ist gewiss der wunderbaren Gnade der göttlichen Vorsehung zu verdanken, dass wir in der Wüste, in der wir hier leben, den Frieden der Einsamkeit haben, ohne auf den Trost verzichten zu müssen, den eine angenehme und gottesfürchtige Gemeinschaft gewährt. Jeder kann sich beliebig in die Einsamkeit zurückziehen und sein Schweigen bewahren, da niemand ungebeten das Wort an ihn richtet.
Wir leben mit zahlreichen Menschen, aber wir verspüren nichts vom Tumult der Menge. Wir leben wie in einer Stadt, aber kein Lärm hindert uns daran, die Stimme dessen zu hören, der aus der Wüste ruft, solange der äußeren Stille unsere innere Stille entspricht."[122]

So gibt es hinfort in der (West-)Kirche ein zönobitisches Mönchtum, das freilich im Laufe der Zeit mit wenigen Ausnahmen (z. B. den Kartäusern) das eremitische Element mehr und mehr vergisst bzw. zurückstellt, und wenige Eremiten, die weiterhin „in der Wüste" zu leben versuchen. Die Krise des religiösen Lebens zur Zeit der Reformation und sodann die Religionskriege lassen wenig Raum mehr für solche „richtigen" Einsiedler. Erst gegen Ende des 17. Jahrhunderts finden wir wieder in größerer Zahl Eremiten, die sich zu einem „Eremitenbündnis" zusammenschließen, um ein wenig „Ordnung" in die von sich her zum „Chaotischen" tendierende Eremitenbewegung zu bringen. Nach einer Unterbrechung im 19. Jahrhundert gibt es ab Beginn des 20. Jahrhunderts wieder eine Reihe von Eremiten, z. Zt. sind es in Deutschland etwa 50, welche auf verschiedene Weise die „Wüstentradition" weiterführen.[123]

Doch unabhängig von diesen einzelnen eremitischen Berufungen blieb und bleibt in der Kirche das Wissen um die Notwendigkeit, „in die Wüste" zu gehen, ein Bewusstsein, für das sogar Karl Barth in seiner „Kirchlichen Dogmatik" ein positives Gespür zeigt, wenn er es „nicht für ausgeschlossen" hält, „dass der Weg in die Wüste … bei Manchen, die ihn antraten, mit dem, was wir als ‚Weltflucht' bezeichnen und zu missbilligen pflegen, wenig oder nichts zu tun hatte, vielmehr einen in seiner Art sehr verantwortlichen und sehr wirksamen Protest und Widerruf gegen die Welt und nicht zuletzt gegen die Weltkirche und also einfach eine neue und besondere Art, sich mit ihnen auseinander zu setzen, sich ihnen aber eben damit auch zuzuwenden, darstellen konnte: einen Rückzug mit dem Zweck eines umso kräftigeren Vorstoßes."[124] In diesem allen Christen geltenden (gelegentlichen) „Rückzug mit dem Zweck eines umso kräftigeren Vorstoßes" haben die Kontemplativen, sei es nun in der streng eremitischen oder eher monastisch-zönobitischen Form nochmals eine besondere Aufgabe:

> „Wenn ein kontemplativer Mönch, eine kontemplative Moniale sich von der Welt zurückzieht, so geschieht das nicht, um sich von dieser und von den Brüdern und Schwestern zu trennen. Der Kontemplative bleibt bei all dem verwurzelt in dem Boden, wo er geboren wurde, deren Reichtum er ererbt und deren Ängste und Sehnsüchte er übernommen hat. Im Gegenteil: Das Zurückziehen geschieht, um sich intensiver dem göttlichen Ursprung zu widmen, wo die Kräfte entspringen, welche die Welt zur Reife bringen, und um in seinem Licht die großen Pläne des Menschen zu verstehen."[125]

So gehört, wie H. I. Marrou kurz und bündig sagt, „zur Spiritualität der Wüste die Last der Fürbitte für alle Menschen und die ganze Welt".[126] Vielleicht existiert die Welt nur deshalb noch und vielleicht kann sich bei allem Wüten des Bösen auch Gutes in ihr allein darum immer wieder entfalten, weil es Menschen „in der Wüste" gibt, welche, von Gott dazu berufen und befähigt, die Welt durch ihr Gebet tragen und sie für Gott und sein Kommen offen halten.

3. Wüste in der Deutschen Mystik

Einen ganz anderen Stellenwert und eine völlig andere Bedeutung als bei den frühen Wüstenmönchen hat die Wüste in der geistlichen Welt Meister Eckharts und seiner Schüler. Sie ist hier Symbol, bildhafte Zusammenfassung und zugleich provozierendes Zeichen für die Grundgedanken dessen, was die eckhartsche Richtung der so genannten „Deutschen Mystik" vertritt. Meister Eckhart wurde 1260 geboren, trat in Erfurt dem Dominikanerorden bei, wurde Prior, Provinzial und Ordensvikar, dozierte in Paris und Köln, war Seelsorger in Frauenklöstern und gefeierter Theologe. Als „Lebemeister" und nicht (nur) als „Lesemeister" geht es ihm darum, dass der Mensch sein Leben „in eins" sieht und „in eins" bringt mit dem Leben Gottes. Dann ist für ihn das Ziel aller Mystik erreicht: nicht etwa ein ekstatisches religiöses Erleben, sondern das ständige (auch denkerische) Bemühen, Gott als Herz aller Wirklichkeit zu entdecken. Wo dies gelingt, gibt es keinen entscheidenden Unterschied mehr zwischen religiöser und profaner Praxis, vita activa und contemplativa, Glaube und Welt. Gott ist und wirkt alles in allem, und ich – in Einheit mit ihm – wirke mit. Dann wird das Leben ein-fach. Denn der Mensch, der seine Einheit mit Gott gefunden hat, lebt das Leben Gottes, er lebt wie dieser, ohne nach dem Warum, nach Zwecken und Zielen fragen zu müssen, er lebt „darum, dass er lebt", einfaltig, im Einklang mit sich selbst, mit der Welt und mit Gott. 1326 kam es zu einem Inquisitions- bzw. Zensurverfahren vor der päpstlichen Kurie, währenddessen der Meister vermutlich im Frühjahr 1328 in Avignon verstarb.

Der mystische Weg

Zur Verdeutlichung dessen, was Wüste im Umkreis seines Denkens bedeutet, ist ein etwas längerer Anweg erforderlich.

> „Wenn ich predige, so pflege ich zu sprechen von der Abgeschiedenheit und dass der Mensch ledig werden soll seiner selbst und aller Dinge. Zum Zweiten, dass man wieder eingebildet werden soll in das einfaltige Gut, das Gott ist. Zum Dritten, dass man des großen Adels gedenken soll, den Gott in die Seele gelegt hat, auf dass der Mensch damit auf wunderbare Weise zu Gott komme."[127]

Mit diesem Wort fasst Meister Eckhart selbst die zentralen Anliegen seiner Lehre, besser: seiner geistlichen Lebenskunst zusammen. Es ist – wie Josef Quint, der Herausgeber der Schriften Eckharts betont – „so etwas wie das Gesamtprogramm seiner mystischen Verkündigung; es sind die von ihm immer wiederholten Grundgedanken."[128] Unter ihnen bildet das Thema „Abgeschiedenheit" den entscheidenden Ansatz- und Einsatzpunkt seines mystischen Weges. Nur der Mensch im Stande der „Abgeschiedenheit" ist dafür offen, Gott in sich Raum zu geben, ihm zu begegnen und in sich wirken zu lassen. Was aber ist Abgeschiedenheit? Weltflucht, asketische Existenz, Absage an den Umgang mit Gottes guter Schöpfung? All das trifft in keiner Weise zu. Wir nähern uns dem rechten Verständnis von Abgeschiedenheit, wenn wir auf eine Formulierung Eckharts blicken, die damit eng zusammenhängt. Er sagt: Nur der Mensch, „der von allen fremden Bildern ledig ist"[129], kann wieder in den Ursprung zurückkehren, aus dem er kam: aus Gott. Die Bezeichnung „fremde Bilder" hat den gleichen Sinn wie „Bilder mit Eigenschaften".[130] Letzteres Wort ist in einem emphatischen Sinn zu nehmen: „Bilder mit Eigen-schaften" sind all die Gebilde dieser Welt, die aus Eigenem etwas sind oder sein wollen, bzw. all die Dinge, die wir uns selbst zu Eigen machen wollen, die wir – wie Bernhard Welte zu Recht kommentiert – „uns zueignen durch unsere Tätigkeit und sie dann als unser Eigentum betrachten. Wenn wir sie begreifen und … über sie verfügen zu unseren eigenen Zwecken und sie so zu Mitteln unserer Absichten machen. Wenn wir uns selbst durchsetzen im ganzen Bereich der Welt, so dass unsere Welt dann schließlich nur noch unser eigenes Gemächte ist, eine zweite künstliche Welt, in der wir nur unseren eigenen Gedanken und unseren eigenen Absichten begegnen. Wir nehmen dann die Bilder der Welt für uns in Anspruch, und wir entfalten unsere Verfügungsmacht über sie zu unseren Zwecken, Sorgen und Zielen. … Daraus entsteht Herrschaft, letzten Endes Weltherrschaft. Sie bringt den Menschen viele Vorteile. Aber daraus entsteht auch Bindung und also Unfreiheit."[131] Kurz: Der Mensch findet sich vor als gefesselt und versklavt an die – so verstandenen – „Eigenschaften" bzw. „fremden Bilder", d. h. kurz gesagt, an die in eigene Regie genommene Welt. So aber kann die Welt nicht mehr das sein, was sie von Gott her sein soll: nämlich reiner Verweis auf ihn, und der Mensch kann nicht mehr sein, was er von Gott her sein soll: nämlich jemand, der in Offenheit und Empfänglichkeit, in der Haltung reinen „Seinlassens" durch die Welt der Bilder hindurch Gott aufnimmt und in sich wirken lässt. Eben deshalb ist Abgeschiedenheit vonnöten, d. h. Loslassen des Verhaftetseins an das eigene „Gemächte", an die „fremden Bilder", an das, was entfremdet und unfrei macht.

„Abgeschiedenheit" ist im Grunde ein Prozess, in welchem der Mensch nach Indifferenz, Gelassenheit und geistiger Armut strebt, d. h. nach einer Armut, die nichts mehr von sich her will, nicht einmal mehr den Willen Gottes erfüllen, sondern die nur noch Leere und Offenheit für Gottes Wirken sein möchte. Meister Eckhart gibt für das Gemeinte ein sprechendes Beispiel (das letztlich auf Aristoteles zurückgeht): „Hätte das Auge irgendwelche Farbe in sich, wenn es wahrnimmt, so würde es weder die Farbe, die es hätte, noch eine solche, die es nicht hätte, wahrnehmen: weil es aber aller Farben bloß ist, deshalb erkennt es alle Farben."[132] Entsprechend muss der Mensch, um wahrhaft sehen zu können, alle „Farben", alle Versklavung an die Welt der „Bilder mit Eigen-schaften" abscheiden (deshalb „Abgeschiedenheit"), er muss ihrer „ledig", „arm", ja gewissermaßen selbst „zunichte" werden, auf dass er reine, ungetrübte Offenheit für jene Farben und Bilder („Bilder ohne Eigenschaften) wird, in denen Gott aufgeht und selbst auf den Menschen zukommt. Es geht also nicht darum, dass der Mensch in der Abgeschiedenheit aus der Welt flieht, ihr entsagt oder sich aus ihr zurückzieht, sondern dass er in neuer Weise für sie empfänglich ist, indem er alles in der Welt das „sein lässt", was es von Gott her ist. Es geht darum, dass das Geschöpf frei wird für Gott und offen für alle Wahrheit. Denn „die Abgeschiedenheit lässt alles sein, was es in Wahrheit ist, und wird darin eins mit der Wahrheit selbst."[133]

„Wüste" im Menschen – „Wüste" in Gott

Für diese innere Abgeschiedenheit ist die Wüste eines der sprechendsten Symbole. Gott selber leitet die Seele „in eine Einöde in ihr selber und spricht selber in ihrem Herzen", sagt der Meister im Anschluss an Hos 2,14.[134] Dabei geht es – nochmals sei es gesagt – nicht darum, dass der Mensch Weltflucht betreibt und sich „äußerlich in die Wüste begibt", sondern er muss es lernen, „innerlich zur Wüste zu werden"[135], d. h. den „Eigen-schaften" abzusagen und sich der Dinge, insofern sie nicht reine Transparenz auf Gott hin sind, zu entledigen, um ganz arm und für Gott empfänglich zu werden. In dieser Sichtweise der Wüste ist Eckhart wohl beeinflusst von der Schrift „De laude eremi" des Bischofs Eucherius (um 450),

Vue prise dans le Oued dans le Direction du Sud, de Bir Bou Zoued. 6 Décembre 1883

Wenngleich die Wüste oft durch klare Konturen ausgezeichnet ist, gibt es doch Regionen, wo in einem unendlichen Horizont Himmel und Erde miteinander verschmelzen, und Zeiten – etwa der brütend-heiße Mittag –, da alle Bestimmtheiten sich in ein unfassbares „Ungefähr" auflösen. Diese Charakteristika lassen sich kaum in einem Foto erfassen; die angemessenste Form ihrer Wiedergabe dürfte die Federzeichnung sein. Charles de Foucauld fertigte auf seiner ersten Sahara-Expedition in drei Heften 131 Bleistiftskizzen an. Die obige Darstellung der Landschaft um Bir Bou Mezoued, in der Foucauld einige Tage ganz allein unterwegs war, dürfte in etwa dem entsprechen, was Meister Eckhart vor Augen hatte, als er die Metapher „Wüste" auf die „abgeschiedene Seele" und auf Gott selbst anwandte: Leere und Armut sowie ins Unendliche reichende, sich ins Unfassbare auflösende Konturen.

in welcher bereits die wichtigsten „Stichworte" des Meisters erscheinen, die dieser dann in sein „mystisches System" einordnet.[136]
Die Wüste wird also in einer doppelten symbolischen Perspektive gesehen: Sie steht erstens als „Land der Leere" für das Freiwerden des Menschen vom Versklavtsein an die Dinge und vom Wahn, sein Leben selbst leisten zu wollen, und zweitens ist sie mit ihrem ausgedörrten, nach Wasser geradezu schreienden Boden ein Zeichen des inneren geschöpflichen Empfänglichseins für eine Fruchtbarkeit, die ihm durch das lebensspendende Wasser Gottes geschenkt wird.
Aber Meister Eckhart geht noch einen Schritt weiter: Wenn Gott in die innere Wüste der menschlichen Seele eintritt, „macht er sie sich selber gleich in der Gnade".[137] Und dieses „Gleich-gemacht-Werden" bedeutet für sie so viel wie Eintreten in die Wüste, die Gott selber ist. Gott west selber in ei-

ner „Einöde" oder auch „Wüstenei".[138] Wenn hier die Wüste als Bild für Gott gebraucht wird, so hat der Meister wohl auf der einen Seite das „abgrundtiefe" Schweigen dieser Landschaft und auf der andern Seite die unendlichen Horizonte jener Einöden vor Augen, in welcher nicht-endenwollende Sand- und Geröllfelder sich in der Ferne mit dem Himmel vereinen und so als grenzenlose Weiten erscheinen, in der keine bestimmten Formen oder Strukturen hervortreten, sondern nur die eine, unendliche, „bild- und eigenschaftslose" Einheit. Eine solche Wüste tiefsten Schweigens und formloser Einheit ist Gott. Deshalb kommt das menschliche Streben nach Gott so lange nicht ans Ziel, als sie Gott als „Wahrheit" erkennt und damit Gott als (Erkenntnis-)Objekt „vor sich" hat. Nein, „die Seele sucht weiter und erfasst Gott in seiner Einheit und in seiner Einöde. Sie erfasst dann Gott in seiner Wüste und in seinem eigenen Grunde."[139] Deshalb strebt die Seele „in den einfaltigen Grund, in die stille Wüste … im Innersten, wo niemand daheim ist, dort erst genügt es" ihr.[140] Dieses „Innerste", wo Gott west, „ist eine Fremde und eine Wüste und ist mehr namenlos, als dass es einen Namen habe, und ist mehr unerkannt, als dass er erkannt wäre: … Lauterkeit, die … weder in … noch außer der Welt ist."[141] All diese Aussageweisen wollen die unendliche, vom Menschen nicht erreichbare und fassbare Wesenheit Gottes thematisieren.

Mit der Bezeichnung Gottes als Wüste ist bei Meister Eckhart eine wichtige Unterscheidung verbunden: er differenziert zwischen Gott und Gottheit (bzw. „Gott"). Damit ist Folgendes gemeint: Vor dem Ursprung aller Schöpfung ist „Gott" (oder: die Gottheit) noch nicht Gott. Denn „alles das, was in der Gottheit ist, das ist Eins, und davon kann man nicht reden."[142] Gott ist ganz einfach das, was er ist; er ist „weder dies noch das", d. h. er unterscheidet sich noch von nichts; deshalb können ihm auch keine Eigenschaften (von denen sich ja jeweils eine von der anderen unterschieden ist) zugeschrieben werden, nicht einmal die „Eigenschaft" Gott. Erst wenn Schöpfung ist, ist „Gott" Gott, d. h. etwas (von der Schöpfung) Verschiedenes. Vorher ist er die eine, reine Fülle allen Seins, die unendliche, ununterschiedene Einheit. Und eben dafür steht das Bild der Wüste mit ihrem – jedenfalls in bestimmten Regionen – unendlichen Horizont und strukturlosen Einerlei. Aus dieser „Gottes"-Wüste kommt jeder, und in diese muss jeder auch zurückkehren.

Dafür ist es notwendig, dass der Mensch drei Dinge überwindet: Leiblichkeit, Vielheit, Zeitlichkeit. „Wäre der Mensch über diese drei Dinge hinausgeschritten, so wohnte er in der Ewigkeit und im Geist und wohnte in der Einheit und in der Wüste, und dort würde er das ewige Wort hören"[143], mehr noch, er würde selbst zur Wüste, in die hinein das ewige Wort Gottes neu gezeugt wird. So heißt es ausdrücklich in einem Text aus dem Umkreis von Meister Eckhart:

Die Seele „muss sich erheben von allen Kreaturen, von ihr selber und allem Genießen und muss in die unbekannten Wüsten der Gottheit aufbrechen. Und selbst zur Wüste geworden, soll sie ihr eigenes Bild verlieren, und die göttliche Wüste soll sie aus ihr selber in sich [in die göttliche Wüste] geleiten, da sie ihren eigenen Namen verliert und nicht mehr sie selbst heißt, sondern Gott. ... Sobald die Seele Gott in die Wüste der Gottheit gefolgt ist, folgt unser Herr Jesus Christus in die Wüste des freiwillig Armen und ist eins mit ihm."[144]

Diese Gedanken sind für das alltägliche, „vorstellende" Denken buchstäblich ver-rückt. Denn im „normalen" Denken über Gott gehen wir davon aus, dass auf der einen Seite der Mensch mitsamt der Schöpfung steht und auf der anderen Seite Gott. Diese Vorstellung ist nicht falsch, weil Gott, da er schuf, tatsächlich etwas anderes, als er selbst ist, eben die Schöpfung, in die Selbständigkeit entlassen und „vor sich" hingestellt hat. Doch ist dies nur die eine Seite. Denn geschöpfliches Sein ist ja nichts aus sich selbst heraus, sondern es ist und bleibt Teilhabe am Sein Gottes. Das bedeutet, dass Mensch und Schöpfung nicht nur „vor" Gott stehen, sondern auch in Gott sind, an seinem Sein teilhaben. Alles ist im einen, ungeteilten Leben des ewigen Anfangs und deshalb eins mit dem unergründlichen Sein Gottes, eins in der „Wüste" Gottes. Diesen Gesichtspunkt hat Eckhart im Auge, wenn für ihn der Mensch ursprünglich keinen Gott „vor sich" hat und auch „Gott" (noch) nicht einmal Gott im Sinne eines – von allen übrigen Seienden unterschiedenen – vorgestellten Gegenstandes ist. Nein, Gott ist ursprünglich „alles in allem", er ist das, was er ist. Erst wenn man auf die Schöpfung blickt als auf jenen Akt, in dem Gott etwas anderes, was er selbst nicht ist, schafft, kann von Unterschieden die Rede sein, vom Unterschied zwischen Schöpfung und Gott und vom Unterschied zwischen den einzelnen Geschöpfen (zwischen Engel, Mensch und Fliege, wie Meister Eckhart sagt). Das Ziel der Schöpfung ist aber nun die Rückkehr in die ursprüngliche Einheit, in das göttliche „alles in allem". Und darum müssen wir auf dem Weg zur Vollendung sogar „Gottes ledig werden", uns also von dem Gott, der in der Vorstellung „vor uns" steht und etwas anderes ist, als wir sind, lösen und zu dem „Gott" zurückkehren, in dessen Einheit wir ursprünglich standen, in unserem tiefsten Seelengrund immer noch stehen und einmal ganz wieder stehen werden. Darum muss der Mensch „Wüste" werden („abgeschieden" und „aller Dinge ledig" – im erklärten Sinn), um in die Wüste des einen, reinen Ursprungs zurückkehren zu können.

Und noch einmal: Der mystische Weg in die Wüste führt nicht zu Weltflucht und Weltlosigkeit. Es geht Meister Eckhart vielmehr darum, dass der Mensch sich nicht von der Welt der Dinge besetzen lässt, sondern in und aus einer letzten Einheit mit Gott lebt. Wer diese Einheit gefunden hat und stets aufs Neue findet, kann ge-lassen in der Welt, in die er hinein gesandt ist, tätig sein. Sein Handeln wird zu einem zwecklosen „Mitspielen" mit dem Gott, der alles zur Einheit mit sich beruft. Das Bild der Wüste steht letztlich für diese innere Freiheit, die der Mensch in der Einheit mit Gott und allen übrigen Geschöpfen findet. Diese neue Sicht der Wüste bei Meister Eckhart, wonach Wüste eine, ja sogar die entscheidende Dimension des Verhältnisses von Gott und Mensch darstellt, ist das beste Heilmittel gegen eine ständige Gefahr der Christenheit, nämlich gegen die Gefahr der Weltflucht, und das heißt „das geistliche Leben nur in der [äußerlich verstandenen] Wüste zu suchen" und nicht in der dem Menschen von Gott übergebenen „Welt". Freilich gibt es auch die andere Gefahr, „zu vergessen, wie notwendig [auch die äußere] die Wüste für das geistliche Leben ist."[145] Mit diesen Erläuterungen sind die Grundlagen gelegt, um die folgenden Strophen eines mystischen Gedichts aus dem Umkreis von Meister Eckhart zu verstehen.

Das Senfkorn

Der Titel des Gedichts „Das Senfkorn" stammt von einem lateinischen Kommentator, der das Lied als „Senfkorn von der allerschönsten Gottheit" bezeichnet und damit auf Mt 13,31f anspielt, das Gleichnis, das vom anfänglich „kleinen Senfkorn" und dem später gewaltigen Baum handelt, auf dem die Vögel des Himmels Platz nehmen. So ist – bemerkt der Kommentator – das Gedicht „an Zahl der Worte zwar klein, aber mit der Wunderkraft überhimmlischer Dinge beladen". Die Strophen[146] weisen den Leser oder Hörer aus der „Fülle" begreifen wollender Worte und Bilder heraus in die „Wüste", d. h. in die Unbegreiflichkeit Gottes, in dessen unermessliches und schweigendes Wüstenmeer einzusinken der Glaubende gerufen ist. Der Weg des Glaubens ist – so gesehen – der Weg in die Wüste:

Der Weg führt dich
in eine wundersame Wüste,
die breit und weit,
unermesslich liegt.
Die Wüste hat
weder Zeit noch Ort,
ihre Weise ist einzigartig.

Das wüste Land
durchschritt kein Fuß,
geschaffenes Sein
kam nie dorthin:
es ist und doch weiß niemand was.
Es ist hier, es ist da,
es ist ferne und nah,
es ist tief und hoch,
es ist so,
dass es weder dies noch das ist.

Es ist licht, es ist klar,
es ist finster gar,
es ist unbenannt,
es ist unbekannt,
des Anfangs und auch
des Endes frei,
es ist stille,
bloß, ohne Hülle.
Wer kennt sein Haus?
Der geh' heraus
und sage uns,
welches seine Form sei.

Werd' wie ein Kind,
werd' taub, werd' blind!
Dein eig'nes Ich
muss zu nichts werden,
jedes Ich und jedes Nichts
treibe weit weg!
Lass Ort, lass Zeit,
auch Bilder meide!
Geh' ohne Weg
den schmalen Steg,
so kommst du zu der Wüste Spur.

O Seele mein,
geh' aus, Gott ein!
Sink' all mein Ich
in Gottes Nichts,
sink' in die grundlose Flut!
Flieh' ich von dir,
du kommst zu mir.
Verliere ich mich,
so finde ich dich:
o überwesenhaftes Gut.

4. „Elijanische" Wüstenspiritualität des Karmel

Elija und die Ursprünge des Karmel-Ordens

„Der Orden des Karmel ist der einzige christliche Orden, der, nach seiner eigenen Gründungslegende, sich auf einen Nichtchristen zurückführt und bereits über 800 Jahre alt war, als Jesus geboren wurde", so beginnt Walter Groß seinen Beitrag „Elia: Gotteserfahrung und Prophetenamt"[147] zum Jubiläumsjahr des 400. Todestages der hl. Teresa, der Gründerin des sog. teresianischen Karmel. Doch nur wenn man in diesem Satz die Worte „nach seiner eigenen Gründungslegende" unterstreicht, ergibt das Ganze einen passablen Sinn. Historisch betrachtet geht der Karmel-Orden nämlich auf Eremiten zurück, die im Karmelgebirge ihre Kellia hatten. Und da man auf dem Karmel des Gottesurteils gedachte, das Elija über sich und die Baalspriester provozierte, stellten diese Eremiten ihr Leben mit besonderer Intensität in den durch Elija bestimmten Traditionszusammenhang. Mit besonderer Intensität! Denn schon in der Väterzeit wurde allenthalben das eremitische Leben zu Elija in Beziehung gesetzt, da dieser nach 1 Kön 17 einige Jahre als „Eremit" in der Wüste verbrachte, um sich dort den Nachstellungen Ahabs, des Königs von Israel, dem er im Auftrag Gottes Unheil angesagt hatte, zu entziehen. Deshalb bezeichnet bereits Hieronymus Elija als „unseren Stifter".[148] Und schon vorher berichtet Athanasius über Antonios: „Dieser sagte bei sich, der Asket müsse in dem Lebenswandel des großen Elija wie in einem Spiegel beständig sein eigenes Leben sehen."[149] Diese Bezugnahme auf Elija nimmt nun bei den Eremiten des Karmelgebirges, das einen Brennpunkt des elijanischen Wirkens darstellt, eine besondere Nachdrücklichkeit an, die schließlich dahin führte, Elija (und dessen Schüler Elischa) als „formelle" Gründer des Karmel-Mönchtums zu bezeichnen.[150]

Der Wahrheitsgehalt dieser frommen Legende besteht letztlich darin, dass Elija, wie ihn die Hl. Schrift darstellt, tatsächlich wie kein anderer der „Prophet der Wüste" ist: Er kündigt nicht nur König Ahab – wegen dessen Abfall vom Jahwe-Glauben zum Baalskult – verderbenbringende „Wüste", nämlich jahrelange Dürre und Hungersnot an, er verbringt selbst eine beträchtliche Zeit allein in der Wüste, die ihm, wie so vielen vor und nach ihm, zum Zufluchtsort wird, da Ahab „in jedem Volk und jedem Reich suchen lässt", um ihn zu vernichten (1 Kön 18,10). Nach dem Strafgericht über die Baalspriester auf dem Karmel sucht Elija in der Wüste den Tod, wandert dann aber durch sie zum Gottesberg, um hier als – wie er meint – einziger noch Jahwe-Treuer an den Ausgangspunkt der Geschichte Gottes mit seinem Volk in der Wüste zurückzukehren. Und vom Gottesberg aus erhält er eine neue Sendung, wiederum durch die Wüste nach Damaskus mit neuen Aufträgen zu ziehen.[151] So gesehen haben die Eremiten auf dem Karmel zu Recht Elija als Vor- und Ur-Bild ihrer eigenen „Wüsten"-Existenz genommen.

Neben Elija ist es Maria, die von den Eremiten des Karmel-Gebirges in besonderer Weise verehrt wird. Ihre Bedeutung geht auch aus der erstmaligen offiziellen Bezeichnung des Karmel-Ordens (1252) hervor: „Orden der Brüder Unserer Lieben Frau vom Berge Karmel". Dabei stehen der Wüstenprophet Elija und die Gottesmutter sich weder einander gegenüber, noch handelt es sich um die „Addition" zweier maßgebender Gestalten. Da nach altkirchlichem Verständnis Maria der „brennende Dornbusch" ist, verweist sie sowohl auf die Wüste, in welcher Gott aus dem und durch den Dornbusch zum Menschen spricht, als auch auf ein Spezifikum des Elija, für den – wie wir im nächsten Abschnitt sehen werden – die Feuer-Metapher eine entscheidende Rolle spielt.[152]

Trotz dieser charakteristischen Eigenheiten der Karmel-Eremiten standen diese in der Tradition des ägyptisch-palästinensischen Mönchtums, so dass alle, von uns bereits dargelegten Wesenszüge dieser Spiritualität auch von ihnen gelten. Aber auf Grund ihrer besonderen Beziehung zu Elija wurden bestimmte Seiten – wie wir noch sehen werden – eindringlicher hervorgehoben, so dass man durchaus von einer spezifischen „elijanischen Wüstenspiritualität" sprechen kann. Dies umso mehr, als sich trotz aller „Diskontinuität" in der Geschichte des späteren Karmel-Ordens diese Züge über Jahrhunderte hinweg bis heute durchhielten.

Blicken wir, um dies zu ermessen, kurz auf den historischen Weg des Karmel-Ordens. Im Zusammenhang der Eremitenbewegung des 11./12. Jahrhunderts und der Kreuzzüge ziehen sich eine Reihe von aus Europa kommenden Pilgern und Kreuzfahrern auf den Karmel zurück und schließen sich der dortigen, von orthodoxen Mönchen gelebten Eremitentradition an. Für diese „Lateiner" verfasst der Jerusalemer Patriarch Albert von Verticelli um 1210 eine „formula vitae", die nicht im strengen Sinn ein Regelwerk ist, sondern eine Zusammenstellung der von den Eremiten geübten

Lebensweise. Diese Regel wird 1226 von Rom bestätigt. Auf Grund der gegen Ende der Kreuzzugszeit erforderlichen Übersiedlung der Karmel-Mönche nach Europa kommt es zu einer situationsbedingten Eingliederung in das hier bestehende abendländische Stadtwesen und damit zu einer Anpassung an die damals sich in Hochblüte befindenden Bettelorden. Wenn dabei auch das von Palästina mitgebrachte kontemplative und prophetische Ideal nicht grundsätzlich in Frage gestellt wird, führt diese Anpassung nicht nur zu einer mehrfachen „Milderung" der Regel, sondern auch zu einer Umorientierung weg vom exklusiv eremitisch Kontemplativen hin zur Übernahme seelsorglicher Aufgaben und wissenschaftlicher Tätigkeiten in einer kommunitären Lebensweise.

Dennoch versuchten sowohl einzelne Mönche wie auch ganze Erneuerungsgruppen immer wieder, den Orden auf das alte eremitische Ideal des Elija zurückzuführen. Hier spielte vor allem das „Buch der ersten Mönche" (1380) eine entscheidende Rolle, aber auch die Reform des sog. unbeschuhten Karmel. Sowohl Teresa v. Avila wie auch Johannes v. Kreuz wiesen auf das ursprüngliche „elijanische" Karmel-Ideal hin. So kann man etwa bei Teresa lesen:

> „Obwohl wir alle, die wir das heilige Gewand vom Karmel tragen, zu Gebet und Kontemplation berufen sind – denn das war unser Anfang (principio); wir stammen ja ab von jenen heiligen Vätern, die in großer Einsamkeit und Weltverachtung diesen Schatz, diese kostbare Perle, von der wir sprechen, suchten –, so sind es doch nur wenige, die sich dafür bereiten, dass der Herr sie uns eröffne."[153]

Auf der andern Seite wird in der weiteren Ordensgeschichte immer auch wieder hervorgehoben, dass im Blick auf Elija nicht nur dessen kontemplativ-eremitische Haltung Geltung hat, sondern auch – als dessen Frucht – seine prophetische Tätigkeit. Davon wird noch am Schluss dieses Kapitels die Rede sein. Erstaunlich ist, dass in all diesen „Brüchen" der Karmel-Frömmigkeit doch die genuin „elijanische Wüstenerfahrung" nicht verloren ging. Worin besteht sie?

Harte Kontraste kennzeichnen die Wüste. Während am Felsen bereits das Dunkel der Nacht angebrochen ist, liegt das Wadi noch in hellem Sonnenlicht (libysche Sahara vor Hassi Ifertas).

Das große „Entweder – oder!"

Schon der Name des Propheten ist Programm.[154] Elija heißt übersetzt „Mein Gott ist Jahwe!" Diese Proklamation richtet sich gegen das Volk und dessen Führer, die auf breiter Front von Jahwe zu Baal und dessen sinnenfreudigen Fruchtbarkeitskulten abgefallen waren. Deshalb hat der Name eine deutlich polemische Note: „Mein Gott ist Jahwe und eben nicht Baal!" Diese leidenschaftliche Glaubensüberzeugung ist dem Propheten vielleicht in der Wüste zugewachsen. So jedenfalls legt die eremitische Tradition die Gottesanrufung des Elija aus: „So wahr Jahwe, der Gott Israels lebt, vor dessen Angesicht ich stehe …" (1 Kön 17,1; 18,15). In diesem Wort erkennt das Eremitentum einen seiner Wesenszüge: Vor dem Angesicht Gottes stehen, seine ständige unmittelbare Gegenwart suchen – darum geht es in der Wüste, und dafür geht man in die Wüste.

Bei Elija entspringt aus dieser erlebten Unmittelbarkeit vor Gott seine prophetische Berufung, „leidenschaftlich zu eifern" für Jahwe und gegen Baal. Auf dem Karmel lässt er Hunderte von Baals- und Aschera-Priestern ver-

Die Wüste – eine Landschaft von Extremen, die kaum Mittelwerte kennt. Aus solchen polaren Erfahrungen erwächst das „elijanische" Denken in Alternativen: entweder-oder!

sammeln und ruft ihnen vor dem ganzen Volk zu: „Wie lange noch schwankt ihr nach zwei Seiten? Wenn Jahwe der wahre Gott ist, dann folgt ihm! Wenn aber Baal es ist, dann folgt diesem!" (1 Kön 18,21).

Genau diese radikale Alternative entspricht der Wüstenerfahrung, da sie keine Zwischentöne und -farben kennt und zulässt: kalt oder warm; hell oder dunkel; tödliche Dürre oder lebendige Fülle (der Oasen). Selbst bis in den Charakter der Wüstenbewohner hinein lässt sich dieses Merkmal der Wüste beobachten. Es „fehlen die Zwischentöne. Liebe und Hass, Gleichgültigkeit und Anteilnahme am Schicksal des anderen, des Fremden, desjenigen, der nicht sein Bruder ist; Härte und Milde, Zuneigung und Abweisung. All das liegt so dicht und übergangslos zusammen, dass nichts dazwischenzupassen scheint. Es gibt nur das eine oder das andere, und keins von beiden ist dosierbar."[155] Überall lautet die Devise: entweder – oder!

Diesem Wüsten–Pathos entspricht die prophetische Existenz des Elija: Jahwe oder Baal; leidenschaftliches Eifern für ihn oder resigniertes Abdanken. Entweder – oder! Diese Alternative vor Augen, fordert er auf dem Karmel zum Gottesurteil heraus: Während Gott auf das Rufen der Baalspriester schweigt, kommt auf Bitten des Elija „das Feuer des Herrn herab und verzehrt das Brandopfer, das Holz, die Steine und die Erde. Auch das Wasser im Graben leckt es auf" (1 Kön 18,38). All das, was Elija vorbereitet hat, wird vom Feuer Gottes verschlungen. So wie die Sonne der Wüste in ihrer überwältigenden Macht alles ausbrennt udn auslodert, wie sie kein Ausweichen zulässt, alles durchleuchtet, nicht einen Hauch von Dunkel und Schatten kennt und duldet, so zeigt sich der Gott des Elija im alles verzehrenden Feuer, ja er ist verzehrendes Feuer. Einem solchen überwältigenden Gott entspricht es, dass Elija dem Volk befiehlt: „Ergreift die Propheten des Baal! Keiner von ihnen soll entkommen. M an ergriff sie, und Elija ließ sie zum Bach Kischon hinabführen und dort töten" (1 Kön 18,40). In der Tat: „Der Gott der Wüste ist kein lieber Gott"[156], sondern der eifernde und eifersüchtige Gott, der keine Kompromisse duldet und den der Mensch nicht herbeizitieren kann weder durch Opfer noch Gebet, noch – so würde man aus heutiger Sicht ergänzen – durch Meditationsmethoden.

Doch diesem unerbittlichen „Gott der Wüste" ist Elija selbst nicht gewachsen. Da Israel sich auch nach dem Gottesurteil nicht bekehrt und Königin Isebel voll Zorn und Rachgier die Vernichtung des Propheten beschwört, „gerät Elija in Angst. Er macht sich auf und geht weg, um sein Leben zu retten" (1 Kön 19,3). Jetzt gilt nicht mehr der „leidenschaftliche Eifer" für Jahwe, jetzt resigniert Elija – und desertiert. Er gibt es auf, Prophet zu sein und flieht geradezu atemlos aus dem Nordstaat Israel durch den Südstaat Juda hindurch in den Negev. Weiter geht es nicht mehr. Hier in der Wüste sucht er den Tod (19,4f). Auch so hält sich das radikale „Entweder – oder!" (Leben oder Tod) der Wüste durch, freilich jetzt in der Entscheidung zum Pol des Todes. „In der symbolischen Situation der Wüste zerfallen mit dem Verschwinden des äußeren Feindes auch die Macht der eigenen Selbstentwürfe und ihr Einfluss auf das Gottesbild. In der eintretenden Stille menschlicher Ohnmacht wird allererst eine Erfahrung Gottes möglich, die die Macht der Bilder hinter sich lässt."[157] Jedenfalls akzeptiert Gott die Entscheidung seines Propheten nicht.

Elija muss, wie vor Zeiten Israel, zum Gottesberg in der Wüste ziehen, um das abgefallene Volk vor Jahwe zu vertreten. Er soll es so vertreten, wie es damals Mose tat, da dieser nach dem Tanz ums Goldene Kalb Fürbitte vor Gott einlegte und damit Israels Weiterexistenz gewährleistete. Doch ganz anders reagiert jetzt Elija. Voll Resignation sind seine Worte an Gott: „Mit leidenschaftlichem Eifer bin ich für den Herrn, den Gott der Heere, eingetreten, weil die Israeliten deinen Bund verlassen, deine Altäre zerstört und deine Propheten mit dem Schwert getötet haben. Ich allein bin ich übrig geblieben, und nun trachten sie auch mir nach dem Leben" (1 Kön 19,10). Elijas Eifern war umsonst.[158] Israel ist ganz von Jahwe abgefallen. Sein prophetischer Auftrag ist gescheitert. Und während Mose Fürsprache einlegte und stellvertretend für das Volk einstand, verklagt Elija es und erklärt die Geschichte Israels für gescheitert. Damit hat Elija „die letzte dünne Verbindung zwischen YHWH und Gottesvolk … gelöst, er ist aus dieser Aufgabe desertiert"[159], da er in der Wüste den Tod suchte und es nun ablehnt, stellvertretend für Israel einzustehen. Was bereits Israel auf seinem Zug durch die Wüste kennzeichnete, wiederholt sich nun bei Elija: Damals war ganz Israel widerspenstig; es murrte und meuterte gegen Gott, überließ sich apathischer Resignation („Wären wir doch in Ägypten oder wenigstens hier in der Wüste gestorben!": Num 14,2) und halluzinierte maßlose Übertreibungen (vgl. Kapitel 1). Genau das Gleiche jetzt bei Elija: Murren gegen Gott, welcher ihn, der so leidenschaftlich für Jahwe geeifert hat, im Stich ließ, resignierendes Todesverlangen, aber auch die halluzinierte Einbildung, er sei als einziger Jahwe-Gläubige übrig geblieben.

Murren und Halluzinieren

Auch die „Haltung" des Murrens und die Tendenz zum Halluzinieren, wie die Heilige Schrift sie am Zug Israels durch die Wüste und dann wieder an der Person des Elija herausstellt, hat etwas mit der Eigenart dieser Landschaft zu tun.
Jedenfalls haben die meisten von uns auf unseren Wüstenexpeditionen schon am eigenen Leib erfahren, dass die Erfahrung der Wüste gelegentlich zu mehr oder minder heftigen Formen eines gewissen „Kollers" führte. Zu geringe Wasseraufnahme, Hitze, gleißendes Licht, das Ausgesetztsein in totaler Öde können eine eigenartige „Existenzangst" erzeugen, Blackouts und unnormale Reaktionen: angefangen von Halluzinationen bis hin zu Kurzschlusshandlungen.

Kurzschlusshandlungen: Es kann in einer – unter „normalen" Bedingungen – friedlich-harmonischen Gruppe in der Wüste zu störrischen Reaktionen, Protesten und gemeinschaftsgefährdendem Verhalten Einzelner kommen.

Wie oft ereignete es sich auch auf unseren Wüstenfahrten, dass der eine oder andere „explodierte“, wenn z. B. zur Zeit der größten Mittagshitze etwas „schief“ ging (wenn etwa eine Panne zu beheben war und sich dabei jemand ungeschickt anstellte) oder wenn ein Fahrer den Wagen in eine undurchquerbare Düne manövrierte und stundenlanges, mühseliges Ausgraben die Folge war. Die Nerven lagen da oft sehr „bloß“, und böse Reaktionen waren nicht selten die Folge. Von daher versteht man auch, dass nicht wenige Reisegruppen nach einigen Tagen der Wüste buchstäblich auseinander brechen und die Einzelnen dann für sich ihre eigenen Wege gehen. Eine ganze Reihe von solchen „Expeditionsresten“ haben wir schon kennen gelernt und damit die Stimmigkeit des Satzes bestätigt gefunden: „Die Wahrheit der gruppendynamischen Einsicht, dass sich in einer Gemeinschaft Spannungen aufund entladen müssen, zeigt sich in der Wüste wohl schneller und massiver als sonstwo“, wie Reinhold Mayer bemerkt. Und er fügt hinzu: „Wer seine oder seines Partners physische und vor allem psychische Strapazierfähigkeit testen will, wer im Zweifel darüber ist, ob er sich auch unter schwierigen Bedingungen mit anderen vertragen, wieder arrangieren kann, dem ist ein mehrwöchiger Aufenthalt in der Israelwüste dringend zu empfehlen.“[160] Gerade die Wüste erweist, ob man der Versuchung zu Protest, trotzigem Aufbäumen oder beleidigt-apathischem Sich-Absetzen von der Gruppe widersteht oder wenigstens damit umzugehen weiß.

Diesen spezifischen „Wüsten-Hintergrund“ darf man wohl nicht übersehen, wenn für die Heilige Schrift das „Murren in der Wüste“ einen so deutlichen Akzent besitzt. R. Mayer, immerhin ein Kenner alttestamentlicher und jüdischer Theologie, meint sogar, es sei nicht von ungefähr, dass gerade die von einem dezidierten „Protest gegen Gott“ zeugenden heiligen Schriften (Hiob, Psalmen) in einem Volk entstanden sind, das die Erinnerung an die spezifischen Herausforderungen der Wüste in sich trägt. Ja, er geht sogar so weit, die psychischen, speziell in der Wüste gegebenen Belastungen als eine der Ursachen für die Genese der Psychologie gerade im Judentum anzugeben. „Von Israel ist nicht nur die Geschichtsschreibung, sondern auch die Psychologie ausgegangen; gegenwärtig noch kommen aus dem Judentum bekannte Psychologen.“[161] Ob dieser letztere Zusammenhang nicht überzogen ist, mag dahingestellt sein. Dass aber die Wüste tatsächlich in eine Spannung zwischen Protest und Resignation, „Murren“ und apathischer Verzweiflung versetzt, ist eine bis heute nachvollziehbare und von uns oft erfahrene Wirklichkeit.

Die Fata Morgana in der mittäglichen Schwüle einer staubverhangenen Luft spiegelt einen See vor mit Bäumen an seinem Ufer und kleinen Inseln.

Ähnliches gilt von *Halluzinationen:* Auch sie haben ihren Hintergrund in der Wüstenlandschaft. Da ist erstens das Phänomen der Fata Morgana, das sich praktisch jeden Mittag an heißen und windstillen Tagen einstellt: Es bilden sich dann übereinander liegende Luftschichten verschiedener Temperatur und Dichte, an deren Berührungsgrenzen sich das Licht bricht und in die Höhe zurückgespiegelt wird. So glaubt man, in der Ferne statt der wabernden Luft ein Meer oder einen See mit wogenden Wassern zu entdecken; aus Steinen werden Bäume oder Häuser, „Wolkenschlösser" oder Inseln, aus winzigen Hügeln ganze Gebirge. Nichts wird so wahrgenommen, wie es in Wirklichkeit ist. Wie oft haben wir in den Anfängen unserer Wüstentouren ganz verzweifelt Karten studiert, die sich mit dem, was wir sahen (Gebirge, Ansiedlungen usw.) nicht in Einklang bringen ließen.

Da ist aber zweitens eine – vermutlich auf Grund der Hitze und Eintönigkeit sich einstellende – halluzinatorische Kraft, die uns gelegentlich daran zweifeln ließ, ob das, was wir gerade erlebten, wirklich war oder ob wir nur träumten. Am deutlichsten wurde uns dies auf einer extrem schwierigen Sahara-Strecke durch den sog. Großen Erg Oriental, von El Oued am Brunnen Bir Djedid vorbei nach Deb-Deb. Aus verschiedenen Gründen (Havarie eines

Wagens, Treibstoffmangel, Probleme mit den Autobatterien) mussten wir die Tour kurz vor Erreichen des Bir Djedid abbrechen. Auf der Rückfahrt während einer Mittagspause, da die Sonne nur so brütete und nach den Anstrengungen des Morgens alle Kräfte erloschen waren, sagte jemand von uns: Vielleicht sind wir doch schon am Bir Djedid, haben aber kein Wasser gefunden, können wegen kaputter Batterien nicht weiterfahren und fantasieren jetzt vor uns her. So komisch es klingen mag: Keiner von uns lachte; irgendwie schien uns allen dies „möglich" zu sein. Ja, diese „Möglichkeit" stellte sich sogar in den folgenden Tagen immer wieder ein. „Vielleicht haben wir den Bir Djedid nie verlassen und fantasieren, vor Durst und Hitze fast wahnsinnig, das, was wir jetzt derzeit auf der Strecke erleben!" Was ist wirklich „wirklich"? Andreas Knapp, der aus Termingründen diese Wüstenreise vorzeitig abbrechen musste, hat aus dieser Erfahrung eine Geschichte gemacht, die ich in Auszügen anführen möchte:

Was war am Bir Djedid?
Ich sitze im Zug nach Freiburg. Die Augen sind mir schwer und ich döse vor mich hin. Wenn ich morgen aufwache, bin ich dann wieder bei den anderen, die gerade die letzten mitgebrachten Wasservorräte neben dem versiegten Bir Djedid mit gierigen Blicken verteilen? Habe ich das geglückte Ende der Expedition in einem Wunschtraum nur herbeigesehnt und sitze in Wirklichkeit halb verschmachtet am Bir Djedid? Wache ich oder träume ich?
Wie benommen steige ich in Freiburg aus dem Zug. Ich habe lange geschlafen und werde gar nicht mehr richtig wach. War ich nicht eben noch am Bir Djedid? Aber wo sind die anderen? Um Himmels willen, vielleicht sitzen die immer noch dort und warten auf Hilfe. Irgendwie sollte ich doch Hilfe holen. Ich rufe bei Josef an[162]: „Ich bin wieder gut zurück. Wo sind die anderen? Gisbert hat dich doch sicher angerufen! Wie, er hat nicht angerufen? Und es sind auch keine Postkarten aus Tamanrasset [dem auf die Durchquerung des Erg Oriental folgenden Etappenziel] eingetroffen?" Vor Schreck lege ich den Hörer auf die Gabel. Wo bin ich? Bin ich noch am Bir Djedid und habe den Rest der Fahrt und die Heimkehr nur geträumt? Haben wir gemeinsam geträumt – und ich bin rechtzeitig aus dem Traum ausgestiegen und habe mich in das Flugzeug und den rettenden Zug nach Freiburg gesetzt? Und die anderen träumen noch und wachen dann am Bir Djedid wieder auf?
Ich muss sie retten. Zum Glück habe ich noch das Geld von Gisbert in meinem Brustbeutel. Der IC nach Frankfurt und das Flugzeug nach Algier. Ich

miete einen Geländewagen und nehme genügend Wasser mit. Wie ein Verrückter rase ich in Richtung El Oued. Im letzten Dorf vor der Piste frage ich, ob irgendjemand vom Bir Djedid aus um Hilfe gebeten hat. Doch niemand weiß etwas. Auch die Polizei weiß von nichts. Noch zwei Tage bis zum Bir Djedid. Ich kenne die Strecke, finde Spuren. Irgendwie erinnere ich mich dunkel. Erschöpft und abgespannt erreiche ich den versiegten Wüstenbrunnen. Einsam und verlassen stehen unsere beiden Fahrzeuge im schützenden Halbrund einer Sicheldüne. Aber sonst Totenstille. Ich finde das Tagebuch von Gerhard auf einem Beifahrersitz. Beim Lesen stockt mir der Atem. Vor vier Wochen sind auf der Fahrt zum Bir Djedid erst zwei, dann eine und dann nochmals zwei Batterien ausgefallen. Kein Wagen war mehr flottzukriegen. Der Brunnen versiegt. Wasser noch für vier Wochen. Ich lese weiter: „Andreas ist in Richtung El Oued aufgebrochen. Nun warten wir anderen auf Hilfe."

Wache ich oder träume ich? Ich war also doch am Bir Djedid gewesen und bin dann zu Fuß Richtung El Oued gegangen. Aber ich bin nie dort angekommen. Vielleicht habe ich im Verdursten noch zu träumen begonnen, von einer geglückten Fahrt und einer guten Heimkehr. Aber wo bin ich jetzt? Ich träume, also lebe ich. Oder doch nicht?

Ich lese weiter im Tagebuch. Die letzte Eintragung vor 6 Tagen: „Andreas ist nicht mehr zurückgekommen und hat wohl das Ziel nicht erreicht. Nun brechen wir mit den letzten Wasservorräten auf, um uns nach El Oued durchzuschlagen. Die Chancen, dort anzukommen, sind gering. Aber wir haben jetzt keine andere Wahl …"

Ich komme doch gerade aus El Oued. Und dort sind sie nie angekommen. Wache ich oder träume ich? Ich steige in den Wagen, um in Richtung El Oued zu fahren. Aber … der Wagen rührt sich nicht mehr. Es darf doch nicht wahr sein! Die Batterien … Nichts mehr zu machen. Was nun? Ich suche meine eigenen Spuren und gehe zu Fuß Richtung El Oued. Irgendwo werde ich meine Leiche finden. Ob ich dann aufwache?

So weit die Geschichte von Andreas. Sie mag bizarr klingen. Aber sie gibt sehr genau das Gefühl wieder, in bestimmten Situationen der Wüste nicht mehr unterscheiden zu können, was wirklich und was Traum und Halluzination ist. Wann wache *ich* auf? Angesichts meiner „Leiche"? Angesichts eines neuen Anrufs?

Gott reagiert auf das Murren und Halluzinieren des Propheten auf zweifache Weise. Erstens muss Elija sein Bild von Gott korrigieren oder besser: erweitern lassen: Gott ist nicht nur „verzehrendes Feuer", vernichtender Zorn, unerbittliche Allmacht, in deren Dienst Elija die Baalspriester umbringen zu müssen glaubte. Gott kündigt sich am Horeb dem Propheten nicht an im Sturm, nicht im Erdbeben, nicht im Feuer, sondern im „sanften, leisen Säuseln" (19.12) – „in der Stimme des sich verschwebenden Schweigens", wie Martin Buber übersetzt, d. h. in einer liebevollen Innigkeit, die dem abtrünnig gewordenen Volk und dem resignierenden Propheten trotzdem die Treue hält. So wird der Gottesberg in der Wüste noch einmal zum Ausgangspunkt neuer Rettung und Freiheit. Überdies wird der Halluzination des Elija: „Ich allein bin übrig geblieben!" das tröstende und ermutigende Wort entgegengehalten: „Ich werde in Israel 7000 übrig lassen von solchen, deren Knie sich vor dem Baal nicht gebeugt und deren Mund ihn nicht geküsst haben" (19,18).

Doch geschieht noch ein Zweites: „Resignation duldet YHWH bei seinem Propheten nicht. Weder den Rückzug in einen privaten Tod in der Wüste noch den Rückzug zum Gottesberg, sondern der Prophet, der die Verbindung YHWHs zu seinem Volk herstellen soll, hat auf seinem Posten zu bleiben, sein Amt auszuüben. Sein Auftrag misst sich nicht an seinem Erfolg oder Misserfolg, sondern einzig an dem, der ihn sendet: YHWH selbst. Ohne jede Rücksicht auf seine Klage, auf seine persönliche Gefährdung schickt YHWH Elija von neuem zu prophetischem Handeln nach Israel zurück."[163] Elija muss nochmals durch die Wüste ziehen, diesmal nach Damaskus, mit neuen Aufträgen (Salbungsbefehle), die in ihrer Konsequenz einen Umschwung in Israel herbeiführen werden. So bleibt Elija, ob er will oder nicht, die „Brücke" zwischen Gott und seinem Volk, der „Stellvertreter", der für ganz Israel an Gott festhalten und handeln muss – in „leidenschaftlichem Eifern" für Jahwe. Und obwohl Elija selbst und sein Gottesbild am Horeb geläutert wurden, bleiben dessen Konturen auch danach erhalten. Gott ist und bleibt für Elija vor allem „verzehrendes Feuer" (vgl. 2 Kön 1,10ff). Kein Wunder, dass er dann auch auf dem Feuerwagen mit zwei feurigen Rossen im Wirbelsturm zum Gott seines Eiferns entrückt wurde.

Spezifische Züge der „elijanischen Wüstenerfahrung"

Unmittelbar „vor dem Antlitz Gottes stehen" und darin stellvertretend für andere eintreten – kompromissloses „leidenschaftliches Eifern" für Gott – Gott als „verzehrendes Feuer" erfahren: all diese Züge, welche das Leben und die prophetische Existenz des Elija bestimmen, haben ihren Erfahrungsort in der Wüste. Hier ist man Gott ohne Wenn und Aber, ohne Rückzugs- und Verdrängungsmöglichkeiten ausgeliefert, hier wird man unerbittlich vor das „Entweder – oder" gestellt, hier erfährt man Gott als verzehrende Feuermacht des „Alles oder Nichts".

Diese Charakteristika, die sich zwar schon grundsätzlich im altkirchlichen Wüstenmönchtum finden, im Blick auf Elija aber eine besondere Nachdrücklichkeit und Zuspitzung empfangen, gehen trotz aller Umbrüche in den karmelitischen Gemeinschaften weiter.

Zunächst einmal verbindet die Karmel-Gemeinschaften mit Elija und seiner unerbittlichen Wüstenerfahrung der Wappenspruch „Mit leidenschaftlichem Eifer bin ich für den Herrn, den Gott der Heere, eingetreten". Dieses Wort ist gleichsam das Vorzeichen der ganzen Karmel-Spiritualität, die von sich her etwas Unbedingtes, Radikales, Unerbittliches an sich trägt. So ist etwa das „solo" im bekannten Wort der Teresa v. Avila („Dios solo basta" – „Gott allein genügt") eine „Variation" des elijanischen „Entweder-oder", das kein „und" einer Ergänzung oder Modifikation zulässt. Auch die „Dialektik" des Johannes v. Kreuz, wonach allein im Durchgang durch die „dunkle Nacht" und die Entäußerung des „Nichts" das „Licht" der Herrlichkeit und das „Alles" gewonnen werden kann, sind Ausfaltungen des in der elijanischen Wüstenerfahrung gründenden Denkens in Polaritäten. Ein beredtes Beispiel dafür ist folgender Text des Johannes:

„Um alles zu schmecken,
wolle an nichts Geschmack haben.
Um alles zu besitzen,
wolle in nichts etwas besitzen.
Um alles zu sein,
wolle nichts sein.
Um alles zu kennen,
wolle in nichts etwas kennen.
Um zu ihm zu kommen, den du nicht schmeckst,

musst du da entlanggehen, wo du nichts schmeckst.
Um zu ihm zu kommen, den du nicht kennst,
musst du da entlanggehen, wo du nichts kennst.
Um zu ihm zu kommen, den du nicht besitzest,
musst du da entlanggehen, wo du nichts besitzest.
Um zu ihm zu kommen, der du nicht bist,
musst du da entlanggehen, wo du nicht bist."[164]

Hinter diesen geradezu polemischen Gegensätzen steht nicht nur das elijanische „Entweder-oder", sondern auch die „mystische Wüste", wie wir sie
am Beispiel von Meister Eckhart kennen gelernt haben.

Aber es gibt noch weitere Beziehungen zwischen elijanischer Wüstenerfahrung und Karmel-Spiritualität, auch wenn dabei nicht immer ausdrücklich
von „Wüste" die Rede ist: So wie Elija sich als einer vorstellt, der stets „vor
Gottes Angesicht steht", so sind die Karmeliten angewiesen, „Tag und
Nacht im Gesetz des Herrn zu betrachten und im Gebet zu wachen" (Regel, Kap. 7). Das Ziel ist die Vereinigung mit Gott, die sich gerade „in der
Wüste" vollzieht, wie der folgende Text aus dem „Buch der ersten Mönche"
sagt, der Gott sprechen lässt:

> „Wenn du einmal so innig mit mir vereinigt bist, wenn in dir kein einziges
> Verlangen mehr auftaucht, das dieser Liebe nicht entspricht oder sie
> hemmt, fängst du an, mich mit ganzem Herzen zu lieben und dich in Ke-
> rith, in der Liebe zu verbergen."[165]

„Kerith" ist nach 1 Kön 17,3 der Ort in der Wüste, wohin Elija sich auf
Geheiß Gottes zurückziehen musste, um vor den Nachstellungen Ahabs
und Isebels sicher zu sein und sich auf seine weitere prophetische Tätigkeit
vorzubereiten. In der Wüste bei Gott sein heißt für die Karmel-Spiritualität
demnach so viel wie sich in die Liebe Gottes zu bergen – für sich und stellvertretend für andere. Dieses „Vor-Gottes-Angesicht-Stehen" kann, ja wird
sogar mit Sicherheit in die Erfahrung der Nacht, der Abgründigkeit, der
Hölle des Gottesentzugs führen, wie dies auch die Krise der prophetischen
Berufung des Elija zeigt. In Erfolglosigkeit und Angefochtenheit lehnt er es
ab, weiter „vor Gott zu stehen" und stellvertretend für sein Volk einzutre-
ten, aber faktisch bleibt er doch die „Brücke" zwischen Jahwe und Israel

und ist zu neuer Sendung bereit. Auf dieser Linie verstehen sich auch die Karmeliten und Karmelitinnen – zwar auf der Linie des ursprünglichen Wüstenmönchtums, doch in weit gesteigertem Maß – als solche, die sich stellvertretend für andere durch Gebet und Sühne vor Gott in die Waagschale werfen, gerade auch in Zeiten und an Orten des Schreckens und höllischer Abgründe. So ist es nicht von ungefähr, dass eines der letzten Worte der Karmelitin Edith Stein, gerichtet an ihre leibliche jüdische Schwester, vor ihrem Abtransport in die KZ-Gaskammern lautete: „Komm, wir gehen für unser Volk!"[166] Und es ist nicht von ungefähr, dass Karmelklöster an Orten des Schreckens wie Dachau, Auschwitz, Plötzensee gegründet wurden. Hier in der „Wüste" äußerster Unmenschlichkeit halten sie an Gott fest, rufen sie seinen Namen an und setzen sich seinem Feuer aus. Doch gibt es neben der kontemplativen Grundhaltung der Karmel-Spiritualität eine Perspektive, die nach dem Transfer der Karmel-Gemeinschaft vom palästinensischen Eremitentum in das abendländische Bettelmönchtum zwar faktisch immer gegeben war, aber bis in die neueren nachkonziliaren Reformen nur selten „spirituell" reflektiert wurde: Elija ist nicht nur „Eremit". Er tritt mit seiner prophetischen Sendung in aller Öffentlichkeit auf, prangert den Glaubensabfall Israels an, verteidigt im Namen Gottes das Recht der Kleinen und Schwachen (vgl. 1 Kön 21,1ff), ruft das Volk zur Entscheidung auf. So findet sich bei Elija gewissermaßen eine Verbindung und Integration von kontemplativen und pastoral-aktiven Elementen. Dieser Verbindung sucht die sog. „Ratio Institutionis Vitae Carmelitanae" (1988) gerecht zu werden, indem diese Ausbildungsordnung karmelitischen Lebens die beiden Elemente hintereinander stellt:

„Elija ist der einsame Prophet, der nach Gott dürstet und in seiner Gegenwart lebt (1 Kön 17,1.15). Es ist der Mystiker, der nach einer langen, erschöpfenden Reise die neuen Zeichen der Gegenwart Jahwes (1 Kön 19,1–18) lesen lernt. Er ist der kontemplative Mensch, der von einer brennenden Leidenschaft für Gott verzehrt wird, einer Leidenschaft, die über alles andere hinausgeht (2 Kön 2,1–13). Karmeliten sind wie Elija Menschen der Wüste, die den Weg der Einsamkeit gehen, um das Wort Gottes in ihrem eigenen Leben zu hören und aufzunehmen" (Nr. 17). Aber dann Nr. 18: „Elija ist der Prophet, der sich sorgt um das Leben des Volkes; er kämpft gegen falsche Götter und führt sein Volk zurück zum Glauben an den wahren Gott (1 Kön 18,20–46). Er ist solidarisch mit den Armen und Verbannten (1 Kön 17,7–24), und verteidigt diejenigen, die unter Gewalt und Unrecht leiden (1 Kön 21,17–29)."[167]

Auch wenn beide Gesichtspunkte hier nacheinander abgehandelt sind, bilden sie doch im Leben des Elija, wie es in der Schrift geschildert wird, eine Einheit. Und diese soll im karmelitischen Leben weiter verwirklicht werden. Damit erhält die Wüstenspiritualität einen neuen Akzent, ohne den die nochmals neu zugespitzte Spiritualität der Wüste bei Charles de Foucauld kaum denkbar wäre.

5. Wüste in der Spiritualität Charles de Foucaulds

Die bisher dargestellten geistlichen Dimensionen der Wüste halten sich auch in der Folgezeit der Spiritualitätsgeschichte durch, bekommen aber ständig neue Akzente, ja, sie werden durch den neuen geschichtlichen Kontext, in dem sie stehen, selbst in gewisser Weise neu. Das gilt besonders für „Wüste" in der Spiritualität Charles de Foucaulds, wo sich im Grunde all das wiederfindet, was wir schon zuvor kennen gelernt haben und wo doch zugleich ganz neue Charakteristika erscheinen. Um dies zu verstehen, haben wir uns zunächst den geschichtlichen und individuell-biographischen Kontext genauer vor Augen zu stellen. Denn in den Wandlungen des Lebens von Foucauld kommt es zu einer neuen geistlichen Sicht von Wüste.

Etappen des Lebens und Stufen des geistlichen Weges

Geboren am 15. September 1858 in Straßburg, verlor Charles de Foucauld bereits als Fünfjähriger seine Eltern und wuchs bei seinem Großvater mütterlicherseits erst in Straßburg, dann in Nancy auf. Den katholischen Glauben, in den er wie selbstverständlich hineingewachsen war, warf er als junger Mann, beeinflusst von den Ideen der Neuzeit, die ihm durch die vom Freigeist geprägten Schulen seiner Zeit vermittelt wurden, bald über Bord und vertrat eine Haltung des religiösen Indifferentismus und Agnostizismus. Nach der Schulzeit absolvierte er die berühmte französische Militärakademie von Saint-Cyr, in der er als 87. von 87 Kadetten gerade noch die Abschlussprüfung bestand. Durch sein liederliches Leben als Kadett und Offizier büßte er auch den Kontakt mit den meisten Familienangehörigen ein.
So deutete noch nichts darauf hin, dass Charles de Foucauld einer der großen spirituellen Wegbereiter des 20. Jahrhunderts sein wird. Im Gegenteil! Er, den man heute als „Playboy" einstufen würde und den seine Freunde damals bezeichnenderweise „Schweinchen" nannten, war dabei, sein ererbtes Vermögen zu verschleudern und die Welt in vollen Zügen zu genießen. Als sein Regiment nach Algerien verlegt wurde, führte er eine Halbweltdame namens Mimi unter dem Titel seiner Ehefrau mit und wurde schließlich wegen Disziplinlosigkeit und ausgesprochen schlechter Führung „in

Unehren entlassen". Doch als er hörte, dass sein ehemaliges Regiment in der Nordsahara in Kämpfe verwickelt war, suchte er um Neuaufnahme in die Armee an und kämpfte mit ganzem Mut und Einsatz gegen unbefriedete Stämme der Sahara. Das gab ihm nicht nur neue Anerkennung im Heer und in seiner Familie, sondern motivierte ihn auch dazu, sich von seinem verweichlichten Leben loszusagen. Das Abenteuer Afrika, besonders das der Wüste, hatte ihn erfasst.

1883 bis 1884 unternimmt er als erster Europäer in der Verkleidung eines armenischen Juden eine Forschungsreise in das Europäern damals verschlossene Marokko. Dieses Land, vor allem seine Wüsten, faszinierte ihn über alle Maßen. So heißt es in einer Tagebuchnotiz vom 13.11. 1883 in seinem später publizierten Forschungsbericht:

„Der Mond, der an einem wolkenlosen Himmel scheint, wirft ein mildes Licht; die Luft ist lau, kein Windchen regt sich. In dieser tiefen Ruhe, inmitten einer solchen märchenhaften Natur, erwarte ich mein erstes Nachtquartier in der Sahara. In der Andacht solcher Nächte versteht man den Glauben der Araber an eine geheimnisvolle Nacht, leila el qedr, in der sich der Himmel öffnet, die Engel zur Erde herabsteigen, die Wasser des Meeres sich glätten und alles Unbelebte der Natur sich erhebt, um den Schöpfer anzubeten."[168] Und rückblickend vermerkt er: „Ich habe die Wohltat der Einsamkeit jedes Mal verspürt, wenn ich mich ihrer erfreuen konnte, und zwar in jedem Alter seit meinem 20. Lebensjahr. Sogar als ich noch kein Christ war, liebte ich die Einsamkeit in der schönen Natur."[169]

Zeitlebens wird er sich nach Marokko und seinen Wüsten zurücksehnen. Für seine Forschungen erhält er 1885 die Goldmedaille der Société de Géographie von Paris. Hier, in der französischen Hauptstadt, setzt er die Arbeit an den Ergebnissen seiner Reise fort und bereitet weitere Reisen vor. Dabei lässt ihn die Frage nach Gott, die nicht zuletzt durch die Begegnung mit der Frömmigkeit des Islam in ihm neu wachgerufen wurde, nicht los. „Mein Gott, wenn es dich gibt, lass mich dich erkennen!", betet er. Über seine Kusine Marie lernt er Abbé Huvelin kennen, einen hoch angesehenen Seelsorger und geistlichen Begleiter, bei dem er neu und nun ganz radikal zum christlichen Glauben findet. „Sobald ich an Gott glaubte, wusste ich, dass ich nichts anderes mehr tun könne, als für Gott zu leben. Meine Ordensberufung beginnt mit meinem neu gewonnenen Glauben". Er tritt bei den

Trappisten von Notre-Dame-des-Neiges ein, fasziniert von deren Armut und Einfachheit und begleitet von einem Satz Abbé Huvelins, der ihn sein Leben lang als Programmwort begleiten wird: „Jesus Christus hat so sehr den letzten Platz eingenommen, dass dieser ihm von keinem Menschen jemals streitig gemacht werden kann." Foucaulds geistliches Leben wird von nun an bestimmt vom Gedanken der Nachfolge jenes Gottes, der sich in ein verborgenes menschliches Leben erniedrigte und in seinem öffentlichen Wirken verfolgt, verleumdet, verachtet und ans Kreuz gebracht wurde.

Der Aufenthalt in Notre-Dame-des-Neiges ist nicht von langer Dauer. Bruder Marie-Alberic, wie Foucauld jetzt heißt, wechselt in das ärmere, von Notre-Dame abhängige Priorat Akbès in Syrien über. Doch auch hier wird sein Durst nach größerer Armut und Entäußerung nicht gestillt. Er möchte Jesus in seinem geringen Leben von Nazaret noch mehr nachahmen. Diese spirituelle Grundidee, „Nazaret" zu leben, wird Foucauld nie wieder verlassen, selbst wenn dieses Ideal im Laufe seines Lebens wesentliche Umformungen erfährt und auch – wie wir sehen werden – sein geistliches Verständnis von Wüste bestimmt.

Nach seinem Theologiestudium in Rom bekommt er im Januar 1897 die Erlaubnis, den Trappistenorden zu verlassen und seiner Berufung zu einem „Leben in Nazaret" zu folgen. Sogleich macht er sich auf die Reise nach Nazaret, um als Hausbursche der dortigen Klarissen – in erbärmlicher Kleidung von allen verkannt und in einer Bretterbude hausend – niedrigste Dienste zu verrichten und den Rest der Zeit im kontemplativen Gebet zu verharren. Nazaret verwirklicht sich in dieser 1. Phase also in einem rein kontemplativen Nachleben des verborgenen Lebens Jesu, ähnlich dem abgeschiedenen Leben der ersten Wüstenväter. Doch die Äbtissin der Klarissen in Jerusalem (und andere) überzeugen ihn davon, Priester zu werden. Er sieht ein: Nazaret kann man „überall leben". Man soll es dort leben, „wo es für den Nächsten am nützlichsten ist".[170] So kehrt er 1900 nach Frankreich zurück, um die Priesterweihe zu empfangen. Während der Vorbereitungsmonate reift in ihm der Plan, „Nazaret" in der Wüste der Sahara zu leben.

„Ich plane, in der Sahara das verborgene Leben Jesu in Nazaret weiterzuführen, nicht um zu predigen, sondern um in der Einsamkeit die Armut und niedrige Arbeit Jesu zu praktizieren. Dabei möchte ich mich bemühen, den Seelen Gutes zu tun, nicht durch Worte, sondern durch Gebet und Messopfer, Buße und tätige Nächstenliebe."[171]

Er errichtet in Beni-Abbès, einer kleinen Oasen- und Garnisonstadt am Rande der Sahara, eine recht weitläufige Eremitage, weitläufig, da er eine Gemeinschaft von Brüdern ins Leben rufen möchte, um mit ihnen zusammen „Nazaret", sprich: ein kontemplatives Wüsten-Leben zu verwirklichen. Zugleich bietet er den dortigen französischen Militärs die Feier der Sakramente an und will den noch nicht Glaubenden Jesus und das Evangelium bezeugen.

Hier in Beni-Abbès erhält das ursprüngliche Nazaret-Ideal sozusagen „wie von selbst" eine neue Akzentuierung, ja eine neue Gestalt: Zwar ist sein Leben noch mit langen Gebetszeiten angefüllt, in denen er, vor dem Allerheiligsten kniend, sich in die Lebenshingabe Jesu für die vielen hineinversenkt. Aber gerade dieses „Für die vielen" drängt ihn selbst zum radikalen Dasein für die anderen. „Ich sehe mich mit Staunen vom kontemplativen zum Seelsorgsleben übergehen. Und zwar gegen meine Absicht, nur weil die Leute es brauchen."[172] So heißt ab jetzt „Nazaret" = „Wüste" leben für ihn: zugleich abgeschlossen und offen sein, zugleich sich schweigsam und gastfreundlich verhalten, zugleich mit Jesus vertraut in der Kontemplation leben und zur Sendung in die Welt aufbrechen. Er wird in Beni-Abbès zum „frère universel", zum Bruder aller Menschen, die sich bei ihm einfinden: Bewohner der Oase und Karawanenreisende, die ihn als Marabut verehren, Soldaten und Offiziere der Garnison. „Ich möchte, dass alle Einwohner, Christen, Moslems, Juden und Heiden, mich als ihren Bruder, den Bruder aller Menschen betrachten."[173] Vorbild für seine Einsiedelei werden ihm die so genannten „Zaouias", islamische Zentren der Gastfreundschaft, die den Reisenden, zumal in den Wüsten-Oasen Unterkunft und Schutz gewähren, und zwar Pilgern ebenso wie Bettlern, wer immer auch vorbeikommt.

„Ich bin derart mit äußeren Geschäften überhäuft, dass ich keinen Augenblick Zeit mehr zum Lesen habe, auch nicht viel zum Meditieren. Die armen Soldaten kommen ständig zu mir. Die Sklaven füllen das kleine Häuschen, das man für sie hat errichten können, die Reisenden kommen geradewegs zur ‚Bruderschaft', die Armen sind reichlich vorhanden. … Alle Tage Gäste zum Abendessen, Schlafen, Frühstücken; es war noch nie leer, bis zu elf Leute in einer Nacht, ungerechnet einen alten Siechen, der immer da ist; ich habe zwischen 60 und 100 Besucher am Tag. … Begegnung mit 20 Sklaven, Aufnahme von 30 oder 40 Reisenden, Verteilung von Arzneien an 10 oder 15 Personen, Almosen an mehr als 75 Bettler. … Ich sehe manchmal bis zu 60 Kinder an einem einzigen Tag; die 'Bruderschaft'… ist von 5 h bis 9 h morgens und von 4 h bis 8 h abends ein Bienenstock … Um eine richtige Vorstellung von meinem Leben zu haben, muss man wissen, dass Arme, Kranke, Passanten wenigstens 10 Mal in der Stunde an meine Tür klopfen, eher öfter als weniger …"[174]

So bezeugt er in praktischem Engagement die Liebe Christi und gibt sie weiter. Zugleich kämpft er für die Rechte der Armen und Kleinen und setzt sich bei der französischen Kolonialmacht, bei seinen ehemaligen Offizierskameraden, für sie ein. Leidenschaftlich wendet er sich gegen die Ungerechtigkeiten des Kolonialsystems, besonders gegen die von der französischen Kolonialmacht geduldete Sklaverei und verfasst verschiedene Eingaben an das Parlament in Paris.

„Man muss sagen oder durch einen Zuständigen sagen lassen: Es ist euch nicht erlaubt, wehe euch, ihr Heuchler! Ihr setzt auf eure Briefmarken und überall hin die Worte ‚Freiheit, Gleichheit, Brüderlichkeit, Menschenrechte' und schmiedet die Ketten der Sklaven; ihr verurteilt Banknotenfälscher zur Galeere und erlaubt, dass Kinder ihren Eltern geraubt und öffentlich verkauft werden; ihr bestraft den Diebstahl eines Huhnes und gestattet den eines Menschen …"[175]

Er will kein „stummer Hund" sein (Jes 56,10), ein Schriftwort, das er häufig zitiert. – Verschiedene Reisen, auf denen er Tausende von Kilometern, zu Fuß hinter seinem Kamel hergehend, durch die Sahara streift, führen ihn weiter gen Süden. Überall, unterwegs auf den Pisten und in den Oasen, sucht er Kontakt mit den Menschen, um ihnen „Gutes zu tun", wie er unendlich oft in seine Tagebücher und Briefe schreibt. Bei diesen Reisen trifft er auch auf die Tuareg, die überhaupt noch nicht vom Evangelium erreicht wurden und deshalb für ihn die Ärmsten der Armen sind. Angesichts ihrer überkommt ihn die Einsicht:

„Ich kann nichts Besseres für das Heil der Seelen tun …, als so vielen wie möglich den Samen des göttlichen Wortes zu bringen – nicht durch Predigen als durch mein Verhalten – und die Evangelisierung der Tuareg vorzubereiten, indem ich mich bei ihnen niederlasse, ihre Sprache lerne, das Evangelium übersetze, so weit es geht, freundschaftliche Beziehungen knüpfe."[176]

Auf Einladung seines früheren Offizierskameraden Laperinne gründet er im August 1905 in Tamanrasset, damals eine winzige Oasenniederlassung im Herzen der Sahara, eine Einsiedelei. Und im Jahre 1910 errichtet er, 80 km davon entfernt im Hoggar-Gebirge, wohin sich die Männer im Sommer mit ihren Herden zurückziehen, auf der Hochebene des Assekrem (ca. 2600 Meter), einem belebten Kreuzungspunkt verschiedener Karawanenwege, eine weitere bescheidene Eremitage. Nicht wenige Reisen führen ihn zu umliegenden Oasen und Wasserstellen.

Bei den Tuareg nimmt das Nazaret-Ideal nochmals eine neue Gestalt an: Zwar bleibt der kontemplative Grundzug erhalten – viele Stunden verbringt er weiterhin vor dem Allerheiligsten, um tiefer in die Haltung Jesu einzudringen, sich für die Menschen seiner Umgebung zu „heiligen", sich für sie hinzugeben, ja, sie stellvertretend vor Gott hinzutragen.[177] Denn für Bruder Karl „heiligt" gerade die eucharistische Präsenz Jesu in verborgener Weise die noch ungläubigen Tuareg, so wie Maria das Haus Johannes' des Täufers geheiligt hat, indem sie in verborgener Weise Jesus dorthin trug.[178] So wird das bisherige kontemplative Ideal „Nazaret" nicht dementiert. Im Gegenteil: Sein ganzes Leben lang sehnt Bruder Karl sich danach, jenseits aller Unruhen und äußeren Herausforderungen allein mit Gott zu sein. „Ich bin Mönch, nicht Missionar, für das Schweigen, nicht für das Wort gemacht", schreibt er.[179] Aber ein wenig später modifiziert er, ohne diese Aussage zurückzunehmen: „Ich bleibe Mönch – Mönch im Missionsland – missionarischer Mönch, aber nicht Missionar."[180]

„Missionarischer Mönch"! In diesen beiden Worten ist die für ihn letztlich unversöhnbare Grundspannung seines Lebens angegeben.[181] Seine eigene Sehnsucht richtet sich auf das Mönchsein, doch tragen ihn auf das Missionarsein hin die „Verhältnisse", in denen er den Anruf Gottes an sich erkennt. Indem er den Menschen seiner Umgebung ganz nahe zu kommen und ihr Vertrauen und ihre Freundschaft zu gewinnen sucht, wird er zur „Ansprechperson für die Tuareg ebenso wie für Angehörige des Militärs, Wissenschaftler und Techniker des expandierenden Kolonialreiches".[182] Von den über 6000 Briefen, die erhalten sind, richten sich ca. 500 Briefe an französische Militärs, in denen er sich in kolonialpolitische Angelegenheiten „einmischt". Er legt Pläne für eine Verwaltungsreform der Sahara-Gebiete vor und protestiert gegen Vergewaltigungen, willkürliche Konfiszierungen, verschleppte oder ungerechte Rechtsprechung. Den Tuareg gegenüber wird er mehr und mehr das, was heute Entwicklungshelfer genannt

werden könnte. Er ist der Berater des Amenokal, des wichtigsten Stammes-
chefs der Tuareg in politischen und ökonomischen Angelegenheiten. Er
sucht durch Argument und Appell die defiziente Moral des Tuareg-Volkes
(und der französischen Soldaten) zu heben. Er interessiert sich für alle neu-
en Techniken, die der Entwicklung der Sahara dienen (Eisenbahn, Auto-
trassen, Telegraphie, meteorologische Station) und setzt sich für sie ein; er
gibt Ratschläge für die Landwirtschaft, für die medizinische Betreuung; er
lehrt die Tuareg-Frauen stricken und häkeln. Vor allem aber lernt er die
Sprache und sammelt die literarische Tradition der Tuareg (allein über 5000
Gedichtverse!) und arbeitet bis zur Erschöpfung an einem erst nach seinem
Tod veröffentlichten, bis heute unübertroffenen vierbändigen, über 2000
Seiten umfassenden Wörterbuch Französisch–Tuareg (Tamaschek).
Gegen Ende seines Lebens treten all diese Aufgaben derart in den Vordergrund, dass von den in der Selbstbezeichnung „missionarischer Mönch" genannten Polen eher das „Missionarische" zu unterstreichen ist, ja, dass im
„Missionarischen" sogar das „Diakonische" den Primat erhält. „Mein Apostolat muss ein Apostolat der Güte sein", schreibt er verschiedentlich. Das
aber heißt nicht einfach nur individuelles Gutsein zu Einzelnen, sondern es
heißt auch „Konkretwerden" in seiner ganzen Bedeutungstiefe, es heißt politische, soziale und kulturelle Verantwortung übernehmen. Zwar weiß er
genau:

> „Wir dürfen uns nicht mit dem weltlichen Regiment vermischen – nie-
> mand ist davon mehr überzeugt als ich –, aber man muss ‚die Gerechtigkeit
> lieben und das Unrecht hassen'. Und wenn das weltliche Regiment ein
> schweres Unrecht gegen die begeht, für welche wir in gewissem Maß die
> Verantwortung tragen (ich bin der einzige Priester der Präfektur im Um-
> kreis von 300 km), so muss man dies aussprechen, denn wir repräsentieren
> auf Erden die Gerechtigkeit und die Wahrheit; so haben wir nicht das Recht
> ‚schlafende Wächter', ‚stumme Hunde' oder ‚gleichgültige Hirten' zu
> sein."[183]

Zudem sind all seine apostolisch-diakonischen Aktivitäten letztlich auf das
eine große Ziel ausgerichtet, den Menschen das Evangelium zu bringen.
Aber dies hat – so erkennt er deutlich – eine Reihe von wesentlichen Voraussetzungen. Der Evangelisierung muss eine „Präevangelisierung" voraus-
gehen. Diese Idee findet sich zwar nicht dem Begriff, wohl aber der Sache

„*Ich lebe in der schönsten Einsamkeit der Welt.*"

(Charles de Foucauld über seine Eremitage auf dem Assekrem.)

Das Foto zeigt den Blick von der Einsiedelei auf die umliegenden Berge.

nach in aller Klarheit erstmals bei Bruder Karl. So schreibt er an seinen Freund Henri de Castries, dass nach seiner Einschätzung die Stunde der Missionierung noch nicht gekommen sei, wohl aber die Stunde der „Arbeit, die Evangelisierung vorzubereiten (travaille préparatoire à l'évangélisation): nämlich Vertrauen zu wecken, Freundschaft zu schließen, Zutraulichkeit zu erreichen, einander Bruder zu sein."[184]

Elemente der Präevangelisierung sind für ihn:

- auf Seiten der zu Missionierenden: ein ausreichender Lebensunterhalt und ein Minimum an „Lebensordnung", wie sie etwa einer „natürlichen Ethik" entsprechen;
- auf Seiten der Missionierenden: wirkliche „Präsenz" unter den Menschen, denen man das Evangelium bringen will: Präsenz durch gute Sprachkenntnisse, solidarisches Mitleben, Freundschaft, Hilfsbereitschaft, Inkulturation des bisherigen Lebens und Denkens in den zu missionierenden neuen Raum hinein; Bereitschaft, das Evangelium eher durch das eigene Leben als durch Worte zu verkünden.

Dabei geht ihm noch ein Weiteres auf: Bei der vergeblichen Suche nach Brüdern, die mit ihm gemeinsam diese Aufgabe der „Präevangelisierung" und „Evangelisierung" übernehmen könnten, bricht in ihm der Gedanke auf, Laien, vorbildliche Christen, dafür zu gewinnen, sich als Landwirte, Siedler, Kaufleute, Handwerker, Grundbesitzer oder Ähnliches niederzulassen.

> „Sie sollen durch ihr Beispiel, ihre Güte, ihre Kontaktfreudigkeit den Ungläubigen den christlichen Glauben anziehend machen"[185] und „durch ihr Beispiel eine lebendige Predigt sein: Der Unterschied zwischen ihrem Leben und dem der Nichtchristen muss Aufsehen erregen, wie es der Wahrheit entspricht. Sie sollen ein lebendiges Evangelium sein: Die Menschen, die Jesus fern sind, vor allen Dingen die Ungläubigen, sollen ohne Bücher und ohne Worte durch den Anblick ihres Lebens das Evangelium kennen lernen."[186]

Auf der gleichen Linie liegt auch folgender vorwärts weisender Text:

> „Die Welt der Kirche und die Welt der Laien wissen so wenig voneinander, dass neben den Priestern Laien gebraucht werden, die sehen, was der Priester nicht sieht, die dorthin vordringen, wohin er nicht vordringen kann, die

zu denen gehen, welche ihn fliehen, die durch einen wohltätigen Kontakt evangelisieren, durch eine auf alle überströmende, eine immer hingabebereite Liebe.“[187]

Während des Ersten Weltkriegs suchen aufgehetzte räuberische Stämme von Libyen her in die durch Frankreich kolonialisierten Stämme der Sahara Unruhe zu bringen. Zum Schutz der Bevölkerung errichtet Bruder Karl in Tamanrasset ein Fort für sich selbst und die Bewohner des Ortes. Am 1. Dezember 1916 wird der Bordj von 40 Plünderern umstellt und er selbst durch eine List nach draußen gelockt und gefesselt. Als unvermutet und zufällig zwei französische Soldaten eintreffen, entsteht Panik unter den Plünderern, und die blutjunge Wache, die bei ihm steht, erschießt ihn, offenbar ohne Absicht und Plan. In seiner Rocktasche findet man einen Brief, den er noch an seinem Todestag an Mme de Bondy geschrieben hat. Die wichtigsten Sätze daraus sind gleichzeitig eine Art Schlussstrich unter sein Leben und die Zusammenfassung seines geistlichen Vermächtnisses:

„Unsere tiefste Demütigung ist das wirksamste Mittel, über das wir verfügen, uns mit Jesus zu vereinigen und den Seelen Gutes zu erweisen; der heilige Johannes vom Kreuz wiederholt dies fast in jeder Zeile. Kann man leiden und lieben, so kann man viel, so kann man das Höchste, was man auf dieser Welt vermag: man fühlt, dass man leidet, man fühlt nicht immer, dass man liebt, und das ist ein großer Schmerz mehr! Man weiß jedoch, dass man lieben möchte, und lieben wollen ist lieben. Man findet, dass man nicht genügend liebt, wie wahr ist das; man wird nie genug lieben, aber der liebe Gott, der weiß, aus welchem Staub er uns gebildet hat, und der uns viel mehr liebt als eine Mutter ihr Kind lieben kann, und der nicht lügt, hat uns gesagt, Er werde den, der zu ihm kommt, nicht zurückweisen …“[188]

Bruder Karl stirbt allein. Er wird bei El Golea bestattet. Auf seinem Grab stehen die Worte: „Ich will das Evangelium durch mein ganzes Leben hinausschreien!“

Beispiele der Tuareg-Poesie

Nur wenig von der durch Bruder Karl gesammelten und überlieferten Poesie der Tuareg ist bisher ins Deutsche übertragen. Die Verse zeigen, dass und wie die nomadisierenden Tuareg eine hohe Kultur besaßen, die sich in einer plastischen Sprache und einer markanten Schrift ausdrückte. Die großen Themen der Poesie sind – wie fast überall auf der Welt – Liebe und Krieg. Um sich eine Vorstellung vom Inhalt jener Tätigkeit zu machen, die Foucauld über Jahre beschäftigte, seien im Folgenden drei kurze Beispiele angeführt[189], von denen das zweite die Dürre zum Gegenstand hat, die Bruder Karl selbst miterlebte und -erlitt, und das dritte etwas von spezifischer Wüstenerfahrung artikuliert.

Bei Vollmond

Dieser Schimmer des Mondes,
mein rotbraunes Mehari [Reitkamel],
passt gut zu deinem langsamen Passgang.
Meine Augen möchten die Liebste stehlen.
Die Liebe ist ein Quälgeist,
der nicht sterben und nicht leben lässt.

Zeit der Dürre

Mein Gott!
Könnte ich doch leben,
bis ich den Regen
wieder rinnen sehe,
bis die Herden durch die Täler ziehen,
dort zu weiden und zu ruhen.
Könnte ich die Männer hören,
die zum Klang der Imzad [ein einsaitiges Musikinstrument]
hoo-hoo rufen!

Jetzt aber
ist die Zeit

der Trauer und Mutlosigkeit.
Die weißen Gewänder
und roten Gürtel
liegen gefaltet.
Sie ruhen.
Ihr Herr ist tot.
Der Hunger hat ihn getötet,
nicht das Schwert.
Zusammengesunken
hockt er in seinem Zelt.

Die Wüste, meine Freundin

Seit langem schon
ist die Wüste meine Freundin.
Ich treibe Schabernack mit ihr,
sie ist meine Kusine.

Am Fuß des Berges Aieloum
hat sie mir ins Ohr geflüstert:
Ich werde meinen Freund
nie und nimmer verschlingen.

„Alte" und „neue" Dimensionen der „Wüste" bei Bruder Karl

Wie die Spiritualität Charles de Foucaulds insgesamt viele und dabei die besten Inhalte und Formen der Frömmigkeitsgeschichte vor ihm aufgreift und integriert, so trifft dies insbesondere auch für das Thema „Wüste" zu. Es finden sich bei ihm Vorstellungen, die ganz und gar auf der Linie der frühen Wüstenväter liegen. Dies gilt zumal für die 1. Etappe seines geistlichen Lebens, wo „Nazaret" im Grunde mit dem „Wüsten-Ideal" des Mönchtums identisch ist.[190] Auf dieser Linie finden sich in dieser Zeit viele Gedanken und Schriftauslegungen zum Thema Wüste. So „hört" er 1897 in Nazaret Gott gewissermaßen zu sich sprechen:

„Du musst alles hinter dich werfen, was nicht ich bin ... Dir hier eine Wüste schaffen, wo du allein bist mit mir, wie Maria Magdalena allein war, in der Wüste, mit mir ... Gehe ganz in mir auf, verliere dich in mir."[191]

Auf der gleichen Linie liegt auch der folgende, aus dem Jahr 1898 stammende und an einen Trappisten gerichtete Text, einer seiner schönsten über die geistliche Dimension der Wüste:

„Man muss die Wüste durchqueren und in ihr verweilen, um die Gnade Gottes zu empfangen ... Dort treibt man alles aus sich heraus, was nicht Gott ist ... Die Seele braucht diese Stille, diese Sammlung, dieses Vergessen alles Geschaffenen. So kann Gott in ihr Sein Reich aufrichten und den Geist der Innerlichkeit in ihr gestalten, das vertraute Leben mit Gott ... das Gespräch der Seele mit Gott im Glauben, in der Hoffnung und in der Liebe ... Genau in dem Maß, in dem der innere Mensch in ihr Gestalt gewonnen hat, wird die Seele später Frucht tragen ... Wenn dieses innerliche Leben gleich null ist, dann helfen kein Eifer, keine guten Absichten, kein noch so großes Maß an Arbeit, dann sind die Früchte gleich null; dann ist die Seele eine Quelle, die den anderen Heiligkeit bringen möchte und es nicht kann, weil sie selbst keine besitzt. Man kann nur geben, was man selber hat. In der Einsamkeit, in diesem Leben allein mit Gott, in dieser tiefen Sammlung der Seele, die alles Geschaffene vergisst, schenkt Gott sich jedem ganz und gar, der sich Ihm auf diese Weise auch ganz und gar schenkt."[192]

Auch wenn Bruder Karl – ganz auf der Linie des Neuen Testaments – weiß, dass in der Wüste wie damals auf Jesus auch auf uns heute besondere Versuchungen warten, ist sie für ihn Ort der Sammlung, der Stille und des vertrauten Umgangs mit Gott. So schreibt er 1902, da er in Beni-Abbès in der „realen" Wüste ist, über den frühmorgendlichen Beginn seines Tages: „Allein mit dem Geliebten sein, in tiefem Schweigen, in dieser Sahara, unter dem weiten Himmel – diese Stunde des vertrauten Umgangs bedeutet höchste Seligkeit."[193]

Verschiedene Texte bringen auch sehr pointiert jene Gotteserfahrung zum Ausdruck, die schon in der Bibel für den „Gott der Wüste" spezifisch ist und worin Bruder Karl sich auch mit der muslimischen Gotteserfahrung trifft.

> „Offensichtlich ist im Vergleich zu Gott alles Geschaffene ein Nichts. Aber wenn man alle Gedanken, alle Liebe, das ganze Herz und den ganzen Verstand dem geben kann, der Alles ist, wie könnte dann auch nur ein kleinstes Partikel irregehen und sich im Nichts verlieren."[194]

Diese Erfahrung unter dem Zeichen des „Alles oder Nichts" ist – wie B. Bürkert-Engel zu Recht mit Verweis auf eine Reihe von Quellen hervorhebt – eine Gotteserkenntnis, „die sich dem Gläubigen (und dem Ungläubigen) durch den Blick über die Unendlichkeit der Sahara und ihrer Bewohner einbrennt"[195]. Auch das Überwältigtsein von der Faszination der Landschaft findet bei Bruder Karl beredten Ausdruck. So schreibt er von seiner Einsiedelei auf dem Assekrem:

> „Die Aussicht ist herrlich … Die nähere Umgebung besteht aus einem Wirrwarr von seltsamen Spitzen, Felszacken, phantastisch geformten Blöcken und Haufen. Es ist eine großartige Einöde, die ich ungemein liebe."[196]
> „Die Aussicht übertrifft in ihrer Schönheit alle Worte und Vorstellungen. Nichts vermag den Zauber dieses ‚Waldes' von Felsspitzen und -nadeln, den man zu seinen Füßen hat, zu beschreiben. Welch ein Wunder! Es fällt mir schwer, meinen Blick von diesem herrlichen Schauspiel zu lösen, dessen Schönheit und unendliche Eindringlichkeit die Nähe des Schöpfers verkündet. Gleichzeitig lassen Einsamkeit und Wildnis des Ortes spüren, wie allein man mit Ihm ist und wie sehr man nur einen kleinen Tropfen im Ozean bildet … Jedes Mal, wenn ich Fenster oder Tür öffne, bewundere ich die Felsspitzen, die ringsum unter mir liegen: eine wunderbare Aussicht und eine beglückende Einsamkeit! Wie gut ist es, in dieser großen Stille und in dieser schönen, so wilden und befremdlichen Natur sein Herz zum Schöpfer zu erheben und zu Jesus, dem Retter."[197]

Und schon vorher schrieb er an seine Kusine von der Wüstenerfahrung in Beni-Abbès:

> „Wunderbar sind hier die Sonnenuntergänge, die Abende und die Nächte. Die Abende sind so ruhig, die Nächte so heiter, der weite Himmel und der

unermessliche, von den Sternen halb erleuchtete Horizont so friedlich. Still besingen in eindringlicher Weise das Ewige, das Unendliche, so dass man gern die ganzen Nächte mit dem Schauen verbringen möchte. Dennoch breche ich das Schauen ab und kehre nach kurzer Zeit zum Tabernakel zurück …"[198]

Doch ist über weite Strecken des Lebens von Bruder Karl die Wüste nicht vorrangig Ort des Gebets und des Schweigens und der faszinierenden Erfahrung der Nähe des Schöpfers, sondern – und das ist nun das Neue bei Bruder Karl! – der Ort, „Gutes zu tun", wie es in geradezu naiver Stereotypie unendlich oft in seinen Reisenotizen, Aufzeichnungen und Briefen heißt. Gemeint ist mit „Gutes tun", dass er den Menschen seiner Umgebung, aber auch denen, die er auf seinen verschiedenen Reisen in den Oasen, Camps und an Wasserstellen trifft, auf unspektakuläre, aber herzliche Weise beisteht. Auf Grund der Kolonialisierung beginnt das alte Wirtschafts- und Sozialsystem zu zerbrechen; Heuschrecken verwüsten die Felder, über Jahre hinweg bleibt der Regen aus; Hunger ist die Folge. So gibt es viel Armut und Elend. Zudem haben die Errungenschaften Europas (z. B. die Fortschritte der Medizin) Afrika noch nicht erreicht. Menschen müssen an Krankheiten sterben, für die es in Europa längst Heilmittel gibt. Angesichts dieser vielfachen Not gibt Bruder Karl den Leidenden, Hungernden und Bedürftigen Lebensmittel, Medikamente, kleine Geldbeträge. Er verbindet mit guten, tröstlichen Worten auch kleine Geschenke, wie z. B. Nadeln, Scheren u.dgl. Das „Gute", was er tut, ist nichts Großartiges; er versteht es selbst nur als „Zeichen", nämlich als Zeichen seiner Liebe und Zuwendung und als allererste Vorbereitung der Evangelisierung. Dieses „Gutes tun" ist ihm so wichtig, dass er darüber seine Sehnsucht nach einem mönchischen Leben zurückstellt und stattdessen mit französischen Militärs oder Tuareg-Karawanen gewaltige Exkursionen durch die Wüste unternimmt. Er schreibt dazu:

„Meine bescheidene Arbeit geht weiter … Arbeit der Vorbereitung … Ich komme nicht einmal zum Säen; ich bereite den Boden vor, andere werden ernten … Im Augenblick bin ich Nomade, gehe von Lager zu Lager, versuche, mir die Tuareg zutraulich zu machen, ihr Vertrauen und ihre Freundschaft zu gewinnen … Dieses Nomadenleben hat den Vorteil, dass es mich in Kontakt mit vielen Leuten bringt … Ich lebe von der Hand in den

Mund, versuche nur, jeden Augenblick das zu tun, was mir Gottes Wille zuweist … Sobald ich glaube, er wolle, dass ich mich niederlasse anstatt herumzuziehen, werde ich es tun …"[199]

Auch seine Einsiedeleien, die eigenen und diejenigen, die er für künftige Brüder (welche er zu Lebzeiten nie findet) plant, sollen Ausstrahlungsorte sein, von wo aus man den Menschen in ihrer „Wüstenexistenz" hilfreich zur Seite steht. So heißt es in einem der vielen „Regelentwürfe" (von denen einer strenger ist als der andere, so dass sie in concreto kaum lebbar sind):

> „Die Kleinen Brüder vom Heiligsten Herzen schenken Gastfreundschaft, materielle Unterstützung und im Krankheitsfall Heilmittel und Pflege einem jeden, der sie darum bittet, Christen wie Ungläubigen, Bekannten wie Unbekannten, Freunden oder Feinden, Guten oder Bösen … So sollen alle im weiten Umkreis genau wissen, dass die Bruderschaft das Haus Gottes ist, wo allzeit jeder Arme, jeder Fremde, jeder Kranke mit Freude und Dankbarkeit eingeladen, gerufen, erwünscht und aufgenommen ist. Und zwar durch Brüder, die ihn lieben, ihm herzliche Zuwendung erweisen und die Aufnahme unter ihr Dach wie den Gewinn eines kostbaren Schatzes betrachten: Sie sind in der Tat der Schatz aller Schätze, Jesus selbst. ‚Alles, was ihr einem dieser Kleinen tut, das tut ihr mir' (Mt 25,40)."[200]

Mit all dem ist ein „neuer Schritt" im Verständnis der „Wüste" getan. Wie in der letzten Phase des Lebens von Bruder Karl „Nazaret" nicht mehr, wie am Anfang seines geistlichen Weges, vorrangig für das kontemplative Nachleben des verborgenen Lebens Jesu steht, sondern für das „Gegenwärtigsein" (présence) unter den Menschen, um ihnen tatkräftig zur Seite zu stehen, so erhält nun auch die „Wüste" neue Akzente: Die „Dämonen der Wüste" sind für Bruder Karl weder „leibhaftige Geister" noch die dunklen Schatten der eigenen Existenz, sondern Armut und Krankheit, die Misere der Menschen, der Verlust ihrer Rechte und Würde im Kolonialsystem, ihre (mit heutigen Worten gesagt) „Unterentwicklung" in materieller, geistiger, aber auch religiöser Hinsicht, nämlich in ihrer Unkenntnis des Evangeliums. Wüste ist damit nicht mehr (nur) Ort der Gottesbegegnung, insofern sie für das still-traute Alleinsein mit Gott steht, sondern sie ist es vor allem in dem Sinn, dass man hier Christus im Not leidenden Bruder, in der angefochtenen Schwester begegnet und ihnen, so gut es geht, geistlich – in stellvertretendem Gebet), aber eben auch materiell – durch tatkräftigen Einsatz – zu Hilfe kommt. Nicht von ungefähr ist Mt 25 einer der am häufigsten angeführten Texte von Bruder Karl. Zu Recht bemerkt Jean-François Six zu diesem neuen Verständnis von Wüste: „Foucauld lädt dazu ein, sich wie der Sohn Gottes mit letzter Konsequenz auf die Grenzen der menschlichen Existenz einzulassen, die Wüste und damit Mühe und Hoffnung, Sterben und Auferstehen eines jeden … zu teilen."[201]

Gastfreundschaft

Was für Bruder Karl gegen Ende seines Lebens in der Mitte seiner geistlichen Wüstenerfahrung stand: die Herausforderung, anderen um Christi willen Gutes zu tun, hat seine Entsprechung zu der überall in der Wüste geübten Urtugend der Gastfreundschaft. Mag diese sich auch ursprünglich dem „Kalkül" verdanken, gerade in der Wüste der gegenseitigen Hilfe zu bedürfen, so dass im Hintergrund die Formel steht: Wie du (hoffentlich in Zukunft einmal) mir, so ich (heute) dir! – faktisch geht bis heute die Praxis der Gastfreundschaft, jedenfalls dort, wo noch kein Tourismus und damit ein „touristisches Interesse" am Fremden herrscht, weit über das hinaus, was je abgegolten werden kann. Tatsächlich ist bei gläubigen Nomaden die Gastfreundschaft auch religiös begründet: Der Fremde ist ein „Gast Gottes", welcher der eigentliche Gastgeber und Spender alles Guten ist. Indem Gäste als „seine" Gäste freundlich empfangen werden, erhofft man sich seinerseits göttlichen Segen und Schutz. Jedenfalls haben wir auf unseren Fahrten unendlich oft die Überschwänglichkeit von Gastfreundschaft in der Wüste erfahren. Dafür nur einige Beispiele.

Am eindrücklichsten waren unsere diesbezüglichen Erlebnisse im (Nord-)-Sudan. Dass wir gleich an der Grenze von Polizei und Zöllnern mit Tee und Teegebäck bewirtet wurden, mag noch unter Kategorie „schöner Brauch" fallen. Aber was dann geschah, war einfach umwerfend. Im Sudan gibt es mit ganz wenigen Ausnahmen keine Straßen, erst recht keine Straßenschilder. Durch eine unübersichtliche Savannenlandschaft ziehen sich nur einige schwierige Pisten, die sich oft in einem Gewirr von unübersichtlichen Abzweigungen und undefinierbaren Spuren verlieren. Weil darüber hinaus die neuesten(!) Detailkarten aus den dreißiger Jahren des vorigen Jahrhunderts stammen, dazu noch äußerst ungenau und oft irreführend sind, waren Irrwege unsererseits und häufiges Steckenbleiben in unpassierbarem Gelände vorprogrammiert. Bei diesen Gelegenheiten stießen wir oft auf winzige Ansiedlungen mit Hütten aus Stroh und Steppengras und darin auf Menschen in ärmlichsten Verhältnissen. Sie trugen ein paar Lumpen am Leib. Einige Hühner und Ziegen schienen ihr einziger Besitz zu sein. Dazu sah man noch wenige, wohl wegen des Wassermangels äußerst dürftige Felder und Gärten. Wenn wir nun auf solche Ansiedlungen zuhielten, um nach dem Weg zu fragen (mit Zeichen, denn eine Verständigung in einer der Weltsprachen war nicht möglich), erlebten wir Unglaubliches. Alle Anwohner kamen auf uns zu, lachten uns freundlich an und suchten unsere Hände für einen herzlichen Handschlag zu ergreifen. Und dann reichte man uns Kürbisse, Melonen und armselig kleine Hühnereier in die Wagen hinein. Einfach so! Nach dem Weg gefragt, stiegen sofort 1–2 Mann ein und machten Zeichen, uns bis zur richtigen Piste zu begleiten. Das konnten immerhin 5–10 km sein! Wir boten ihnen dann an, dass einer der Wagen sie zurückfahren wolle. Doch wurde dies so entschieden abgelehnt, dass wir mit unserem Angebot nie zum Zuge kamen, selbst bei der Gelegenheit einer Nachtfahrt nicht, die wir unternehmen mussten, um noch rechtzeitig in Wadi Halfa das Nil-Schiff zu erreichen: Auch als uns noch kurz nach Mitternacht ein Sudanese mehr als 5 km zum rechten Weg begleitete, weigerte er sich, von uns zurückkutschiert zu werden.

Diese intensive Gastfreundschaft wiederholte sich sogar in der Hauptstadt des Sudan. In Khartum hatten wir uns bei der Polizei zu melden, benötigten Bezugsscheine für Treibstoff, mussten die regierungseigene Tankstelle aufsuchen, eine Übernachtungsmöglichkeit finden und dergleichen mehr. Und das alles in einer von Verkehr quirligen, uns völlig unbekannten Großstadt. So beschlossen wir, uns ein Taxi anzuheuern, das uns zu den verschiedenen Orten hin vorfahren sollte. Dies gelang auch. Ein freundlicher, Englisch sprechender junger Mann war uns in allem äußerst behilflich. Zwischendurch baten wir ihn, eine Pause einzulegen, um in der unerträglichen nachmittäglichen Hitze einen „cold drink" zu uns zu nehmen. Natürlich luden wir auch ihn dazu ein. Als er es dann war, der für uns alle bezahlte, nahmen wir dies noch als Äußerung von Gastfreundschaft hin. Als er aber am Abend dieses Tages, da wir ihn nach ca. 6 Stunden Taxifahren bezahlen wollten, die Annahme des Geldes verweigerte mit Hinweis darauf, dass wir doch seine Gäste seien, hakte es wirklich bei uns aus. Natürlich steckten wir ihm trotz heftiger Gegenwehr einige Banknoten in die Tasche.

Ich erinnere mich noch gut an zahlreiche Abendgespräche unter uns, wo wir versuchten, solchen und ähnlichen Erfahrungen von Gastfreundschaft nachzuspüren. „Was bedeutet es eigentlich, solchen Menschen das Evangelium zu bringen, die doch die Bergpredigt schon lebten (‚Wenn dich jemand anhält, eine Meile mit ihm zu gehen, geh zwei Meilen mit. Gib dem, der dich um etwas bittet‘: Mt 5,41)?", so fragten wir uns.

Gastfreundschaft erfuhren wir in immer neuen Variationen. So könnte ich erzählen von jenem Polizeioffizier in Tamanrasset, der uns eine (dort äußerst kostbare) Autobatterie schenkte, nachdem unsere eingegangen war und der uns – „damit ihr euch in Algerien auch richtig wohl fühlt!" – dazu noch einen (Polizei-)Gutschein für 50 Liter Diesel gab. Ich könnte erzählen von jenen algerischen Soldaten, die im Hoggar-Gebirge bei Nacht Gazellen jagten und uns anschließend von drei erlegten partout eine schenken wollten (Nur: Wer von uns hätte ihr Fell abziehen und sie ausnehmen können?). Und so gäbe es endlos zu berichten von nicht abreißenden Zeichen der Gastfreundschaft.

So zeigt sich bis heute die Wüste schon im „naturalen Vorfeld" als „Ort, Gutes zu tun". Eben dies wird von Bruder Karl aufgegriffen und zum Evangelium in Beziehung gesetzt: Im Tun des Guten begegnen wir Christus, und im Gutestun in der Wüste kommt das Evangelium auf diejenigen Brüder und Schwestern zu, die in der „Wüste der Welt" noch nicht zum Glauben gefunden haben.

Die „foucauldsche Wüste" und ihre Folgen in heutiger Spiritualität

Bruder Karl leitet ein geistliches Verständnis von Wüste ein, das nicht mehr an die geologische Landschaftsform, sondern nur noch an die Wüste als „Symbolgestalt" gebunden ist, in der unter den vielgestaltigen Formen der Not und des Elends die ganze Welt als unbehaust und ungeborgen, als unfruchtbar und sinnlos erscheint oder in der uns die eigene Existenz als Armut und Leere, als ausgebrannt von der Hektik des Alltags und von der Oberflächlichkeit unserer Beziehungen, als ausgeliefert an unser steinernes Herz und unsere ungezähmten Triebe anschaulich wird. Es ist ein Verständnis von Wüste, das sich in ähnlicher Weise auch beim nur wenig älteren Nietzsche findet:

„Die Welt – ein Tor zu tausend Wüsten stumm und kalt." Und:
„Die Wüste wächst: weh dem der Wüsten birgt!
Stein knirscht an Stein, die Wüste schlingt und würgt. …
Vergiss nicht, Mensch, den Wollust ausgeloht:
du – bist der Stein, die Wüste, bist der Tod."

Diese Wüste, die Wüstenexistenz der Welt, der Gesellschaft und des eigenen Lebens, gilt es, geistlich zu bestehen, nicht nur in Gebet und Kontemplation, sondern vor allem in der Praxis solidarischen Handelns. Diese Wüste provoziert dazu, den Glauben in der Einheit von Kontemplation und Tun zu leben und in Wort und Praxis zu bezeugen. Das ist – neben den alten Dimensionen – das Neue am Wüstenverständnis von Bruder Karl, das als solches nicht nur von den Gemeinschaften der Geistlichen Familie Charles de Foucaulds, sondern ebenso von einer Reihe anderer geistlicher Gemeinschaften aufgegriffen wird. Verständlicherweise findet diese neue Sicht ihre Entfaltung und Vertiefung besonders in jenen Gemeinschaften, die sich ausdrücklich auf Foucaulds Spiritualität berufen, allen voran in den verschiedenen Kommunitäten der „Kleinen Brüder" und „Kleinen Schwestern". Sie leben in unterschiedlicher Weise „mitten in der Welt" – so die Programmschrift von René Voillaume, dem Gründer einiger dieser Gemeinschaften.[202]
„Mitten in der Welt" ist nicht als Ortsangabe gemeint, sondern als emphatische Herausstellung der konkreten Strukturen unserer Gesellschaft, wie die Mehrheit der Menschen sie erfährt. Es ist eine Gesellschaft, wo Menschen – nicht selten enttäuscht und einsam, krank und alt – um ihr nacktes Dasein kämpfen müssen, um Arbeit, Brot und Wohnung, wo sie ihr Leben im alltäglichen Trott verbringen und keine großen Perspektiven kennen, aber auch wo Menschen die „ewig-gleichen" Sehnsüchte und Wünsche in sich tragen, die kleinen Freuden und Hoffnungen des Lebens erfahren und miteinander teilen, wo sie sich gegenseitig beistehen und einander solidarisch sind. Mitten unter ihnen und gleich ihnen leben die Kleinen Brüder und Schwestern und verstehen diese ihre gemeinsame Welt als große „Wüste". Dabei sind es nicht zuletzt die überbevölkerten Städte, besonders deren Außenviertel, Bannmeilen und Slums, deren „Wüstencha-

rakter" sich spontan aufdrängt. Von daher kommt es in der Geistlichen Familie Charles de Foucaulds zur Formulierung: „In deiner Stadt ist deine Wüste" (Carlo Carretto), eine Formel, die zu den charakteristischen Grundworten gegenwärtiger Spiritualität zählen dürfte, da sie gleichzeitig von verschiedenen geistlichen Richtungen aus vorgelegt wird. So schreibt auch die Gründerin der „Poustinia"-Bewegung[203] Catherine de Hueck Doherty: „Wüste, Stille, Einsamkeit sind nicht notwendigerweise Orte, sondern Zustände des Geistes und des Herzens. Die ‚Wüste' kann man mitten in der Großstadt, im täglichen Leben jedes Menschen finden."[204]

Hier, in der Wüste unserer konkreten Welt, sind die Kleinen Brüder und Schwestern der Foucauld-Familie sowie die „Poustiniks" – aber nicht nur sie! – aufgerufen, „Oasen" zu sein, wo Menschen aufatmen und sich erfrischen können: Orte der Gastfreundschaft und Kommunikation, des Zuhörens und Tröstens, der Hilfeleistung und des solidarischen Engagements und nicht zuletzt Stätten fürbittenden Gebets, wo die Brüder und Schwestern stellvertretend für andere vor Gott eintreten und diese „mitnehmen" auf dem Weg zu Gott. Darum sollen sie sich als „ständige Gebetsdelegierte" der Menschen ihrer Umgebung verstehen, wie Voillaume im wohl eindringlichsten Kapitel seines soeben angeführten Buches ausführt. Mit all diesen „geistlichen Leitworten" wird die Grundeinsicht Bruder Karls weitergeführt, die Wüste als Ort zu verstehen, wo man einander „Gutes tut".

In einer nochmals besonderen Weise wird diese Sicht der Wüste von den sog. Jerusalem-Gemeinschaften aufgegriffen, die 1974 durch P. Pierre Marie Delfieux gegründet wurden. Der „innere Kreis" dieser geistlichen Bewegung möchte ein ganz und gar monastisches Leben verwirklichen, und zwar in der als „Wüste" verstandenen *Stadt*. Während in der Foucauld-Familie die „Stadt" eine, wenn auch besonders eindringliche Weise und Ausdrucksform der Wüstenexistenz unseres Lebens ist, nimmt diese in den Jerusalem Gemeinschaften eine geradezu exklusive Bedeutung an. „Eine neue Welt ist heute entstanden. Gestern noch war sie vorwiegend ländlich geprägt, nun überwiegen die Städte. Dein Leben [gemeint ist das Leben der Jerusalem-Mönche] ist Antwort auf einen aktuellen und dringenden Anruf der Welt, der Kirche und Gottes."[205] Darum gilt es heute, in der Stadt das Evangelium zu leben und die monastische Berufung zu verwirklichen. „Aus allen ausgesondert sollst du in Verbundenheit mit allen leben. Im Herzen der

Städte sollst du im Herzen Gottes sein."[206] Dabei ist die Stadt aber nicht nur aktuelle Herausforderung (wenngleich diese heute eine besondere Dringlichkeit angenommen hat), sie ist auch der „Brennpunkt" der ganzen Heilsgeschichte, insofern die Stadt sowohl Ort der Sünde („Babylon") wie Ort der Gotteserfahrung (irdisches und kommend-himmlisches „Jerusalem") war, ist und sein wird. So trägt die „Stadt" die gleiche Ambivalenz an sich wie auch die Wüste. Ja, die Stadt ist für die Mönche der Jerusalem-Gemeinschaften die Wüste im zugespitzten Sinn, wie es ganz auf der Linie der Foucauld-Spiritualität in der „Lebensregel" heißt:

> „Deine Wüste ist jetzt in der Stadt … Im Herzen der Wüste schaffen gott-geweihte Menschen durch die Anstrengung des Gebets, durch Umkehr und Buße eine Oase. Wenn das lebendige Wasser der Gnade sprudelt, sieh, dass du es teilen kannst. Im Namen des heiligen Gesetzes der Wüste, im Namen der heiligen Verpflichtung zur Gastfreundschaft: Wenn du einem Durstigen begegnest, bring ihm Wasser …"[207]

Diesem „Oase-Sein" darf die monastische Berufung nicht im Wege stehen. Denn es gilt:

> „Sei zuerst Mönch, aber Mönch der Stadt. Nur Mönch, aber im Herzen der Städte. Arbeite in der Stadt; bete in der Stadt; arbeite und bete für die Stadt; weine und singe mit der Stadt." Denn: „Ein heiliger Mönch ist derjenige, der die Welt in seiner Wüste bei sich trägt und der sich in der Wüste be-findet, wenn er in der Welt ist."[208]

Die Beziehungen zur Spiritualität Foucaulds liegen trotz der spezifi-schen, geradezu exklusiven Akzentuierung der „Stadt als Wüste" auf der Hand. „Wüste" und „Stadt" gehören zusammen. Ganz ähnlich verweist Margarete Niggemeyer in einer Skizze über die Wüste als „Lebensform eremitischer Spiritualität" darauf hin, dass in der einen spirituellen Wirk-lichkeit von „Einsamkeit in Solidarität" beide Orte – Wüste und Stadt oder (wie sie sagt) Marktplatz – ihre je eigenen Gesetze haben, sich dem-nach nicht gegeneinander aufrechnen lassen, sondern aufeinander verwie-sen sind.

> „Schließlich ist es der eine Mensch, der Wüste und Marktplatz erfährt. Das kann bedeuten: In der Wüste ausharren für jene, die auf dem Marktplatz

sind; auf dem Marktplatz das bezeugen, was in der Wüste erfahren wurde; vom Marktplatz weg sich in die Wüste begeben; den Marktplatz mit in die Wüste nehmen."[209]

Bei all dem darf freilich nicht übersehen werden, dass in diesem „neuen" Verständnis von Wüste auch deren andere geistliche Dimensionen weiterhin in Kraft bleiben. So schärft Voillaume und in ähnlicher Weise auch Delfieux seinen Brüdern und Schwestern ein, dass sie sich, um die Herausforderung der „alltäglichen" Wüste bestehen zu können, von Zeit zu Zeit in die „besondere" Wüste zurückziehen sollen: in die Einsamkeit und Stille. Mit Verweis auf Jesus selbst, der „dem Haus entfloh, in welchem man ihn beherbergt hatte, ohne dass die Leute es wussten und sogar gegen ihren Wunsch, … um an einem einsamen Ort ganz allein seinem Vater zu begegnen", schreibt Br. René Voillaume:

> „Wir können das Gleichgewicht unseres Lebens in den Bruderschaften für gewöhnlich nur dann finden, wenn wir sie von Zeit zu Zeit verlassen, um ‚in die Wüste zu gehen' … Die Flucht aus der Nachbarschaft in die Wüste, wie Jesus sie übte, ist ein wesentlicher Bestandteil unserer Form des Ordenslebens. Es handelt sich dabei nicht nur um eine Zeit der Einkehr, wie die anderen Ordensleute sie halten, um die Glut ihres geweihten Lebens zu erneuern, das seine vollständige und harmonische Form auch unabhängig von diesen regelmäßigen Einkehrzeiten hat. Nein, die Aufenthalte in der Wüste sind ein wesentlicher Bestandteil unseres Lebens, ohne den es kein geweihtes Leben mehr wäre. Unser Leben mitten unter den Menschen macht diese regelmäßige, wöchentliche oder monatliche Rückkehr an einen verlassenen Ort unbedingt notwendig."[210]

Das, was hier Ordensleuten gesagt wird, hat natürlich in ähnlicher Weise auch Bedeutung für jeden Christen, der seinen Glauben entschieden leben möchte: Um mitten in der Wüste der Welt „Oase" sein zu können, bedarf er der „besonderen" Wüste, wo man sich in Einsamkeit und Stille der Nähe Gottes stellt und neu an seinem Wort Maß nimmt. Doch darf solche Wüste nicht „verzweckt" werden, indem sie (nur) als Instrument geistlichen „Auftankens" betrachtet wird. Zu Recht bemerkt Voillaume:

> „Ein einsames und ruhiges Plätzchen, wie man es wohl überall finden kann, selbst mitten in unseren Städten, ist noch nicht ‚Wüste'. Diese ist mehr als

ein Ort der Zurückgezogenheit, weil sie durch ihre Weite und ihre Gewaltsamkeit Werte vermittelt, die nur ihr ganz eigen sind. Die Wüste als solche ist für den Menschen nutzlos, und der gewaltige Raum, den solch vertrocknete Einöden auf unserem Planeten einnehmen, scheint jeglichen Sinnes zu entbehren. … Genau wie die reine Anbetung, deren Abbild sie gleichsam ist, scheint die Wüste dem Menschen keinerlei Nutzen zu bringen. Sie führt ihn an den Rand seiner Schwäche und Ohnmacht und zwingt ihn, nirgends anders mehr Kraft zu suchen als in Gott."[211]

Aber eben dies ist dann auch der tiefste Sinn der Wüste: die Wahrheit des Lebens, die eigene Armut und Ohnmacht vor Gott zu entdecken und allein von ihm her alles zu erwarten. Von dieser Bedeutung der Wüste her resultiert die regelmäßige Praxis von sog. „Wüstentagen", die, von der Geistlichen Familie Charles de Foucaulds ausgehend, mittlerweile von vielen geistlichen Gemeinschaften, aber auch einzelnen Christen aufgegriffen wird.

„Wüstentage" (von Johannes Bours)

Die konkrete Praxis von Wüstentagen wurde sehr treffend und anschaulich von dem mittlerweile verstorbenen, aber unvergesslichen Johannes Bours, der als Spiritual eine ganze Generation von Priestern und Laien begleitet hat, in einem kurzen Text beschrieben. Dieser ist im Folgenden wiedergegeben.[212] Im Anschluss daran finden sich praktisch–konkrete Schritte in einen Wüstentag, das „tabellarische Raster" wurde von der Arbeitsgemeinschaft der Deutschen Diözesan-Exerzitien-Sekretariate (ADDES) herausgeben.[213]

Das Wort kommt aus der Sprache von Charles de Foucauld. Ein Wüstentag bedeutet: einen ganzen Tag mit sich allein in der Stille sein. Wir nennen ihn Wüstentag, weil es ein Tag in Einsamkeit sein soll, auch wenn ich ihn in einem angenehmen Haus und in einer schönen Landschaft verbringe. Aber ich muss mit mir allein sein; ich muss mich an diesem Tag mir selber stellen. Es ist also kein Tag, an dem liegen gebliebene Briefe beantwortet, Zeitschriftenaufsätze gelesen oder Bücher exzerpiert werden.
Mein Vorschlag: Alle drei Monate, also einmal im Vierteljahr, einen Wüstentag halten! Er muss lange vorher im Terminkalender eingetragen werden,

Die Stille

Alles Große
Kommt aus der Stille.
Große
Suchten Stille.
In der Wüste
Wurden sie geformt:
Moses, Jesus, Paulus.

Mönche sammelten
In Klöstern
Die Stille ein.
Ihre Handschrift,
Ihr Choral, ihre Arbeit
Dauert.

In der Stille wächst ein Mensch
Im Mutterleib heran.
In der Stille finden
Menschen zueinander.

In der Stille zieht
Das unendliche Geheimnis
Das tiefste Du,
Den Menschen an.
In der Stille der Nacht
Rang Jakob mit Gott.

(Martin Gutl)

160

sonst wird nie Zeit dafür da sein. Früher habe ich gedacht, es wäre gut, einen solchen Tag jeden Monat zu halten. Aber ich habe gefunden, dass das für die meisten eine Überforderung ist. Eine Spanne von drei Monaten ist die Zeit, die noch überschaubar ist, in der Trends erkennbar sind.

Ich muss von zu Hause weggehen. Auch wenn mich zu Hause niemand stören würde – die gewohnte Umgebung würde zu viele Möglichkeiten des Ausweichens, der Ablenkung bereithalten. Ich suche mir ein Haus, wo man mich in Ruhe lässt. Am besten wäre es, wenn ich mir diesen Tag mit beiden Übernachtungen nehmen kann, sonst aber von morgens bis zum anderen Morgen, notfalls von morgens bis abends.

Was tut man an einem solchen Tag? Jemand sagte mir: Ich habe an meinem letzten Wüstentag so etwas wie eine „Hochrechnung" gemacht; wenn es so weitergeht, wie es im letzten Vierteljahr war, dann kann ich „ausrechnen", wie es nach dem nächsten Vierteljahr aussehen wird – darf es in dieser Richtung weitergehen?

Ich kann mir an einem solchen Tag die eine oder andere der folgenden Fragen stellen: Wie sieht mein geistliches Leben aus? Lebe ich geistlich? Was ist mein Christusglaube? Worin lebe ich jetzt mein Christsein? – Wie steht es mit meinen menschlichen Beziehungen? Wie steht es mit der Zusammenarbeit? – Was ist an Konzeption, an Planung für meine Berufsaufgabe möglich und notwendig? – Was ist in den vergangenen Monaten besonders dankenswert und froh machend gewesen? – Wo haben sich bei mir Schwächen bemerkbar gemacht? – Wo haben sich Ansätze zu guten Möglichkeiten gezeigt: War in dieser Zeit etwas, das als Anspruch des Kreuzes an mich gekommen ist? Wo bin ich ausgewichen? Wo muss ich mich stellen? – Wie steht es mit meiner geistigen Arbeit, mit meiner Lektüre?

Nicht allen diesen Fragen kann ich nachgehen; ich wähle die eine oder andere aus oder beschränke mich auf eine einzige. Es kann hilfreich sein, sich Notizen zu machen.

Eine andere Möglichkeit: Ich verbringe den ganzen Tag im meditierenden Lesen der Heiligen Schrift und im Beten, das sich daraus nahe legt. Ein Priester sagte mir, dass er einen Wüstentag mit dem Wort Joh 10,14 verbracht habe: „Ich kenne die Meinen, und die Meinen kennen mich."

Vielleicht ist es manchmal eine Hilfe, an einem solchen Tag allein eine lange Wanderung zu machen. Auf diesem Unterwegssein, im Anschauen und Erfahren der Landschaft, findet mancher besser zu sich selbst als im Stillsitzen im Zimmer. Einer sagte, dass er am Spätnachmittag des Wüstentages eine „Emmauswanderung" mache: Er wandere zu einem Freund, der auch Priester sei, bespreche mit ihm den Tag und lasse das Gespräch in eine Beichte münden. Dann wandere er am Abend wieder zurück.

Wieder ein anderer sagt: Ich komme nur dann dazu, einen Wüstentag zu halten, wenn ich ihn mit meinem Freund vereinbare; so bekommt der Tag für uns beide eine dringliche Verbindlichkeit. Wir verbringen den Tag in demselben Haus, treffen uns aber nur zu den Mahlzeiten. Abends sprechen wir uns dann über das aus, was der Tag für jeden erbracht hat. Die Aussicht auf diesen Austausch bewahrt mich davor, mich den Tag hindurch ins Vage zu verlieren. – Was will ich tun, wenn mein Wüstentag Stunde um Stunde dürr und unfruchtbar bleibt, wenn Langeweile oder Unmut aufkommen wollen? Wenn die Versuchung aufkommt: Heute hat es keinen Zweck, ich werde den Tag zu einer erholsamen Ausfahrt mit dem Auto „umfunktionieren"? – Vielleicht ist es dann gerade an der Zeit, mich selber zu fragen: Warum halte ich das bisschen „Wüste" (Wüste in mir selbst?) nicht aus? Wahrscheinlich werde ich am anderen Tag mit mir selbst mehr zufrieden sein, wenn ich ausgehalten habe, als wenn ich ausgewichen wäre.

Ein Buch, das „geistliche Briefe aus der Wüste" enthält, trägt den Titel: „Wo der Dornbusch brennt". Ob wir nicht vertrauen dürfen, dass unserem armselig-bescheidenen Wüstentag etwas gewährt werden kann von der Nähe und dem Wort dessen, der sich in der Wüste im brennenden Dornbusch geoffenbart hat?

Schritte in einen Wüstentag

Die folgende Tabelle enthält mehrere Ansätze und Elemente, die natürlich nicht alle in ein und demselben „Wüstentag" enthalten sein müssen. Sie zeigt aber gute Möglichkeiten auf, die als Anstoß dienen können.

Was ich tun muss	Was an (in) mir geschieht	Was mir offen steht
Datum des WT fest einplanen und einhalten	Mein Inneres stellt sich auf den WT ein (Vor-Bereitung der Sinne).	Die Dinge sammeln, die für den WT wichtig sind: „zurückkehren wollen, um sich bei Jesus zu versammeln".
Klar vor Augen halten: Ein WT ist kein Urlaubstag!	Bereitschaft „kommen lassen", leiblich und geistig/seelisch in die Wüste zu gehen (d. h. „von hier weg in die Öde gehen).	Jesu Einladung annehmen: „Kommt mit mir an einen einsamen Ort, wo wir allein sind (Mk 6,31).
Von zu Hause: wegfahren, aufbrechen. Abschied nehmen. Am (einsamen) Zielort: ankommen, sich versammeln, Da-sein …	Ungewohntes, Fremdes, neue Umgebung auf mich wirken lassen; sich Zeit lassen, sich zurechtzufinden.	Das Gespräch aufnehmen: – der Dinge mit mir – der Sinne zu mir – mit dem Herrn in mir – („sie berichteten ihm alles")
Die praktisch-technischen Dinge klären: den Tagesablauf ordnen und festigen – und dabei bleiben!	Innere Unruhe wahrnehmen, aber die äußere Ordnung (Tageseinteilung) davon nicht stören lassen; sich tragen lassen von der Ordnung: Hilfe zur Sammlung (Halte die Ordnung, dann hält die Ordnung dich!)	„… und ruht ein wenig aus" (Mk 6,31). Ruhe in sinnvoller Weise braucht das rechte Maß (auf den Rhythmus von Übung und Schonung in meinem Leben, im Leib und im Geist neu aufmerksam werden).
Einen klar umrissenen Rahmen für den „Stoff" finden, den ich im WT bearbeiten möchte (z. B. Klärung einiger Schritte in meinem Leben; Vorbereitung einer Entscheidung, Besinnung in einem Konflikt … usw.)	Indem ich den Rahmen abstecke, mich ausdrücke in meinem Tun hier und jetzt, entdecke ich die Substanz, d. h. das Wesen, das Grundlegende meines Lebens, die „Lieblingswörter" und „Fremdwörter" meines Lebens … und auch: Was mein Leben einengt, behindert, blockiert, auslaugt …	„… sie fanden nicht einmal Zeit zum Essen …" (Mk 6,31b). Die Stille zulassen, einem Wort Jesu zuhören, zu Füßen Jesu sitzen lernen im Hineinhören in meine „Lebens-Melodie" (vgl. Lk 10,40/Mk 6,32).
Die Gebetszeiten treu einhalten; keine Kompromisse zulassen. Sich im Gebet der Gegenwart Gottes ausliefern wollen.	Je nach persönlichen Voraussetzungen das Vertraute, Gewohnte des verweilenden Gebetes (Anbetung) vor dem Herrn „auskosten" – oder aber das Ungewohnte, die inneren Widerstände, die Ungeduld, die Zweifel wahrnehmen, aushalten und Ihm hinhalten; Psalmworte (evtl. Stundengebet) als „Führung" annehmen; verweilen; verkosten.	Sich vom Gebet, vom Du des anwesenden Herrn berühren lassen; alles, was ins Gebet drängt, kommen lassen und (laut) aussprechen, nichts zurückhalten wollen, sondern den Mut finden (wie die Psalmisten), „unverschämt" zu beten … (Lk 11,5–13)
Die freie Zeit zur Ruhe und für Spaziergänge gut ausnützen (genau wie die Gebetszeiten).	Bewegungsabläufe, Atem, Sinne zu mir sprechen lassen: Wenn ich gehe, dann gehe ich; wenn ich sitze, dann sitze ich; wenn ich esse, dann esse ich; wenn ich höre, dann höre ich … Erkennen, wie abgelenkt ich in mir selbst bin … zerstreut, unfähig zu lauschen auf meinen „Lebens-Atem". Wie ausgeprägt ist mein „Spür-Bewusstsein"?	Bin ich fähig, in allem, was in der Schöpfung in mir und außer mir zu mir spricht, mich zu freuen, zu danken, „Gott in allen Dingen" vertrauend und glaubend zu erkennen – und anzuerkennen? „Seht euch die Vögel an … lernt von den Lilien … vom Gras" (Mt 6,26)
Wenn ich den WT im Fasten verbringe: Eine klare Entscheidung dazu treffen. Sich klar werden, wofür ich faste (z. B. nicht, um abzunehmen, sondern „als Bitte um Klärung in einer wichtigen Sache).	Reaktionen des Körpers beobachten mit aufmerksamem Interesse, aber auch mit Gleichmut (nicht zu viel Aufmerksamkeit!). Sich nicht in Unruhe bringen lassen, wenn „Bruder Leib" gegen das Fasten anfangs rebelliert, d. h. seine Abhängigkeit von vollen Mahlzeiten anzeigt (Leeregefühl, Kopfschmerzen, Müdigkeit …). Die Lebendigkeit des Leibes im Fastenprozess dankbar annehmen.	Die Sehnsucht des Leibes nach Nahrung befragen lassen in ihrem „Geber", der geistlichen Sehnsucht nach dem „lebendigen Brot": „Wenn du wüsstest, worin die Gabe Gottes besteht …" (Joh 4,10). Gebet um Sehnsucht nach Gott „kommen lassen", erkennen und bekennen, wie gering meine Sehnsucht nach ihm ist.

6. Die „naturale" Wüstenspiritualität der Gegenwart

Heutige Tendenzen

Die bisher dargestellten, ganz unterschiedlichen Ausprägungen einer geistlichen Sicht der Wüste, wie sie sich in der Spiritualitätsgeschichte verwirklicht haben, sind alle in der Heiligen Schrift verwurzelt; es sind Variationen und Entfaltungen von Erfahrungen gläubiger Menschen, die sich rund um das Thema Wüste herausgebildet haben. Seit einigen Jahrzehnten gibt es nun aber auch eine Spiritualität der Wüste, die – jedenfalls auf den ersten Blick – nichts mit einem ausdrücklich religiösen Glauben und erst recht nichts mit der Hl. Schrift zu tun hat. Was von der gegenwärtigen (westlichen) Gesellschaft insgesamt gilt, dass sie in all ihren Dimensionen weitgehend „säkularisiert" ist, d. h. sich von ihren religiösen Wurzeln und Traditionen emanzipiert hat, gilt auch von der Wüstenerfahrung. Es gibt derzeit ein Interesse für die Wüste, ja gewissermaßen eine „Spiritualität der Wüste", die vordergründig nichts Religiöses an sich trägt und deshalb als „säkularisiert" bezeichnet werden kann.

Die Bandbreite dieser neuen Einstellung ist groß. Da gibt es Menschen, die in die Wüste gehen, weil sie in einer zunehmend engen, durchorganisierten, durch Regeln, Verordnungen und Gewohnheiten vorgegebenen Welt hier noch einen unverstellten Raum von Weite und Ungebundenheit, einen Ort für Abenteuer und Entdeckertum finden möchten. So schwillt der Sahara-Tourismus unentwegt an; Kulturfahrten nach Ägypten werden mit Wüsten-Expeditionen verbunden; immer mehr Israel-Reisende wollen ebenso den Negev und Sinai erleben. Kurz: Wüste ist für nicht wenige Zeitgenossen zu einer faszinierenden „terra incognita" geworden. Es ist wie mit Canyoning, Extremklettern, Survival-Training oder Wandern in weit abgelegenen Zonen: Man möchte auch in der Wüste der Zivilisation mit ihren Zwängen und ewigem Einerlei entrinnen, um ein Stück alternativen Lebens zu verwirklichen. Dabei macht allerdings der gegenwärtige organisierte Wüsten-Tourismus dieses Ziel eines wirklichen „Ausbruchs" durch geschickte Kommerzialisierung sowie perfekte Abwicklung im Grunde wieder zunichte.

Da gibt es aber auch solche, die in der Wüste mehr suchen als Abenteuer, vordergründige Faszination oder Ausbruch aus dem gewöhnlichen Alltagstrott. In ihnen ist eine Sehnsucht nach Stille, Einsamkeit und Einkehr, nach Urtümlichkeit und einfachem Leben, nach Freiheit und Wahrheit. Sie wollen, wie sie sagen und schreiben, „zu sich selbst" kommen und begreifen auf dieser Linie die Wüste als einen Spiegel, in dem man sich selbst neu sieht und erfährt, oder auch als eine riesige Kulisse, vor der man das eigene Leben neu zu „inszenieren" sucht. Gerade bei dieser Art von Wüstenfahrern findet sich so etwas wie eine „Spiritualität der Wüste", welche in Tiefenerfahrungen des Menschen gründet, nicht selten – bewusst oder unbewusst – religiös ist und deswegen auch einer ausdrücklichen religiösen Deutung offen steht oder einen religiös-geistlichen Zugang vorbereiten kann. Diese Tiefenerfahrungen liegen auf der Linie des Tuareg-Sprichworts:

> „Gott hat ein Land mit Wasser geschaffen, auf dass die Menschen leben können, ein Land ohne Wasser, auf dass die Menschen dürsten, und die Wüste als ein Land mit und ohne Wasser, auf dass die Menschen ihre Seele finden."[214]

Diese Art von Wüstenerfahrung muss darum nicht unbedingt säkularisiert in dem Sinne sein, dass man hierin die traditionellen religiösen Interpretationsmuster völlig zurückweist. Sie lässt sich auch, vielleicht sogar besser, als „natural" bezeichnen, da sie letztlich in einem Korrespondenzgeschehen zwischen der „Natur" des Menschen und der „Natur" dieser Landschaftsform samt der von ihr geforderten Lebensweise gründet. Schon Charles-René de Montalembert (1810–1870) bemerkt im Blick auf die Wüstenväter:

> „Dieses Leben der Einsamkeit und der Askese, dem Anschein nach so ganz im Widerspruch zu allen Neigungen des Menschen, hat nichtsdestoweniger seine Wurzeln in der menschlichen Natur. In einem bestimmten Moment des Lebens hat jeder wohl diesen geheimnisvollen und mächtigen Zug zur Einsamkeit in sich gefühlt."[215]

Diese in der Natur des Menschen liegende „Sehnsucht nach der Wüste" liegt einer ausdrücklich religiösen oder gar biblisch-heilsgeschichtlichen Bedeutung der Wüste voraus: Gott, der sein Volk in der Wüste zusammengeführt und sich in der Wüste offenbart hat und der auf die Wüste als Ort seiner endgültigen Ankunft verweist, greift damit das von ihm, dem Schöpfer, gestiftete natürliche Zusammenspiel von Mensch und Wüste auf und zeigt damit dessen tiefsten Zusammenhang auf. Wie die Schöpfung als Ganze auf die heilsgeschichtliche Vollendung angelegt ist, so findet auch die Wüste ihre letzte Sinndeutung in der Sicht des biblisch-christlichen Glaubens, für den die Wüste Bild und Gleichnis, aber auch Situation und Raum menschlicher Armut und göttlichen Gnadenhandelns ist.

So gesehen hätte dieses Kapitel auch vor dem Kapitel über „Wüste in der Heiligen Schrift" einen zutreffenden Platz gehabt, artikuliert es doch jene Erfahrung, die allen Menschen und allen religiösen Ausdrucksformen gemeinsam ist, unabhängig vom, ja sachlich vor jedem Blick auf die hl Schrift und die biblische Glaubensgeschichte. Dass gleichwohl dieses Kapitel am Ende steht, ist von der heutigen Situation veranlasst. Faktisch bildet ein „naturaler" Zugang zur Wüste den derzeitigen Abschluss der Spiritualitätsgeschichte der Wüste; faktisch basiert das aktuelle Interesse für die Wüste bei den meisten nicht mehr auf einer gläubigen Interpretation ihrer Bedeutung, sondern allenfalls auf „säkularisierten" Fragmenten einer ehemals religiösen Tradition. Gerade so kann dann aber auch diese Wüstenspiritualität wieder einen neuen Zugang zur ausdrücklich religiösen Erfahrung eröffnen. In dieser Perspektive sollen im Folgenden – nicht selten mit Verweis auf und in lockerem Zusammenhang mit anderen Autoren – einige Grundzüge dieser „naturalen" bzw. „säkularisierten" Spiritualität vorgestellt werden – als mögliche Eröffnung eines religiösen Weges für Nichtglaubende und als Aufdeckung des natürlichen Hintergrunds der heilsgeschichtlichen Daten für den bereits Glaubenden.

Grundzüge gegenwärtiger Wüstenspiritualität

Freiheit – „Leben aus erster Hand"

Wie immer man sich in der Wüste fortbewegt, ob zu Fuß, auf dem Kamel, mit Fahrrad, Motorrad oder Auto, in jedem Fall ist eine radikale Reduzierung des bisherigen Lebensstandards und seiner Ansprüche gefordert. Am deutlichsten tritt dies bei Fußmärschen durch die Wüste zutage. Was man auf ungebahnten, oft wilden Wüstenwegen, dazu noch bei gewaltiger Hitze an Gewicht tragen kann, kommt ohnehin schnell an seine Grenzen, und dabei wird unweigerlich der Wasservorrat den größten Anteil ausmachen. So wird handgreiflich klar, dass man nur mit sehr leichtem Gepäck durch die Wüste kommt. Wenn Beduinen mit ihrem spärlichen Besitz nicht auf Kamelen unterwegs sind, unternehmen sie längere Fußmärsche nur durch Gegenden, wo sie die oft sehr verborgenen Wasserstellen kennen. Sie haben dann lediglich eine kleine Kanne, ein Säckchen mit Tee und einen Zuckerhut bei sich, manchmal auch noch ein wenig Mehl. So vermögen sie auf Grund ihrer Kenntnis von Wasservorkommen nur mit stark gezuckertem Tee (und – nicht immer – auch mit Brotfladen) tagelang in der Wüste zu leben.

Auch Wüstentouren mit Kamel, Fahrrad oder Motorrad erfordern eine erhebliche, vor allem auf Wasser, einige Lebensmittel und Kleidung beschränkte Reduktion der eigenen Bedürfnisse. Und im Grunde ist es auch mit dem Auto nicht viel anders. Da man in diesem Fall meist längere Zeit und auf entferntere Ziele hin unterwegs ist, nimmt auch hier der Wasser- und Treibstoffvorrat, sodann Werkzeuge und Ersatzteile den größten Teil des zulässigen Gewichtes ein, ganz abgesehen davon, dass schwer oder gar überbeladene Fahrzeuge lange Dünenstrecken kaum überwinden können. Kurz: Mit welchen Mitteln man auch unterwegs ist, die Wüste erzwingt eine Beschränkung auf die elementarsten Lebensbedürfnisse, ein Zurückfahren aller sonst gewohnten Ansprüche, ein einfaches Leben.

Aber gerade das eröffnet einen ungeheuren Raum der Freiheit. Alles wird einfach, aber alles wird auch neu, man entdeckt auf ganz neue Weise den Wert des scheinbar so Selbstverständlichen, z. B. des Wassers. „Den wahren Geschmack des Wassers erkennt man in der Wüste", sagt ein jüdisches Sprichwort. Aber vom „Wert" des Wasser gilt das Gleiche: Er geht erst so recht auf in der Wüste. Denn hier ist – so Antoine de Saint-Exupéry, einer der Großen, die von der Spiritualität der Wüste besessen waren – „Wasser sein Gewicht in Gold wert. Der kleinste Tropfen lockt aus dem Sande den grünen Funken eines Grashalms." Und dann redet er das Wasser an: „Es ist nicht so, dass man dich zum Leben braucht: Du selber bist das Leben."[216] Doch nicht nur der Wert des Wassers geht neu auf! Die Beschränkung auf die einfachen Dinge lässt das Herz weit werden. „minimierung der ansprüche ist optimierung der freiheit. reduktion ist gewinn. wer alles zurücklässt und nur mitnimmt, was er am leib hat, kommt als er selber zurück", formuliert Otl Aicher in seinem eindrucksvollen Buch „gehen in der wüste".[217] Aber man kommt nicht als der Gleiche zurück, wie ein arabisches

Sprichwort ausdrücklich vermerkt und René Gardi es aufgreift: „Es kommt keiner so aus der Wüste heraus, wie er hineingegangen ist. Ein jeder verändert sich, ob er will oder nicht, und ein jeder lernt, wieder allein mit sich zu sein."[218]

Die Wüste macht reich, insofern sie gerade das Armwerden provoziert. „weil einem in der wüste nichts gehört, gehört einem alles."[219] Alles: der weite Raum, „Wind, Sand und Sterne", dazu auch Sonne und Mond, Dünen und Felsen, das kostbare Wasser, der spärliche Bewuchs, Gazellen und Leguane. Von allem Überflüssigen befreit und auf elementare Lebensvollzüge verwiesen, fühlt man sich in der grenzenlosen Weite „daheim". Man trägt die Wüste gewissermaßen in sich. Man spürt, dass sie ein Teil seiner selbst ist.

So sagt es auch ein weiterer Text von A. de Saint-Exupéry. Im Zusammenhang der vielen Schwierigkeiten, die die Wüste aufgibt, schreibt er:

> „Und dennoch liebten wir die Wüste.
> Zuerst ist sie nur Leere und Schweigen, denn sie gibt sich nicht zu Liebschaften von einem Tage her. … Sie ist nicht aus Sand gemacht und nicht aus verschleierten Tuaregs …
> Das aber ist sie: wir haben einen guten Tag Durst gelitten, und plötzlich spüren wir zum ersten Male, dass die Wasser des altbekannten Brunnen ständig fließen. Eine unsichtbare Frau kann ein ganzes Haus verzaubern; ein ferner Brunnen wirkt weit, weit, so weit wie die Liebe …
> Diese Spielregeln haben wir angenommen und uns dem Spiel eingegliedert. Nun ist die Sahara in uns, und da erst zeigt sie sich. Ihr nahe kommen, das bedeutet nicht, eine Oase besuchen. Vielmehr bedeutet es, an einen Brunnen tief und inbrünstig zu glauben."[220]

Ganz ähnlich heißt es in einer viel zitierten Stelle des „Kleinen Prinzen":

> „Ich habe die Wüste immer geliebt. Man setzt sich auf eine Sanddüne. Man sieht nichts. Man hört nichts. Und währenddessen strahlt etwas in der Stille. ‚Es macht die Wüste schön', sagte der kleine Prinz, ‚dass sie irgendwo einen Brunnen birgt.'"[221]

Entgegen aller Zähmung durch die narkotisierenden Reize der gegenwärtigen Gesellschaft spürt die Seele in der Wüste, zu was sie im tiefsten berufen ist: mit grenzenloser Sehnsucht in grenzenloser Weite daheim zu sein. Und in diesem Daheimsein von nichts getrennt sein, alles konzentriert in sich tragen. Es ist so, wie Derek Webster es in einem Dialog zum Ausdruck bringt: „,Wovon trennt die Einsamkeit?' ,Von nichts, mein Herr. Sie schließt das Tor vor niemandem. Je mehr es die Seele in die Wüste zieht, umso mehr will sie mit den anderen sein' … In der Einsamkeit ist der Mensch verbunden mit allen, ist er in allen und für alle da."[222] So führt der Aufenthalt in der Wüste zu einem „Leben aus erster Hand", wie es auch folgender provozierender Text von O. Aicher zum Ausdruck bringt:

> „leben aus erster hand.
> leben aus zweiter hand.
> leben aus dritter hand.
> vor dem fernsehapparat sitzen und konserveninformation zu sich nehmen.
> vorgefertigte ferien buchen.
> programmierte arbeit tun.
> das vokabular des psychiaters für die eigene psyche ansehen.
> industriekäse und industriesäfte zu sich nehmen …
> so fängt die selbstaufgabe an. das ist das leben des idealkonsumenten der heutigen wirtschaft, der nichts mehr produziert als seine altersversorgung …
> schon aus gründen der hygiene, um nicht dreckig zu werden (wer ist schon ein held?), ist es angebracht, gelegentlich nicht nur handwerkliche, sondern sogar vorhandwerkliche epochen aufzusuchen: die deckung von umwelt und person wiederherzustellen.
> brunnen in der wüste suchen. All sein hab und gut auf den buckel nehmen, nicht andere tragen lassen, und deshalb sein hab und gut reduzieren und minimieren.
> schlafen, wo immer einen die müdigkeit überfällt.
> mit der sonne leben, mit den sternen, dem mond."[223]

Das von der Wüste sowohl geforderte wie auch durch sie ermöglichte Leben aus „erster Hand" und die damit gegebene elementare Freiheit, die sich in den gerade angeführten Sätzen ausspricht, ist eine Grunderfahrung, die quer durch alle Kulturen geht. Schon der Name „Beduine" geht auf eine Wortwurzel zurück, die den freien Raum bezeichnet und den Nomaden somit als den „Freien" schlechthin charakterisiert. In einem altarabischen Gedicht heißt es: „Glücklicher Bewohner der Wüste, bleibe, wo du bist: Das

Zelt beherbergt das Glück und die wahre Freiheit."[224] Ähnlich berichtet Carlo Bergmann von einem Gespräch mit einem Beduinen, der ihm sagte: „Die ganze Freiheit hast du nur, wenn du in der Wüste lebst, wenn du nicht zu lange an einem Ort bleibst und wenn du all die Dinge, die du besitzt, auf dein Kamel laden kannst, wann immer du willst."[225] Ebenso bezeichnen die Tuareg sich selbst als „amazighen", d. h. als Ungebundene, Nicht-etablierte. Auch in der Hl. Schrift und in der nachfolgenden Glaubensgeschichte verbindet sich mit der Wüste – wie wir sahen – wesentlich die Idee der Freiheit. Diese ist ebenso fundamental für viele Weisen heutiger Wüstenspiritualität. Ein Element solcher Freiheit ist auch die Erfahrung des Nicht-Funktionalen und Nicht-Funktionalisiertwerdens, das tief in die Wüste eingeschrieben ist und das sich von ihr her gewissermaßen auf den Menschen überträgt. Der bekannte amerikanische Trappist Thomas Merton hat diesen Sachverhalt treffend zum Ausdruck gebracht und ihn sogleich auch in Beziehung zur religiösen Dimension gesetzt:

> „Die Einöde wurde geschaffen, um schlechthin sie selbst zu sein, und nicht, um von Menschenhand in etwas anderes umgebildet zu werden. Mit Bergen und Meeren verhält es sich nicht anders. Deshalb bietet allein die Wüste die einzig denkbare Wohnstatt für den Menschen, der danach trachtet, nichts anderes als er selbst zu sein, was, anders ausgedrückt, heißen soll: ein Geschöpf der Einsamkeit also, der Armut, ja der völligen Verwiesenheit auf niemanden als auf Gott, mithin ein Wesen, bei dem kein vermessenes eigenes Planen, einem Alibi gleich, sich zwischen dem Geschöpf und seinem Schöpfer breit macht."[226]

Und schließlich ist ein Element der Freiheit auch die Unmittelbarkeit des Erlebens, die die Wüste gewährt, indem sie gegenüber dem gewöhnlichen „Leben aus zweiter Hand" und der Oberflächlichkeit eines gestressten und abgelenkten Alltags so etwas wie Aufmerksamkeit auf elementare Gegebenheiten schenkt, um nicht zu sagen „erzwingt". Dazu eine winzige Illustration aus eigener Erfahrung. An einem unserer „stillen Tage", wo wir auseinander gehen und jeder privat für sich die Stille aufsucht, fand ich ein geeignetes Plätzchen in der Nähe eines überhängenden Felsens, der mich vor der brutalen Mittagssonne schützen konnte. Im nahen Umkreis entdeckte ich plötzlich eine einzige winzige Blume, die – es war Frühjahr – auf Grund von ein wenig Regen zum Leben gekommen war. Ein einziges, aber intensiv leuchtendes Blümlein! Wäre ich nicht hierher gekommen, hätte es „für nichts" geblüht, jetzt aber war es nur „für mich" da. Es erheischte meine ganze Aufmerksamkeit, gab mir aber auch das Gefühl, ganz beschenkt zu sein. Mir ging auf: Was würde es bedeuten, mit all dem, was mir im Alltag widerfährt, so unmittelbar umzugehen: aufmerksam und beschenkt zugleich? Ein Gefühl der Freude, der Weite, der Freiheit entstand in mir. Eine kleine Blume blühte nur für mich. Das war, das ist wirklich, Leben aus erster Hand empfangen! Aus der Hand Gottes? Umgekehrt bohrte sich in mir der Gedanke fest: Für wen blühe denn ich in der Wüste der Welt? Dazu fielen mir Verse von Paul Celan ein[227], der an einen „Niemand" die Worte richtet:

> „Gelobt seist du, Niemand.
> Dir zulieb wollen
> wir blühn,
> Dir
> entgegen.
> Ein Nichts waren wir, sind wir, werden
> wir bleiben, blühend:
> die Nichts-, die
> Niemandsrose.
>
> Mit
> dem Griffel seelenhell,
> dem Staubfaden himmelswüst …"

Bin ich, sind wir die Blumen, die in der Wüste „himmelswüst" nicht „für Niemand", wohl aber „für IHN" blühen?

„Wer das Schweigen der Wüste nicht kennt …"

Eine zweite Urerfahrung der Wüste ist die der Stille, der Ruhe, des Schweigens. Ein schon angeführtes arabisches Sprichwort sagt: „Die Wüste ist der Garten Allahs, aus dem er alles Überflüssige entfernt hat. Gott schuf sie sich, damit es einen Ort gäbe, darinnen er in Ruhe und Frieden lustwandeln könne." In der Wüste sein heißt somit Anteil besitzen am göttlichen Privileg, einen Raum der Ruhe und des Friedens zu haben. Das Schweigen ist gewissermaßen die verinnerlichte, „die Herz gewordene Wüste".[228] „Wer das Schweigen der Wüste nicht kennt, weiß nicht, was Schweigen ist", lautet ein Tuareg-Sprichwort.[229]

Die Stille der Wüste ist vielfältig. Antoine de Saint-Exupéry skizziert ihre Variationen so:

> „Es gibt eine Stille des Friedens, wenn … der Abend wieder seine Frische spendet und einem zumute ist, als halte man in einem stillen Hafen mit eingezogenen Segeln Rast. Es gibt eine Stille des Mittags, wenn in der Sonne Gedanken und Bewegungen aussetzen. Es gibt eine falsche Stille, wenn der Nordwind innehält und das Auftauchen von Insekten, die den Oasen des Innern entwehen, den sandführenden Oststurm ankündigt. … Eine zugespitzte Stille, wenn man nachts seinen Atem anhält, um zu lauschen. Eine schwermütige Stille, wenn man sich an die erinnert, die man liebt."[230]

Dabei ist die Stille der Wüste – „objektiv" gesehen – gar nicht so absolut. Es gibt einen ständigen Geräuschpegel. Da ist vor allem der Wind. Er flüstert, rauscht oder braust über die weiten Ebenen, um die Felsnadeln, über die Dünen; er spielt in den Ohren, um das Sattelzeug der Kamele oder die Metallteile der Fahrzeuge, die, von ihm angesteckt, gleichfalls zu „singen" beginnen. Und wenn der Wind wirklich einmal aufhört, meist für kurze, sehr kurze Zeit, so wird sein Schweigen umso beredter: es kündigt meist um so heftigere Windstöße und Stürme an. Die Stimme des Windes ist durchdringend. Sie verkündet etwas von der Weite, Frische und Freiheit der Wüste. Aber sie kann auch drückend und betäubend werden, zum „Seufzen des Windes. Es ist die Wüste, die weint, weil sie ein fruchtbares Land sein möchte."[231]

Da gibt es außer dem Wind noch viele andere Stimmen, die das Schweigen ausfüllen: das Piepen eines Wüstensperlings, der krächzende Schrei eines Geiers, das kaum merkliche Huschen eines Leguans, das Holpern von Gazellen über die steinige Hammada, das unendlich zarte Nachrieseln des Sandes, wenn der Wind mit ihm spielt. Und dann natürlich, wenn man sich fortbewegt, das leise Knirschen des eigenen Schuhwerks, die durch den Sand mahlenden eintönig-gleitenden Schritte der Kamele, das Motor- und Reifenabrollgeräusch des Autos. Und selbst, wenn alles schweigt, bleibt das fast – aber auch nur fast! – lautlose Pochen des Pulses und der gleichmäßige Zug des Atems.

Doch stören all diese Stimmen im Letzten die Stille nicht. Vor dem Hintergrund einer unendlichen Ruhe nimmt man sie zwar aufmerksam wahr, aber sie sind wie der Rahmen eines Bildes, der nur die Grenze absteckt und auf das verweist, was er in sich birgt. Die Stimmen der Wüste umspielen, statt Teil von Lärm und Hektik zu sein oder sich dazu zu summieren, die intensive und laut rufende Melodie eines erhabenen Schweigens.

Und dieses Schweigen spricht, es hält Worte bereit, es birgt Worte in sich, die im Lärmen der Welt nicht zu hören sind. Es ist im Übrigen bezeichnend, dass sich im Hebräischen das geschriebene Wort für „Wüste" und für „ich spreche" (mdbr), falls es – wie ursprünglich – nicht vokalisiert ist, in keiner Weise unterscheiden. „Deshalb kann man sagen, dass die Wüste der Ort des Wortes ist. Und ist nicht der Dichter wie der Prophet jemand, der gerade in der Wüste ruft?"[232] Und dieses „Wort des Schweigens" ist es, welches gebieterisch in seinen Bann zieht, ein *mysterium fascinosum et tremendum*, faszinierend und Furcht einflößend zugleich. Man ist der gewohnten Banalität des lärmenden Alltags mit der „Logorrhö" („Wortdurchfall") unnützer Worte, marktschreierischer Angebote und lautstarker Argumente entwichen und weiß, dass man vom Größeren gerufen und zu Höherem berufen ist. Ist das Schweigen und das Wort, das es in sich birgt, vielleicht „der Herzschlag Gottes"? (Dhan Ghopal).

Jedenfalls ist das Bewußtsein, dem Schweigen über Distanzen von hunderten von Kilometern ausgesetzt zu sein, eine der stärksten Erfahrungen, die man wohl nur in der Wüste findet. Es ist das Gefühl radikalen Ausgesetztseins, das tausend Facetten in sich birgt. Auf der Saharafahrt 1987 führte wiederum Manfred Scheuer das „offizielle" Tagebuch. Als wir dabei sind, die Ténéré zu durchqueren, vermerkt er folgende Eindrücke

„Stille Zeit: wir sitzen auf den Dünen.

Sich aussetzen
weg von den Feldern der Gewohnheit
weg von den Geleisen des Alltags
weg von den Straßen des Trubels
weg vom Lärm der vielen Stimmen
weg vom Man
weg von der Diktatur des Getriebenwerdens
weg vom Diktat des eigenen Ich ...

Sich aussetzen
in der Einsamkeit
an den Bergen
in den Bergen des Herzens
in den Wüsten des Du
in der Ohnmacht …
Sich aussetzen
der Stille
den Abgründen
der Freude
dem Wunder der Begegnung
der Verwandlung
dem Wort
dem Anruf
der Verweigerung
dem Wagnis
dem Nichts
der Vorbehaltlosigkeit der Liebe

Ausgesetztsein und Eingeborgensein
Sich verstecken in der Liebe."

Dieses Der-Stille-ausgesetzt-Sein ist zugleich die Brücke zu religiösen Erfahrungen oder kann es wenigstens sein. Darum gilt in der Tat das Diktum von H. C. Zander: „Gott schweigt und die Wüste schweigt. Deshalb ist sie eine religiöse Landschaft."[233]

Wahrheit auf Entscheidung hin

Eine dritte Urerfahrung, welche die Wüste vermittelt, ist die Konfrontation mit der Wahrheit. Befreit vom Ballast des Überflüssigen und konfrontiert mit einem Schweigen, das keine Ablenkung duldet, kann man sich in der Wüste nicht davonlaufen und an sich selbst vorbeimogeln. Wenn alles andere schweigt, stellt sich das Nachsinnen über sich selbst und die Welt geradezu mit Notwendigkeit ein. Wer bin ich? Wer muss ich sein? Wohin geht die Reise der Welt und ich mit ihr? „In der Wüste fallen die Masken, eine nach der anderen, um schließlich das Gesicht zu entbergen, das sie versteckt hielten."[234] In der Wüste bin ich gewissermaßen mit dem „Laboratorium meiner guten und bösen inneren Antriebe konfrontiert, sie ist die Matrix von Vorstellungen, die sich in uns erheben, weil dieser unbefleckte Raum uns ganz uns selbst überlässt, uns durch seine eigene Nacktheit entblößt und keine Verschleierung und keine Lüge duldet. Sie ist absolute Lichtung, Durchleuchtung alles Zeitlichen."[235] Otl Aichern bringt dies folgendermaßen zum Ausdruck:

> „die wüste ist eine denklandschaft. man geht nicht nur zwischen dünen, man geht auch in seinem eigenen denken umher. man macht gedankengänge. im gehen verändert sich die landschaft von bild zu bild. es verändert sich auch der gedankenhorizont. das auge zieht es mal hier, mal dort hin, auch die gedanken wildern umher. man wirft sie hinaus als entwürfe."[236]

Aber bei diesem „Wildern", bei diesem „mal hier, mal dorthin" kann es nicht bleiben. Auch nicht beim unentwegten sinnierenden und reflektierenden Kreisen um sich selbst, das einem vorgaukelt, man selbst sei der absolute Mittelpunkt der Welt. Wenn schon Mittelpunkt, dann ist man ein von unzähligen Polen bestimmter Punkt, wie Saint-Exupéry es ausführt:

> „Alles wird Pol. Jeder Stern bedeutet eine wirkliche Richtung. Es sind alles Sterne der drei Weisen. Sie dienen alle ihrem eigenen Gott. Dieser da bezeichnet die Richtung eines entfernten, schwer erreichbaren Brunnens. Und was dich von diesem Brunnen trennt, ist so gewichtig wie ein Wall. Jener bezeichnet die Richtung eines versiegten Brunnens. Der Stern selbst sieht nach Trockenheit aus. Und was dich von dem versiegten Brunnen trennt, ist kein lockender Hang. Ein anderer Stern dient als Führer zu einer unbekannten Oase, von der dir die Nomaden gesungen haben, die dir aber des Krieges wegen versperrt ist. Und der Sand, der dich von der Oase trennt, ist eine Märchenwiese. Dieser bezeichnet die Richtung einer weißen Stadt im Süden, einer köstlichen, scheint es, köstlich wie eine Frucht, in die man die Zähne schlägt. Und jener die Richtung des Meeres.
> Und schließlich wirken von weit her die Kräfte fast irrealer Pole wie Magnete in dieser Wüste: ein Haus der Kindheit, das in der Erinnerung lebt. Ein Freund, von dem man nichts weiß, als dass es ihn gibt. So fühlst du dich gespannt und belebt von dem Feld der Kräfte, die dich anziehen und abstoßen, dich treiben und dir widerstreben. So bist du gut gegründet, gut

Die Wüste ist eine „Entscheidungslandschaft". So wie der riesige Felsbrocken gewisser-
maßen „auf der Kippe" steht, so erfährt man sich selbst in der Wüste mit der eigenen
Wahrheit konfrontiert in einer großen Labilität, die nicht selten zu einer Entscheidung
drängt. Auf welche Seite wird/soll der gewaltige Stein niederfallen? (Am Ilamane, Hog-
gargebirge, algerische Sahara).

bestimmt, genau eingesetzt in den Mittelpunkt der Himmelsrichtungen.
Und da die Wüste keinerlei greifbaren Reichtum bietet, da es in ihr nichts
zu sehen, nichts zu hören gibt, drängt sich die Erkenntnis auf, dass der
Mensch zuvörderst aus unsichtbaren Anreizen lebt, denn das innere Leben,
weit entfernt davon, einzuschlafen, nimmt an Kräften zu. Der Mensch wird
vom Geist beherrscht. In der Wüste bin ich das wert, was meine Götter
wert sind."[237]

In die richtungsweisenden Pole der Wüste eingespannt, spürt man noch
einmal mehr, dass sie gerade in ihrem Schweigen eine Stimme hat. Es ist
aber kein neutrales Wort, kein „schönes Wort", kein Wort, das in Ruhe
lässt, sondern das anruft und unerbittlich zur Entscheidung herausfordert.
So sagt es auch ein arabisches Sprichwort: „Die Wüste ist der Ort der Wahrheit, der Ort, wo alle schönen Worte enden und kein Reden stimmt."[238]
Deshalb gilt:

„Die Stille

aushalten, erdulden, ertragen,

bis du

die Botschaft hörst,

die Sprache verstehst,

die Wahrheit findest,

die dich zum Leben ruft."[239]

Die Wüste duldet kein Herumreden, keine Grautöne, kein neutrales Sich-heraus-Halten, keine wohlabgemessenen, doch deshalb nicht weniger faulen Kompromisse. Alles in ihr ist hell oder dunkel (Dämmerung gibt es praktisch nicht), heiß oder kalt (Übergangszeiten zwischen frostigen Nächten und brütender Tageshitze sind lächerlich kurz), tödlich-abweisend oder freundlich-einladend. Weit mehr denn eine „denklandschaft" ist sie eine „Entscheidungslandschaft". „Die Wüste erlaubt keinen Kompromiss, sie fordert eine klare Entscheidung: für den steinigen Weg, das unaufhörliche Voranschreiten mit möglichst leichtem Gepäck, oder für den Tod."[240] Aber Entscheidungen in der Wüste sind schon in Bezug auf das rein äußere Vorankommen schwierig: Orientierungspunkte fehlen, Spuren verwehen, Stürme machen müde, Hitze am Tag dörrt aus, Kälte in der Nacht lässt frieren.[241] Und doch stellt sich im Äußeren wie im Innersten die Entscheidungsfrage unerbittlich, wie es Edmond Jabès so treffend formuliert: „Zwischen Himmel und Sand, zwischen dem Alles und dem Nichts brennt die Frage. Sie brennt und hört nicht auf zu brennen. Sie brennt für sich selbst in der Leere. So ist die Erfahrung der Wüste auch die Erfahrung des Hörens, des zugespitztesten Hörens."[242] Es ist das Hören auf die Frage: Was soll gelten: Selbsttäuschung/Lüge oder Wahrheit, Schein oder Sein, Ich-Zentralität oder Exzentrischwerden auf Anruf hin? So gesehen treffen die Worte von René Voillaume zu: „Nur die Wüste ist ganz wahr. In ihrer ganzen Nacktheit stellt sie, ohne uns die Möglichkeit zur Ausflucht zu lassen, vor eine endgültige Entscheidung zwischen zwei Polen: Gott oder das, was nicht ER ist. Einverständnis mit dem Heilsplan oder Nein zu unserer Berufung."[243]

Genau an dieser Stelle werden „naturale" und strikt „säkularisierte" Wüstenspiritualität auseinander driften. Eine bewusst areligiöse Begegnung mit der Wüste wird in ihr als Wahrheit nur die Stimme der eigenen Tiefe vernehmen, wer dagegen offen ist für Gott oder Göttliches, wird sich unweigerlich von einer größeren Macht angesprochen und zur entschiedenen Antwort herausgefordert erfahren. Wahrheit im Monolog oder im Dialog? In jedem Fall aber ist es eine Wahrheit, die, aus der Wüste kommend, zur Weisheit führt, wie es so trefflich Erhart Kästner im Anschluss an eine Koran-Stelle formuliert: „Der Weg zum Ruhm geht über Paläste, der zum Glück über Basare, der Weg zur Weisheit aber führt über die Einöden."[244] Vielleicht ist „Weisheit" ein zu hoch gegriffenes Wort, aber zutreffend ist gewiss, dass – wie ein arabisches Sprichwort sagt – aus der Wüste niemand als der Gleiche zurückkommt.

Zeit neu erfahren

Während es in unserer gegenwärtigen westlichen Gesellschaft zu einer immer größeren Beschleunigung der Zeit kommt – „time is money", oder auch: Zeit ist der (hoffentlich) kurze Abstand zwischen geradezu zeitlosen, faszinierend erscheinenden, aber dann doch immer auch wieder ent-täuschenden „events" –, führt die Wüste zu neuen Weisen der Zeiterfahrung. In der Wüste scheint zunächst einmal die Zeit nicht zu vergehen. Das dringt besonders ins Bewusstsein, wenn man mit dem Wagen – wegen der schlechten Piste bei nur mäßiger Geschwindigkeit – über endlose Hochebenen dahinkriecht oder vor allem wenn man bei zermürbendem Fußmarsch trotz kräftigen Ausgreifens nicht vom Fleck kommt. Denn auf den öden, unendlichen Ebenen der Wüste ändert sich der Horizont und damit das Bild, das man vor Augen hat, kaum, und auf gebirgigen Strecken spiegelt die trockene Luft (samt den dazugehörigen Luftspiegelungen) eine solche Nähe vor, dass einem das angepeilte Ziel ständig entgleitet und sich weiter zu entfernen scheint. So scheint man überhaupt nicht weiterzukommen: Nichts Neues, nichts Aufregendes geschieht. Nur endloses, ermüdendes Einerlei! So weit der Blick reicht, zieht Gleiches oder Ähnliches an einem vorbei: flache, sich 800 bis 1000 km hinziehende sand- oder geröllbedeckte Hochebenen, riesige Wadis mit dem gleichen spärlichen Pflanzenwuchs, ausgedehnte Dünengebiete oder Granitgebirge mit sich wiederholenden bizarren Formen und Gestalten.
Wenn man in dieser Monotonie verweilt oder weiterzieht, scheint die Zeit stillzustehen, oder besser: nur unendlich langsam voranzuschreiten. An dieser Erfahrung der Wüstenzeit merkt man handgreiflich, wie sehr unser „normales" Zeitbewusstsein geprägt ist vom bunten Wechsel der Eindrü-

cke, vom Vielerlei neuer Erfahrungen, von der Mannigfaltigkeit äußeren Geschehens und „events", vom ständigen Erreichen eines doch nur ent-täuschenden Ziels, von dem aus man dann immer wieder neu aufbricht. Wo dies der Fall ist, fließt die Zeit in schnellem Tempo nur so dahin. Wo aber zermürbende und bedrückende Eintönigkeit das Leben prägt, wo nichts Neues geschieht, wo sich das Ziel ständig entzieht, wo Erfolglosigkeit herrscht und der Eindruck bestimmend ist, dass man nicht weiterkommt, da ist Lange-Weile, da werden aus Minuten Stunden, aus Stunden Tage, aus dem Fluss des Lebens wird das Grau-in-Grau eines sinnlosen, ermüdenden, leeren Auf-der-Stelle-Tretens. Eine Stunde gleicht der anderen, ein Kalenderblatt dem folgenden. Warum überhaupt noch weitergehen, warum sich weiter anstrengen, warum überhaupt weiterleben? Zeigt die Wüste nicht auch die ganze sinnlose Vergänglichkeit unserer Existenz? Man fährt über Sandfelder oder geht über Dünen und hinterlässt dabei ein paar Spuren. Aber dann vergeht meist nur ein Minimum an Zeit, und die Spuren sind schon wieder verschwunden. Es ist, als wäre ich nicht gewesen, als wäre nichts gewesen, als gäbe es mich überhaupt nicht. Man möchte manchmal schreien, aber auch das Schreien wird niemand hören. Was also soll das „Ganze"? So verleiten Wüstenzeiten zum Müdewerden, zum Resignieren, zum Aufgeben des Ziels.

Solche „Wüstenzeiten" sind nicht nur in den geologischen Wüsten gegeben. Auch was die Zeiterfahrung angeht, sind diese nur ein Bild für die vielfältige Wüste, die wir ständig in unserem Leben erfahren können in Erfolglosigkeit und Einsamkeit, in Krankheit und Leid, im Einerlei des Alltags und in der Trockenheit geistig-geistlichen Lebens. In all diesen Wüsten hat man den Eindruck, dass die Zeit nicht vergeht; sie scheint stillzustehen in der aufreibenden Eintönigkeit einer perspektivlosen, vergänglichen, sinnlosen Gegenwart. Aber diese triste Erfahrung der Wüstenzeit kann zu einer ganz neuen Lebenschance werden. Angesichts der äußeren Eintönigkeit und Langeweile kann der Blick, kann die ganze Aufmerksamkeit sich von der Oberfläche weg auf das Innere richten. Der zermürbende Ablauf der Stunden und Tage, die Armut äußeren Geschehens und Erlebens lädt dazu ein, sich den inneren Werten der Phantasie, der Einbildungskraft und Kontemplation zuzuwenden, lädt dazu ein, aus der Schau nach innen ganz neu auf die kleinen, unscheinbaren äußeren Begebnisse zuzugehen, die in den Wüstenzeiten so etwas wie „Oasen" aufblitzen lassen, neue Perspektiven, neues Leben, Freude und Glück.

Oasen sind nicht immer leicht zu finden. Gewiss, es gibt die großen, weit sich erstreckenden Oasen mit ihrem geradezu aufdringlichen Grün und ihrer überschwänglichen Lebenskraft, und es ist schön, sich ihrer nach langen, ermüdenden Wüstenzeiten zu erfreuen. Aber daneben gibt es inmitten der Wüste die kleinen, so leicht übersehbaren Oasen: Da ist der unscheinbare grüne Busch, welcher der Übermacht einer riesigen Düne trotzt, da ist der verborgene Brunnen abseits vom Weg, der, nur den Nomaden bekannt, den Durst einer großen Herde stillen kann, da ist irgendwo in einem felsigen Wadi das versteckte Guelta, das Mensch und Tier zum erfrischenden Bad einlädt. An all dem kann aufgehen, dass „die Wüste lebt", wenn man nur die Oberflächlichkeit der eintönigen äußeren Erfahrung durchbricht und – mit geschärftem Blick von innen her – die Schönheit der bescheidenen, unansehnlichen Dinge wahrnimmt, wenn man die kleinen Oasen findet und Freude erfährt. Plötzlich fließt wieder die Zeit. Aber es ist ein Zeitfluss, der nicht Maß nimmt an der Hektik und Routine des gegenwärtigen Lebens, nicht am Wechsel beeindruckender äußerer Begebenheiten, am großartigen Erfolg, an narkotisierenden „events", sondern an der Erfahrung des kleinen, unscheinbaren, aber viel tiefer liegenden Schönen, Guten und Werthaften. Die Wüstenzeit lehrt den Blick auf das Unansehnliche, sie weckt damit den Sinn, für Geduld und Hoffnung.

Denn gerade das Unansehnliche ist Zeichen des Kommenden. Auch die kärglichste Distel wird einmal blühen, und die kleinste Oase weist hin auf das, was einmal war, da die Sahara noch insgesamt ein blühender Garten war, und was sie vielleicht einmal wieder sein wird, ja, was darüber hinaus die Welt sein wird, wenn man der Verheißung der Propheten glaubt, wonach „lebendiges Wasser" die Wüste zum fruchtbaren Garten macht.

So lehrt die Wüste eine andere Zeiterfahrung, damit ein tieferes Sehen, aber auch das wahre Hören. Es ist wohl kaum ein Zufall, dass es gerade die Bewohner und Anrainer der Wüstengebiete sind, die eine besondere Fähigkeit zum Erzählen und zum Hinhören haben und zum Verarbeiten und Lebendig-werden-Lassen des Vernommenen im eigenen Innern. Ist unsere abendländische Kultur, ihr Denken und Gestalten vornehmlich vom Sehen her bestimmt, so die Kultur der Wüsten und wüstennahen Gebiete vom Hören. Gegenüber der oft gespannten Nervosität und Hektik des Alltags, in der die Zeit nur so oberflächlich dahinfliegt, und gegenüber dem ständigen Vordringen einer Fern-Seh-Kultur, die nur den flüchtigen Augenblick und die stärksten Erlebnisreize gelten lässt, eröffnen gerade die Eintönigkeit und

Armut von Wüstenzeiten die Chance zum Hören: zum Hören auf die leisen Stimmen im eigenen Innern und – vor allem – aufeinander: auf Freude und Leid, auf Hoffnung und Verzweiflung des Mitmenschen und schließlich – für den Glaubenden – auch auf Gott, der allein die Vergänglichkeit alles Zeitlichen beantworten kann und unsere Sehnsucht, dass diese nicht das letzte Wort haben möge. So bringt es der folgende Text von Andreas Knapp zum Ausdruck:

Vergänglich

Wie schnell hat der Wind meine Spuren verweht.
So tief ich auch in den Sand sinke,
so schnell schließt der Wind
die Wunden der Dünen wieder.
Als wäre nichts gewesen.
As hätte nie ein Mensch diese Landschaft betreten.
Was bleibt zurück, wenn wir gegangen sind?
Welchen Ein-Druck hinterlassen wir?
Der Wind reißt unsere Worte weg
und weht sie mit dem Sand in die Weite.
Es bleibt die Stummheit der Landschaft
und die unendliche Sehnsucht,
auch ohne Spuren heimzufinden.[245]

7. Kirche in der Wüste

Der heute vorherrschende Zugang zur geistlichen Dimension der Wüste geht, wie wir im vorangehenden Kapitel sahen, über „naturale Erfahrungen", die aber – werden sie in ihrer ganzen Tiefe und mit unverstellter Offenheit wahrgenommen – allesamt über sich hinausweisen. Es ist nicht zuletzt eine Aufgabe der Kirche und jedes Glaubenden, in der Wüste einer zunehmend säkularisierten Welt, den Transparenzcharakter solcher Erfahrungen zu erschließen und damit Wege zum Geheimnis Gottes zu eröffnen. Aber noch in einem viel intensiveren Ausmaß hat Kirche selbst es mit der Wüste zu tun.

Vom „wandernden Gottesvolk" in der Wüste zum „Haus voll Glorie"

Wie die bleibende Situation des alttestamentlichen Gottesvolkes die Wüste ist, so gilt dies ebenso für Kirche, die dem „edlen Ölbaum" Israel „eingepfropft" wurde (Röm 11,17). Auch das Zweite Vatikanische Konzil setzt die Kirche in Beziehung zu Israel „auf seiner Wüstenwanderung" (LG 9). Auch sie ist das durch die Wüste dieser Welt wandernde Gottesvolk auf dem Weg zu ihrer „himmlischen Heimat" (Hebr 11,15). Noch hat sie hier „keine bleibende Stätte" (Hebr 13,14). Noch sollen ihre Zelte auf Abbruch gebaut sein, bereit zu ständigem Neuaufbruch. Ihr Ort ist nicht die Geborgenheit der festen Stadt. Denn so wie ihr Meister „außerhalb des Tores gelitten hat", so ist auch sie herausgerufen, „zu ihm hinaus vor das Lager zu gehen" (Hebr 13,13). Nicht unter den anderen hat sie ihre Bleibe, sondern sie lebt, wie der erste Petrusbrief sagt, „neben den andern" (als „par-öken), „in der Fremde", „in der Zerstreuung" (1 Petr 1,1). „Als Fremdlinge und Gäste" in dieser (ganz anders orientierten) Welt (1 Petr 2,11) haben die Jünger Jesu damit zu rechnen, von allen „verfolgt" und „gehasst" zu sein (Lk 21,12ff; Joh 15,20). Da die Kirche noch nicht am Ziel ist, werden ihr die gleichen „Versuchungen der Wüste" zugemutet, wie Israel sie erfahren und ihr Herr sie bestanden hat (vgl. Kap 1). Zugleich aber soll sie – gleich Israel bei seinem Exodus aus Ägypten – „in der Wüste" dieser Welt „dem Herrn ein Fest feiern" (Ex 5,3 u.ö.). So wie dieses Motiv des Festes neben dem der Befreiung aus Knechtschaft und Fronarbeit als roter Faden die ganze Exodusgeschichte durchzieht, so hat es auch für die Kirche seine Geltung. Es ist geradezu die vorrangige Aufgabe der Kirche, in der Vorwegnahme des erhofften „ewigen Festes" ständig neu von den narkotisierenden „Fleischtöpfen Ägyptens" aufzubrechen und dankend und preisend jenen Gott zu verehren, dessen gütige Zuwendung und Nähe sie erfährt und auf dessen Verheißung sie baut. Wie für Israel so ist er auch für die Kirche der Quell lebendigen Wassers in der Wüste, er ist es, der „Brot vom Himmel" schenkt und Schutz und Weggeleit gewährt.

In den ersten Jahrhunderten wurde diese „Wüstenexistenz" der Kirche in kleinen, oft unscheinbaren, wenig durchorganisierten Gemeinden gelebt, die sich als „Pilger und Fremdlinge" in dieser Welt fühlten und sich im Gegensatz zu ihrer heidnischen Umwelt als – wie man heute gern sagt – „Kontrastgemeinschaften" verstanden. So heißt es noch im Diognet-Brief (vermutlich um 200): „Die Christen bewohnen ihr jeweiliges Vaterland, aber nur wie fremde Ansässige; sie erfüllen alle Aufgaben eines Bürgers und erdulden alle Lasten wie Fremde; jede Fremde ist für sie Vaterland und jede Heimat ist für sie Fremde."[246]

Seit dem 4. Jahrhundert aber geriet dieses In-der-Fremde-, ja In-der-Wüste-Sein der christlichen Gemeinden mehr und mehr und schließlich völlig aus dem Blick, da die Kirche nach Zerfall des Heidentums zum integralen Bestandteil der Gesellschaft wurde und zur neuen Verwalterin der religiösen Bedürfnisse des Imperiums. Auch wenn dieser Schritt zur byzantinischen Reichskirche und später dann zum bestimmenden Faktor der abendländischen „christianitas" (als einer unzertrennbaren Einheit von Gesellschaft und christlicher Glaubensgemeinschaft) nicht einfach der große „Sündenfall" der Kirche – meist ziemlich undifferenziert als „konstantinische Wende" bezeichnet – war, so brachte er doch tief greifende Probleme mit sich.

Der Schritt war kein „Sündenfall". Denn dadurch erreichte das Evangelium die Welt auch in ihren öffentlichen, gesellschaftlichen und kulturellen Dimensionen. Überall waren die Zeichen Christi aufgerichtet. Der Sendungsbefehl Jesu („Geht hinaus in die Welt … Macht alle zu Jüngern!") schien nahezu perfekt umgesetzt zu sein. Die europäische Welt – und eine andere kannte man im Wesentlichen nicht, bzw. eine solche wurde nur als „Peripherie" betrachtet – war, extensiv gesehen, in nahezu all ihren Elementen verchristlicht.

Auf der andern Seite aber war der Preis dafür sehr hoch. Christsein wurde kaum noch als „Herausgerufensein" und als Sache der persönlichen Glaubensentscheidung angesehen; es war für die meisten ein Resultat des soziokulturellen Umfelds. Deshalb wurden auch die christlichen Grundperspektiven allzu sehr „natürlichen Plausibilitäten" angepasst (hier versuchten dann die Ordensleute als die „eigentlichen" Christen den Kontrast des Evangeliums zu leben). Auch in ihrer äußeren Gestalt, Struktur und Organisation hatte sich die Kirche gewandelt. Statt mit „leichtem Gepäck" durch die Welt hindurchzuziehen, hatte sie sich ganz schön in ihr eingerichtet. Da die Organisation der Kirche sich weithin nach der des Staates richtete – der Stadtgemeinde (polis) entsprach die zunächst vom Bischof, dann von Presbytern geleitete Ortskirche, der byzantinischen staatlichen Provinz (dioikesis) war die Diözese zugeordnet –, lag es nahe, dass das kirchliche Amt sich evangeliumswidrig allzu sehr nach Analogie weltlicher Herrschaft verstand und verwirklichte. Nicht selten stand es unter den Vorzeichen von Herrschaft und Macht, von den politischen Machthabern nicht selten privilegisiert, aber auch instrumentalisiert. Das kirchliche Rechtssystem verfeinerte sich, die kirchliche Verwaltung und organisatorische Aufgliederung des corpus ecclesiasticum mit ihrem bürokratischen Apparat, ihren Ämtern und Würdetiteln, ihren Machtansprüchen und -befugnissen nahmen zu – und damit auch der Bedarf an Geld. Kurz, mit den Worten von Bischof Kurt Koch: „Die Christianisierung des römischen Imperiums hat ... unweigerlich auch zur Imperialisierung des Christentums geführt."[247]

Auch das Wesen der Kirche stellte sich nun anders dar. Aus dem durch die Wüste der Welt wandernden Gottesvolk war das „Haus voll Glorie" geworden, „erbauet von Gottes Meisterhand", darum ohne Fehl und Makel, was ihr eigenes inneres Sein (freilich nicht das der einzelnen Glieder) angeht. Kurz: Aus der Jesus-Bewegung hatte sich eine sakrale, unhinterfragbare gesellschaftliche Institution gebildet, in deren Asche freilich das Feuer des Evangeliums erhalten blieb und nicht nur weiterglomm, sondern auch bisweilen hohe und höchste Flammen schlug und neue Brände entfachte. Um nicht missverstanden zu werden: Im Prinzip war die Institutionalisierung der Kirche keine Fehlentwicklung, sondern, bereits im Evangelium angelegt, eine legitime und notwendige Folge der Inkarnation. So wie Gottes ewiges Wort Fleisch wurde, d. h. ganz und gar in die Strukturen der Welt einging, so konnte und kann auch die Kirche sich nicht als eine charismatisch-ungebundene „Bewegung" von den Strukturen dieser Weltzeit dispensieren. Und zu diesen Strukturen gehört nun einmal auch ein gewisser Grad von Institutionalisierung, gehören Normen und Gesetze, Verwaltung, Ämter und Dienste und schließlich auch die Übernahme von Verantwortung und Mitarbeit im Bereich der großen gesellschaftlichen Dimensionen wie Politik, Kultur; Erziehungswesen u.dgl. Dies alles ist deshalb auch für das von Jesus gerufenen Gottesvolk rechtens und notwendig – aber nur insofern es der Sache Jesu, dem Evangelium, entspricht, ihm dient und den wahren Charakter der Kirche zum Ausdruck bringt, wanderndes Gottesvolk zu sein, das wehrlos und unabgesichert, allein seinem Gott vertrauend, mit leichtem Gepäck und stets zum Aufbruch bereit, als „Pilger und Fremdling" durch die Wüste der Welt zieht.

Und hier dürften ja doch wohl erhebliche Fragen angebracht sein. Ist die Kirche, wie sie sich in unseren Ländern präsentiert, mit ihrer Organisation, ihrem Umgang mit Besitz, Geld und Macht, aber auch ihrer pastoralen Umtriebigkeit und soziokulturellen Omnipräsenz noch als dieses „wandernde Gottesvolk" zu identifizieren. Nimmt man ihr das ab, ja kann man ihr das überhaupt abnehmen?

Es würde hier zu weit führen, eingehender darzustellen, wie die Kirche auf dem 2. Vatikanischen Konzil versuchte, sich wieder ihrer ursprünglichen Gestalt zu nähern. Das „pilgernde Gottesvolk" wurde hier zur wohl wichtigsten kirchlichen Selbstdefinition. Ganz neu erkannte man an, dass die Kirche auf dem Weg durch die Wüste von Staub und Schmutz bedeckt ist und der ständigen Reinigung und Erneuerung bedarf (vgl. LG 8). Eine eigene Gruppe von Bischöfen befasste sich mit der Armut als Grundgestalt der pilgernden Kirche. Doch blieb all das in mancher Hinsicht ohne gebührende und vor allem radikale Konsequenzen. Und so führte Gott selbst sein Volk noch einmal in die Wüste.

„Ich will sie in die Wüste führen"

„Ich will sie in die Wüste führen": Mit diesem Gotteswort kann man die kirchliche Entwicklung in unseren Ländern während der letzten Jahrzehnte deuten und verstehen. Johannes Bours, langjähriger Spiritual in Münster, schrieb dazu:

„Wir erleben das Zerbrechen und Zu-Ende-Gehen einer Kirchengestalt und wir ahnen, dass diese Kirchengestalt zerbrechen muss, insofern sie in den Augen der pluralistischen Gesellschaft … nur ein Subsystem dieser Gesellschaft sein soll, ein Phänomen am Rande zur religiösen Verzierung der großen Lebenszeiten."

In der Tat, wir erleben seit Jahren den Zusammenbruch der bisher geltenden Sozialgestalt der Kirche: Überall zeigt sich eine schwindende Teilnahme am kirchlichen Leben (die ihre Talsohle gewiss noch nicht erreicht hat); ein Abbruch in der kontinuierlichen Weitergabe des Glaubens an Kinder und Jugendliche; bei den Noch-Glaubenden Verunsicherung, Autoritätskrise, ein erschreckendes Defizit an Glaubenserfahrungen und eine dramatische Abnahme geistlicher Berufe; bei den Nicht-Glaubenden ein zunehmender Analphabetismus in religiösen Dingen. Darüber hinaus ist ein immer stärker werdender Verlust an Glaubwürdigkeit der Kirche festzustellen und ein Absinken in gesellschaftliche Bedeutungslosigkeit. Kurz: Alle Zeichen weisen darauf hin: Die Kirche wird wieder zur Minderheit in einer ganz anders orientierten Gesellschaft. Dabei ist freilich auch zu sehen, dass die Krise der Kirche mit der Krise der westlichen Kultur, die immer mehr auf Privatisierung und Entsolidarisierung hinausläuft und eine Dominanz der Technokratie über alle anderen Werte aufweist, parallel läuft.[248]

Was wir erleben, ist auf den ersten Blick ein Zurück der Kirche vor jene Entwicklung, die sie „aus der Wüste" ins sichere Haus gesellschaftlicher Erstplazierung, Anerkennung und Universalkompetenz führte. Es ist ein Zurück, ähnlich wie die Propheten dem alttestamentlichen Gottesvolk ein Zurück in die Wüste verordnet und angekündigt hatten. Doch gibt es in der Geschichte kein simples Zurück. Es gilt, nach neuen Wegen zu suchen, für die freilich die alten einen gewissen Anhaltspunkt, eine Ähnlichkeit und strukturelle Analogie darstellen. Und da bietet sich in der Tat das Bild der Wüste an, um die jetzige Situation zu verstehen und mutig zu bestehen.

Zu diesem Bestehen des Heute gehört in allererster Linie die Anerkennung der Situation, also dessen, „was ist". Denn – darauf weist zu Recht Bernard Rootmensen hin – weil die Wüstenexistenz nicht gerade behaglich ist, wird sie gern auf vielfache Weise verdrängt. Der Autor nennt dazu eine Reihe von Möglichkeiten: z. B. simple Leugnung der harten Wirklichkeit („Wir können wie Vogel Strauß einfach unseren Kopf in den Wüstensand stecken"), Rückkehr nach Ägypten (d. h. versuchen, die alten Sicherheiten wieder zu erneuern), Schuldzuweisung an andere (diese werden als Sündenböcke in die Wüste geschickt), Auf-Fata-Morganas-Setzen (d. h. Sichheraus-Träumen aus der Wirklichkeit), Professionalisierungsfalle (Fachleute müssen einen Ausweg finden), Sich-der-Untergangsstimmung-Hingeben usw. All das sind Fehlwege. Denn so schreibt zu Recht Rootmensen:

> „Der Wüste um uns herum und in uns kann man nicht entkommen. Sie verlangt außer Protest und Widerstand auch Annahme. Letzteres hat nichts mit Fatalismus zu tun, sondern vor allem auch damit, dass wir die Läuterung und die Herausforderung, die mit der Wüste verbunden sind, annehmen.
> Die erste Bedingung, um in der Wüste zu überleben und zu leben, ist, dass man Quellen lebendigen Wassers findet. In den Zeiten, in denen wir leben, lautet die Devise mehr denn je: Zu den Quellen!"[249]

Dieser Ruf „Zu den Quellen!" hat nun eine große Bedeutungsbreite.

(1) „Zu den Quellen!" heißt zunächst einmal entschiedene Neuorientierung am Wort Gottes als die stets neu fließende Quelle des Lebens. Es lehrt uns, was es heißt, in der Nachfolge des Herrn als „Pilger und Fremdlinge" in dieser Welt zu leben, im Kontrast und oft im Widerspruch zur nichtglaubenden Umgebung, aber mit der zu Beginn des Wüstenzugs gegebenen Verheißung „Ich werde mit euch und für euch da sein" (Gen 3,14). Neu aus dem Wort Gottes ist aber auch zu lernen, was die eigentliche Mitte des Evangeliums ist, die sich am deutlichsten im sog. „Testament Jesu", seinem letzten, alles einbegreifenden Willen und der eigentlichen Pointe seines ganzen Redens, Tuns und Erleidens, ausspricht: „Alle sollen eins sein, wie du, Vater, in mir bist und ich in dir bin, so sollen auch sie in uns eins sein" (Joh 17,21).[250] Es geht in Glaube und Kirche nicht um alles mögliche Fromme und Erhabene, sondern darum, Einheit von Gott und Mensch, Einheit der Menschen untereinander und Einheit im eigenen Herzen zu finden und zu verwirklichen. Dafür ist die Kirche als „Sakrament der Einheit" (LG 1) da; diese Einheit soll auf ihrem Wüstenzug anheben, von ihr her sollen Fermente der Einheit überall hin ausgestreut werden.

(2) Beim Ruf „Zu den Quellen!" geht es um eine Neuorientierung an der großen geistlichen Tradition der Kirche, von der ein kleiner Ausschnitt in diesem Buch skizziert wurde. Wir haben gesehen und wir wissen es ohne-

Inmitten des riesigen Dünengebiets des Erg von Ubari (libysche Sahara) finden sich nicht nur Oasen, sondern umgeben von hohen Dünen und deshalb fast verborgen, zwölf kleine Seen, die sog. Mandara-Seen. Ein Wunder der Natur! Reichliches Wasser und üppige Vegetation locken von weit her alles an: Kleintiere und Vögel, Feneks und Gazellen, Karawanen und – heute – Touristen. Hier lässt sich geradezu mit Händen greifen: Oasen sind im wahrsten Sinn des Wortes „attraktiv" – „an-ziehend". Die Kirche der Zukunft als Oase?

hin: Unzählige Menschen vor uns haben die Wüste dieser Welt bestanden im Glauben, d. h. mit leeren Händen vertrauensvoll vor Gott stehend, im Wissen um die eigene Armut, aber auch in der Haltung des Kampfes und der Entschiedenheit, geprägt von langem Atem, von Stillewerden, Aufmerken, Hinhören und – gegen alles „Murren" über die schlechte Welt und alles illusionäre Halluzinieren einer nur erträumten Wirklichkeit – in der schlichten Bereitschaft zur gegenseitigen Hilfeleistung und Liebe.

Neuorientierung an der Tradition bedeutet aber auch, wieder anzuknüpfen (nicht einfach: zu wiederholen!) an jene Epoche der Kirche, in der noch das Bewusstsein ihrer Wüstenexistenz lebendig war. Wir werden in manchem wieder an den Punkt null geführt, so wie Elija mit „leichtem Gepäck", nämlich mit dem ihm durch den Engel vermittelten Wort Gottes und der Nahrung vom Himmel, zum Gottesberg gehen musste, um dort, wo einmal der Bund geschlossen wurde, neu anzufangen. „Gnade des Nullpunkts"!

(3) „Zu den Quellen!", das heißt weiter, die Oasen finden, die bereits heute schon über all blühen, wenn man sich nur auf die Suche nach ihnen macht. Zwar steckt die Kirche unserer Länder gegenwärtig auch insofern in der Wüste, als sie sich als Landschaft des Todes darstellt: ausgebrannt, leer, trostlos und verunsichert nach den rechten Wegen Ausschau haltend. Aber das ist nur eine Seite der Wahrheit. Ganz abgesehen davon, dass die Kirche in anderen Regionen höchst vital und am Blühen ist, finden sich in ihr auch bei uns ganz lebendige, ja von Leben sprühende Oasen: Gruppen und Gemeinschaften, in denen der Glaube lebendig ist, wo man gemeinsam das Evangelium zu verstehen und zu verwirklichen sucht; ein nie zuvor gekanntes Engagement von Laien für ihre und in ihren Gemeinden, ein vielfältiger sozialer Einsatz in und außerhalb der Kirche. Da ist weiter zu denken an „alle, die andere in Liebe fördern; alle, die gegen den Strom zu schwimmen wagen; alle, die zu protestieren wagen, alle, die trotz der gegenwärtigen Misere die Hoffnung verkörpern, dass wir nicht ohnmächtig sind, weil schon einmal Einer in unserer Mitte auferstanden ist. Auffallend in diesem Zusammenhang ist, dass Oasen sich völlig unerwartet zeigen können, oft zu einem Zeitpunkt, da wir die Hoffnung auf einen Streif am Horizont bereits aufgegeben haben."[251] Zahlreich, sehr zahlreich sind solche Oasen; man muss sie nur suchen, dann findet man sie auch, und darum gilt auch heute das Jesaja-Wort: „Seht her, ich mache etwas Neues. Schon kommt es zum Vorschein, merkt ihr es nicht?"

(4) Könnte der Ruf „Zu den Quellen!" – „Zu den Oasen!" nicht auch Bedeutung annehmen für die Struktur der Kirche? Wie wir sie heute vorfinden, ist sie nicht nur perfekt „territorialisiert", sondern darin auch der profanen Gesellschaft angepasst: Der Aufgliederung in Kommunen als kleinster staatlicher Einheit entspricht die Pfarrgemeinde als kleinster kirchlicher Einheit – letzte Folge der sog. „konstantinischen Wende". Das war nicht immer so. Die Form einer flächendeckenden Seelsorgsstruktur wurde erst gegen Ende des 12. Jh. abgeschlossen. Bis dahin, also über 1000 Jahre lang kam die Kirche auch ohne eine solche perfekte „Territorialisierung" der Seelsorge aus. Und die heutige Form der Pfarrseelsorge gibt es ohnehin erst seit ca. 200 Jahren.[252]

Nun erleben wir gegenwärtig auch eine massive Erosion der (Pfarr-)Gemeinden. Diese auf den sog. Priestermangel zurückzuführen, wäre schlichtweg naiv. „Gläubigenmangel" wäre das treffendere Stichwort. Zur Erosion gehört aber nicht nur die quantitative Abnahme der sich am kirchlichen Leben Beteiligenden, sondern auch die zunehmende Konzentration der Gemeinden und ihrer Amtsträger auf die Befriedigung religiöser Bedürfnisse (Gottesdienst, Taufe, Kinderkommunion, Hochzeit, Bestattung usw.), ein routinemäßiges Abwickeln vieler priesterlicher Handlungen (Sakramentenspendung, Predigt) auf Grund vermeintlicher Überforderung durch so viel „anderes" (Verwaltung ...), eine pastorale Umtriebigkeit, die alles Mögliche tut, nur nicht das „Eine Notwendige" und vieles mehr ...

Angesichts der Erosion der Gemeinden gibt es gegenwärtig zwei Tendenzen: Auf der einen Seite hört man das Kommando: „Halten, was zu halten ist!", und wenn auch nur durch neue Organisationsformen (Stichwort: neue Seelsorgseinheiten, bei denen der Priester noch einmal mehr zum „Manager" zu werden droht), und auf der andern Seite sucht man die locker gewordenen Reihen zu schließen, d. h. das Gemeindeleben mit den weniger Gewordenen nur noch enger und intensiver zu gestalten. Letzteres kommt zwar einem Bedürfnis des heutigen Menschen entgegen, der in einer zunehmend entsolidarisierten und privatisierenden Welt nach neuen Gemeinschaftsformen sucht. Aber diese Suche richtet sich auf „neue Gemeinsamkeiten unter der Bedingung der Individualisierung"[253], wie sie für die Neuzeit typisch ist. Das heißt: Es richtet sich auf solche Gemeinschaften, die der Einzelne sich selbst sucht, die zu ihm passen und die er mitgestalten kann. Dagegen findet nun oft gerade in Gemeinden, die auf ein intensives Gemeindeleben bedacht sind, eine „faktische Milieuverengung" statt, d. h. der Stil des Gemeindelebens ist wie ein Filter, das nur ganz bestimmte Menschen und Menschentypen zur Partizipation am kirchlichen Leben einlädt und zulässt. Viele unterschiedliche Charismen und Interessen, Biographien und Wegstufen des Glaubens können nicht zur Geltung kommen. So sehen es jedenfalls viele Soziologen. Für sie trägt diese „Milieuverengung" erheblich dazu bei, „viele Menschen in Distanz, ja in absoluter Beziehungslosigkeit zum kirchlichen Leben zu halten, nicht zuletzt auch Jugendliche."[254] Diese wandern dann entweder ganz aus der „eng" gewordenen Kirche aus oder suchen sich – im besten Fall – „ihre" Gemeinden. Dies wird auch dadurch unterstützt, dass es vielfach nicht mehr die Wohngemeinde ist, die das eigentliche Leben vieler Menschen trägt und prägt, wo sich Ausbildung, Arbeit und Freizeit, soziale Kontakte und Beziehungen ereignen. „Zusammengehörigkeit wird immer seltener über die Zugehörigkeit zu einem Ort erfahren. Die Gemeinde ist immer seltener die gemeinsame Schnittfläche von Lebenserfahrungen und Beziehungen … Lebenshorizont und Lebensbewusstsein gehen über früher einmal abgesteckte Grenzen hinaus."[255] Kurz: Der Großteil des Lebens spielt sich heute nicht mehr in der Wohngemeinde ab, und auch diese wird noch einmal relativiert durch eine auf Grund wachsender Mobilität immer kürzer werdende Lebensortbindung vieler Menschen.

Die bisher herrschende, territorial strukturierte, d. h. am jeweiligen Wohnort orientierte Pfarrgemeinde darf diesen neuen Herausforderungen nicht als „heilige Kuh" entgegenstehen. Aus der Pastoral darf keine „Schrebergartenpastoral" werden (Dieter Emeis). Vielmehr drängen die „Zeichen der Zeit" dahin, sich nicht mehr in erster Linie um eine flächendeckende, alles nivellierende und damit „milieuverengende" (Pfarr-)Gemeindebildung zu sorgen, als vielmehr um die Schaffung eines über die lokale Gemeinde hinausgehenden Netzwerks verschiedenster Gemeinschaftsformen. Die Kirche der Zukunft wird, wenn nicht alles täuscht, eine „Gemeinschaft von Gemeinschaften" sein. Dieses Bemühen zielt freilich nicht, wie Ebertz vermerkt, „auf die Abschaffung jeder Gemeindepastoral …, [hätte sich] aber auch nicht vor dem ‚Tribunal' derjenigen Gemeindeaufbauleute zu rechtfertigen …, die Kirche an der ‚Basis' kaum anders denn in der Sozialgestalt einer flächendeckenden parochialen Gemeinde der konzentrischen Kreise zu denken vermögen. Sofern die parochiale Gemeinde mit ihren zentripetalen Kräften ‚vom Zentrum her ausgreifend, alles in ihre Mitte zu saugen versucht'[256]], gerät sie offenbar nicht nur an Grenzen, sondern trägt dazu bei, Kirche faktisch in die Milieuverengung zu steuern."[257] Auf dieser Linie plädiert Medard Kehl für „Pfarreien neuen Stils", „die von ihrer geographischen Lage, ihrer personellen Ausstattung und ihrer Tradition her ein deutlich geprägtes Profil haben, oder auch … vergleichbare geistliche Zentren (Klöster und Ordenshäuser, Exerzitien- und Bildungshäuser, neue geistliche Bewegungen, Wallfahrtsorte u.Ä.)."[258]

Damit sind wir wieder bei unserem Thema „Zu den Quellen!" – „Zu den Oasen!" angekommen. Von der (geologischen) Wüste kann man lernen, dass alles Leben in der Wüste auf die Oasen ausgerichtet ist. Hier holt man frisches Wasser, Verpflegung und, wenn man mit dem Wagen unterwegs ist, neuen Treibstoff; hier ruht man sich aus, wäscht sich wieder einmal richtig, isst gut und ausführlich. Die eigentlichen Wüstenzeiten zielen ganz auf die Oasenzeiten hin. Könnte das nicht auch ein Bild für künftige kirchliche Strukturen sein? Nicht: eine Kommune, eine Pfarrgemeinde, ein Pfarrer, sondern immer mehr „Oasen" = zentrale Orte[259], wo sich konzentriert geistliches Leben abspielen kann, wo man gemeinsam den Glauben feiert und gemeinsame Engagements plant, wo man geistlich „auftankt" und sein Herz ausschütten kann und jene Einheit verwirklicht, die Augustinus beschreibt:

> „Miteinander reden und lachen – sich gegenseitig Gefälligkeiten erweisen – gemeinsam scherzen, dabei aber auch einander Achtung erweisen – mitunter sich auch streiten, ohne Hass, so wie man es auch wohl gelegentlich mit sich selber tut – manchmal auch in den Meinungen auseinander gehen und damit die Eintracht würzen – einander belehren und voneinander lernen – die Abwesenden schmerzlich vermissen – die Ankommenden freudig begrüßen – lautere Zeichen der Liebe und Gegenliebe austauschen, die aus dem Herzen kommen und sich äußern in Miene und tausend freundlichen Gesten – und wie Zündstoff den Geist in Gemeinsamkeit entflammen, so dass aus den vielen eine Einheit wird."[260]

Auf diese Weise kann Kirche in den Oasen neu erblühen und von solchen Oasen aus auf – buchstäblich! – an-ziehende Weise in die Wüste der Weltzeit hinein wirken.

„Unsere Stunde ist die Stunde der Wüste noch …"

Am Schluss, als Fazit, soll noch einmal ein Wort von Alfred Delp stehen, in dessen Schriften das Thema „Wüste" eine so hervorstechende Rolle spielt:

> „Unsere Stunde ist die Stunde der Wüste noch … Aber diese Wüste ist Bewährung zur großen Freiheit, nicht endgültiges Schicksal. Die Wüsten müssen bestanden werden … Und ich weiß dies: der Stern wird über der Wüste stehen …
>
> Die Wüsten müssen bestanden werden, die Wüsten der Einsamkeit, der Weglosigkeit, der Schwermut, der Sinnlosigkeit, der Preisgegebenheit."
>
> ABER: „Gott, der die Wüste schuf, erschließt auch die Quellen, die sie in fruchtbares Land verwandeln."[261]

Und dies geschieht fast immer ohne unser Zutun, oft unerwartet, ja nicht selten wider alles Erwarten, meist sogar ganz *„plötzlich, in diesem mühsamen Nirgends …"*

Anmerkungen

[1] Aelred von Rievaulx, serm. 5 (=P L 195,244D).

[2] A. Delp, Gesammelte Schriften, Bd. 4: Aus dem Gefängnis. Epiphanie 1945, Frankfurt 1984, 220f.

[3] Ein wichtiger Begriff aus der Spiritualitätsgeschichte, etwa mit „Lustlosigkeit an geistlichen Dingen" oder auch „geistig-geistliche Langeweile und Trägheit" zu übersetzen.

[4] Daniel-Ange (Hrg.), Les Feux du Desert. I. Solitude, Andenne 1973, 57.

[5] G. Greshake, Die Wüste bestehen, Freiburg i. Br. 1979, ³1981, TB 1990, Neuherausgabe Karlsruhe 1998.

[6] Viele Materialien dieses Kapitels sind entnommen S. Talmon, miḏbār, in: ThWAT IV, 660–695 sowie V. Fritz, Israel in der Wüste, Marburg 1970 und R. Gomes de Araújo, Theologie der Wüste im Deuteronomium = Öster.Bibl.Studien 17, Frankfurt u.a. 1999. Letztere Werke wurden vornehmlich für das Folgende benutzt. Doch wird im Folgenden eine selbständige Systematisierung mit eigenen Akzentsetzungen vorgenommen. Siehe für dieses Kapitel ferner: P. Weimar / E. Zenger, Exodus. Geschichten und Geschichte der Befreiung Israels, Stuttgart ²1979; W. H. Schmidt, Exodus, Sinai und Mose, Darmstadt 1983; P. Maiberger, Topographische und historische Untersuchungen zum Sinaiproblem, Freiburg (Schweiz)-Göttingen 1984.

[7] Fritz, aaO. 122.

[8] „Die Jahwe-Leute, die den Exodus wagten, werden sich … vorwiegend aus Gruppen rekrutiert haben, die (bzw. deren Vorfahren) im Zuge der aramäischen Wanderwelle auf der Sinaihalbinsel und von da im östlichen Nildelta als weide- und arbeitssuchende Halbnomaden eingewandert und dort zum staatlichen Arbeitsdienst herangezogen worden sind. … Dass sich ihnen auch Kriegsgefangene und Sklaven anschlossen, ist möglich, sogar wahrscheinlich": Weimar / Zenger, Exodus 126f.

[9] zit. nach O. Eißfeldt, Baal Zaphon, Zeus Kasios und der Durchzug der Israeliten durchs Meer, Halle 1932, 61f.

[10] Neue Jerusalemer Bibel, Freiburg i. Br. 1985, 94; 85.

[11] F.-L. Hossfeld / E. Zenger, Psalmen 51–100 = HThKAT, Freiburg i. Br. 2000, 98f.

[12] J. Lindblom, Profetismen i Israel, Stockholm 1934, 452.

[13] W. Dietrich / Chr. Link, Die dunklen Seiten Gottes, Bd. II, Neukirchen-Vluyn 2000, 157.

[14] Die Übersetzungen schwanken hier zwischen „umwerben" = „von Herz zu Herzen reden" und „gegen ihr Herz reden" im Sinne von „Vorhaltungen machen, offen und klar mit jemandem reden". Siehe dazu de Araújo, aaO. 264.

[15] H.-J. Zobel, Die Zeit der Wüstenwanderung Israels im Lichte der prophetischen Texte, in: VT 41 (1991) 192–202, hier: 194.

[16] Dies ist vielleicht eine Anspielung auf die Wolkensäule der Exodustradition, so: Talmon 693.

[17] E. Zenger, Der Gott der Bibel, Stuttgart 1979, 76.

[18] Schmidt (Anm. 6), 86.

[19] L. Perlitt, Bundestheologie im Alten Testament, WMANT 36, Neukirchen-Vluyn 1969, 186.

[20] Weimar / Zenger 128.

[21] Die Auffassung, deshalb sei gerade der Monotheismus die spezifische Gottesvorstellung der Wüste, ist bereits von Ernest Renan vertreten worden. Vgl. E. Renan, Œuvres complètes, Bd. VIII, Paris 1958. Sie wurde dann u.a. auch aufgegriffen von S. Freud, Der Mann Moses und die monotheistische Religion, Frankfurt 1999. Wenn N. Lohfink, Das Alte Testament und sein Monotheismus, in: K. Rahner (Hrg.), Der eine Gott und der dreieine Gott, München-Zürich 1983, 36f dem entgegenhält, die Theorie sei deshalb unhaltbar, da es echtes Wüstennomadentum im mittleren 2. Jahrtausend wegen des Fehlens von domestizierten Kamelen nicht gegeben habe, so scheint mir dies ein äußerst schwaches Gegenargument zu sein. Nomadentum hängt nicht exklusiv am Kamel, damals nicht und auch heute nicht! So hat Carlo Bergmann, Der letzte Beduine, Reinbek 2001, 199, 214, 304ff, 376, 382f, 401ff nachgewiesen, dass es zuerst Esel und nicht Kamele waren, mit denen die Ägypter der Pharaonenzeit die Wüste durchquerten.

[22] Ein Einsiedlermönch, Wo die Wüste erblüht, München u.a. 1984, 13.

[23] J. Assmann, Mose der Ägypter, München 1998.

[24] ebd. 246.

[25] zit. nach L. Zimmermann, Der unsichtbare Tanzmeister, Fribourg 1989, 95.

[26] R. Mayer, Erfahren und Verstehen der Israelwüste, in: P. Hugger / W. Müller (Hrg.), Geheimnis „Wüste", Münsterschwarzach 1985, 25–46, hier: 34.

[27] E. Zenger, Israel am Sinai, Altenberge 1982, 117.

[28] Zenger, Israel 125.

[29] J. Wellhausen, Prolegomena zur Geschichte Israels, Berlin [6]1905, 348[1].

[30] Siehe dazu bei Maiberger, aaO. 19–21 = § 3: Die Vulkanhypothese.

[31] Übersetzung nach Zenger, Gott 55.

[32] Zenger, Israel 126.

[33] Das Tamariskenmanna entsteht aus der Ausscheidung von Schildläusen, die aus der Tamariske Pflanzensaft saugen, um ihre Larven zu versorgen. Diese aromatisch süße, sirupbzw. honigartige Ausscheidung bleibt an den Tamarisken kleben, trocknet ein und kann dort eingesammelt werden.

[34] Maiberger, aaO. 103. – Der Vf. weist in diesem Zusammenhang darauf hin, dass die „Wachtelspende" dagegen an das Ufer des Mittelmeers verweist, wo diese Vögel noch heute eingefangen werden. Hier gibt es nun zweifellos keinen „Berg", wohl aber nimmt die Priesterschrift hier, wie wir sahen, die Lokalisierung des Meerwunders vor.

[35] A. Alt, Grundfragen der Geschichte des Volkes Israel (1929), hrg. v. S. Herrmann, München 1970, 25.

[36] aaO. 84.

[37] Nach dem vom Katharinenkloster durch E. Papaioannou herausgegebenen Fremdenführer soll der heute gezeigte Dornbusch der einzige seiner Art auf der ganzen Halbinsel sein und sich jedem Versuch widersetzen, einen seiner Zweige an einen anderen Ort zu versetzen. Siehe dazu Maiberger, aaO. 87[224].

[38] zit. nach K. Nomachi, Sinai, Land der Verheißung, dt. Erlangen 1987, 9.

[39] Vgl. etwa S. Nyström, Beduinentum und Jahwismus, Lund 1946. – Diese eher in der älteren Forschung vertretene Auffassung wird dargestellt, interpretiert und zurückgewiesen von Talmon, midbar 681ff, sowie ders., The ‚Desert motif' in the Bible and Qumran Literature, in: A. Altmann (Hrg.), Biblical Motifs. Origins and Transformations, Cam-

bridge 1966, 31–63.

[40] Doch wird die Wüstenzeit wohl nur deshalb als „opferlos" bezeichnet, weil die Propheten die Gefährdung durch den Baalsopferkult im Auge haben. „Überall ist der Gegensatz Wüste – Kulturland und Jahwe – Baal intendiert": Zobel, aaO. 197.

[41] G. Kittel, 'ἔρημος, in: ThWNT III, 656.

[42] Übersetzung nach Hossfeld / Zenger, aaO. 508.

[43] Hossfeld / Zenger 516.518.

[44] J. Schreiner, Israel in der Wüste, in: P. Hugger / W. Müller (Hrg.), Geheimnis „Wüste", Münsterschwarzach 1985, 11–23, hier: 12.

[45] Wie sehr Murren und Halluzinieren auch mit der Landschaftsform Wüste zusammenhängen, wird im Blick auf eigene Erfahrungen im Anschluss an das Murren und Halluzinieren des Elija weiter entfaltet.

[46] A. de Saint-Exupéry, Gesammelte Schriften, Bd. 3, München ³1985, 189.

[47] Die Angaben sind entnommen A. Starker Leopold, Die Wüste, dt. Reinbek 1975, 30.

[48] R. M. Rilke, Duineser Elegien, in: Sämtliche Werke I, Wiesbaden 1955, 704.

[49] Exupéry I, 561.

[50] E. Degasperi, Worttürme der Wüste. Prophetische Texte und Zeichnungen, hrg. v. Arbeitskreis Weltkirche, Baden (Österreich) 1996, 13.

[51] Gomes de Araújo, Theologie der Wüste 110.

[52] aaO. 270.

[53] aaO. 331.

[54] So: N. Lohfink, Moses Tod, die Tora und die alttestamentliche Sonntagslesung, in: PhTh 71 (1996) 490.

[55] Vgl. für das Folgende J. Dupont, Die Versuchungen Jesu in der Wüste, dt. Stuttgart 1969.

[56] J. Guillet, Le tème de la marche au désert dans l'Ancien et le Nouveau Testament, in : RSR 36 (1949) 161–181, hier: 178f.

[57] H. Stegemann, Die Essener, TB, Freiburg i. Br. 1994.

[58] Vgl. J. Gnilka, Die frühen Christen. Ursprünge und Anfang der Kirche, Freiburg i. Br. 1999, 131.

[59] Ebd. – Demgegenüber ist nach Gnilka das Verständnis von Johannes als dem Elija redivivus erst christliche Deutung. „Es muss darum als nicht sicher und eher als unwahrscheinlich gelten, dass der Täufer sich selbst schon als Elija redivivus begriff": ebd. 133.

[60] Seneca, De ira II,12,4.

[61] R. Lorenz, Die Anfänge des abendländischen Mönchtums im 4. Jahrhundert, in: ZKG 77 (1966) 24.

[62] K. S. Frank, Die Grundzüge der Geschichte des christlichen Mönchtums, Darmstadt 1975, 18.

[63] aaO. 15.

[64] Dabei ist fraglich, ob es diese wirklich gegeben hat. H. C. Zander, Als die Religion noch nicht langweilig war. Die Geschichte der Wüstenväter, Köln 2001, 128 meint im Anschluss an einige Historiker, „dass die Legenden von den Wüstenmüttern ... für ein urbanes Bildungspublikum erdichtet wurden." Wenn überhaupt, dann konnten Frauen in der Wüste nur in unmittelbarer Nähe von Siedlungen leben, da sie sonst schutzlos allen möglichen Gefahren und Schwierigkeiten ausgeliefert waren.

[65] So: Zander, aaO. 21.

[66] Hieronymus, ep. 14,10 (= CSEL 44,60), dt. zitiert nach S. Feldhohn (Hrg.), Blühende Wüste, Düsseldorf 1957, 17f.

[67] Gemeint ist der Aufenthaltsort des Mönches: eine natürliche Höhle bzw. Grotte oder eine einfache Unterkunft aus Lehm oder Steinen.

[68] Apophthegma Nr. 564. – Die „Apophthegmata" (siehe dazu oben im Folgenden) werden künftig sogleich im Haupttext nach ihrer Nummerierung in der deutschen Ausgabe von B. Miller, Weisung der Väter, Freiburg i. Br. 1965 zitiert. Jedoch wird häufig die Übersetzung von Miller modifiziert bzw. korrigiert.

[69] Cassian, Conf. 24,2 (= SC 64, 172).

[70] Kardinal Léger, in: Jesus Caritas (frz.) Nr. 5, hier zit. nach Feux I, 179.

[71] Von hier aus wird auch der mehrdeutige Begriff „Wüstenvater" verständlich. Damit sind *im engeren Sinn* diejenigen gemeint, die als „geistliche Väter" wirksam wurden, demgegenüber die andern Mönche nicht „Väter", sondern „Brüder" waren; *im weiteren Sinn* bezeichnet der Begriff jene Mönche, die nicht in der Nähe des Kulturlandes blieben, sondern sich 100–200 km weit entfernt in die „große" bzw. „innere" Wüste zurückzogen, um möglichst ohne Kontakte allein für Gott, für den „Vater, der das Verborgene sieht" (Mt 6,18) zu leben (was jedoch nicht verhinderte, dass gerade diese von mönchischen und weltlichen Mitchristen aufgesucht wurden). *Im allerweitesten Sinn* werden als „Wüstenväter" *alle* Mönche bezeichnet, die am Beginn des Mönchtums, das eben in der Wüste anhebt, stehen.

[72] Origenes, hom. in Lc.11,3 (= SC 87,192).

[73] Apophthegma 573 des Manuskripts Coislin 126 nach der Nummerierung von F. Nau, zit. nach A. Grün, Der Weg durch die Wüste, Münsterschwarzach 2001, 46. Übersetzung wurde modifiziert.

[74] ebd. 46f.

[75] Vgl. Athanasius, Vita Antonii 3 (= SC 400, 138).

[76] Eucherius, De laude eremi 3f (= PL 50,701), zit. nach M. Schneider, Aus den Quellen der Wüste, Köln 1987, 19.

[77] Näheres zu diesem ganz zentralen Begriff der hesychia bei P. Miquel, Lexique du désert, Bellefontaine 1986, 145–180.

[78] Athanasius, Vita Antonii 67 (= SC 400, 312).

[79] Evragius Ponticus, De oratione 124, hrg. v. I. Hausherr, Les Leçons d'un Contemplatif, Paris 1960.

[80] Vgl. Miquel, aaO, 158: „Chez les Pères du désert, 's'asseoir' deviendra synonyme de 'contempler'."

[81] C. Bamberg, Was Menschsein kostet. Aus der Erfahrung frühchristlicher Mönche gedeutet, Mainz 2001, 29.

[82] ebd. 35.

[83] „Laura" ist ursprünglich der Name eines von Chariton gegründeten Klosters in der Nähe von Jerusalem.

[84] Zander, aaO. 179.

[85] Basilius, Regula 3 (= CSEL 86, 26ff).

[86] Frank 27. – Dabei ist der Unterschied zwischen eremitischem und zönobitischem Leben in zunehmendem Maße beträchtlich: Während ersteres zwar die Welt an sich „heranließ" (gelegentlich auch unwillig), verstand sich Letzteres eher noch als Dienst an der Welt. Wo

Eremiten den Kontakt völlig ablehnten, waren sie nicht selten Gegenstand heftigster Kritik.

[87] Vita Pachomii, zit. nach H. Bacht, Das Vermächtnis des Ursprungs, Bd. II: Pachomius – Der Mann und sein Werk, Würzburg 1983, 23.

[88] Tertullian, apol. 37,4 (= CSEL 69, 88).

[89] Ein weiteres „Schlupfloch" sind die zerfallenden Tempel und Nymphäen sowie die heidnischen Gräber, weshalb auch diese (neben der Wüste) zum bevorzugten Ort mönchischen Lebens wurden.

[90] Athanasius, Vita Antonii 8.13.41.53 (= SC 400, 156.170.246.278).

[91] Evragius Ponticus, Traité pratique 34 (= SC 171, 34).

[92] Ein identisches Wort stammt auch von Antonios: Apophthegma Nr.5.

[93] Bamberg, Menschsein 73.

[94] Histoire des moins en Égypte, hrg. v. A. J. Festugière, Paris 1964, 9.

[95] Ähnlich auch Nr. 399.

[96] Siehe dazu G. Descoeudres, Die Mönchssiedlung Kellia: Archäologische Erkenntnisse als Quellen zur Spiritualität der Wüstenväter, in: J. Kaffanke, Zu den Quellen. Die Spiritualität der Wüstenväter und des hl. Benedikt, Freiburg i. Br. ²1998, 24–41.

[97] Ganz ähnlich auch Abbas Jakob: „Man darf nicht nur reden. Denn in dieser Zeit gibt es viel Reden unter den Menschen. Was Not tut ist die Tat, das wird gesucht, und nicht Reden, die keine Frucht bringen."

[98] Zander, aaO. 288.

[99] Palladius, Historia Lausiaca 2, ed. Vite dei Santi (Mohrmann) 22.

[100] Athanasius, Vita Antonii 45, in: SC 400, 45.

[101] F. v. Lilienfeld, Spiritualität des frühen Mönchtums, Erlangen 1983, 21.

[102] ebd. 22.

[103] Ein aus dem Äthiopischen übersetztes Apophthegma, aus: Les Sentences des Pères du désert, Solesmes 1981, nr. 16.

[104] Reiches Material dazu bei L. Regnauld, La vie quotidienne des Pères du désert en Égypte au IVᵉ siècle, Hachette 1990, 212-221.

[105] Chrysostomus, hom. in Mt 68,3 (= PG 68, 643f).

[106] Histoire 8, 52f.

[107] Nr. 44 (= SC 400, 254).

[108] Palladius, Historia 71 = aaO. 290.

[109] aaO. 28³³.

[110] ebd. 64.

[111] Frank, aaO. 47.

[112] Allerdings finden sich Ansätze einer solchen „Poesie des Klaustrum" auch schon bei Johannes Chrysostomus, der dabei auf die hellenistische Lyrik des Landlebens zurückgreift. Vgl. Joh. Chrysostomus, expos. in Ps. 9 (= PG 55,123f).

[113] Hieronymus, ep. 43, 3 zit. nach Frank, aaO 36f.

[114] Siehe dazu E. Schulz-Flügel, Das ägyptische Mönchtum als Quelle der Regula Benedicti, in: J. Kaffanke (Hrg.), Zu den Quellen, Freiburg i. Br. ²1998, 60–75.

[115] Frank, aaO. 67f.

[116] 1 Cel 91. Und Jakob v. Vitry beschreibt den Lebenswandel der ersten Minderbrüder so: „Tagsüber besuchen sie Ortschaften und Häuser, um durch ihr aktives Leben andere zu gewinnen; nachts jedoch kehren sie in die Einsiedelei oder an einsame Orte zurück, um

sich der Kontemplation zu widmen": R. B. C. Huygens, Lettres de Jacques de Vitry, Leyden 1960, 75f.

[117] G. Posada, Der heilige Bruno, dt. Köln 1987, 198 führt unter der Kapitelüberschrift „Spiritualität der Wüste" sogar fünf Merkmale an, die Bruno mit den Wüstenvätern verbindet.

[118] Guigo, Über das eremitische Leben, in: FC 10, 109.

[119] Bruno, Brief an Radolf, in: FC 10, 57.

[120] aaO. 61.

[121] aaO. 59.

[122] Guerric d'Igny, zit. nach M. Haupt (Hrg.), Stundenbuch der Wüste, Zürich 1980, 51.

[123] Siehe dazu M. A. Leenen, Einsam und allein? Eremiten in Deutschland, Leipzig 2001. – Eine eher von östlicher (russischer) Frömmigkeit geprägte Wüstenspiritualität findet sich derzeit in der „Poustinia"-Bewegung. Siehe dazu Catherine de Hueck Doherty, Poustinia. Eine christliche Spiritualität des Ostens für den Westen, dt. Wien-München 1979. Zur gegenwärtigen Situation des Wüstenmönchtums in Ägypten vgl. O. F. Meinardus, Die Wüstenväter des 20. Jahrhunderts, Würzburg 1983.

[124] K. Barth, Die Kirchliche Dogmatik Bd. IV/2, Zollikon-Zürich 1955, 13.

[125] Botschaft der kontemplativen Ordensleute an die Bischofssynode „Über die Möglichkeit des Menschen zum Dialog mit dem unsagbaren Gott" vom 12.10.1967, in: CCist 29 (1967) 201.

[126] H. I. Marrou, Théologie de l'histoire, Paris 1968, 99.

[127] DW II, 528.

[128] ebd.

[129] DW I, 25.

[130] ebd.

[131] B. Welte, Meister Eckhart, Freiburg i. Br. 1979, 34.

[132] DW 5, 28.

[133] Welte, aaO. 55.

[134] DW 3, 400.

[135] DW 5, 207.

[136] Dies wird im Einzelnen gezeigt von H. Bayer, Vita in deserto, in: ZKG 98 (1987) 1–27.

[137] DW 3, 400.

[138] Vgl. DW 1, 171.

[139] ebd.

[140] DW 2, 645.

[141] DW 2, 651.

[142] Predigt „Nolite timere eos", in: Deutsche Predigten u. Traktate, hrg. v. J. Quint, München 1955, 273.

[143] DW I, 193.

[144] F. Jostes (Hrg.), Meister Eckhart und seine Jünger. Ungedruckte Texte zur deutschen Mystik, Berlin-New York 1972, 32f.

[145] Dieses Wort von Jacques Maritain wird hier zitiert nach M. Haupt (Hrg.), Stundenbuch der Wüste, Zürich 1980, 108.

[146] Die ersten Strophen sind in der obigen Wiedergabe weggelassen. Die hochdeutsche Fassung des ursprünglich mittelhochdeutschen *gereimten* Gedichts findet sich bei A. M.

Haas, Granum sinapis, in: ders., Sermo mysticus. Freiburg (Schweiz) 1979, 304. Siehe auch J. Weismayer, Granum sinapis, in: G. Greshake / ders., Quellen geistlichen Lebens, Bd. II, Mainz 1985, 184-187. Die deutsche Übersetzung wurde gegenüber der Wiedergabe von Haas leicht modifiziert.

[147] W. Groß, Elia. Gotteserfahrung und Prophetenamt, in: W. Herbstrith (Hrg.), Gott allein, Freiburg i. Br. 1982, 121–138, hier: 120.

[148] Hieronymus, ep. ad Paulinum 58,5 (= CSEL 50,534). So auch Cassian, Conl. 14,4 (= CSEL 13, 400): „Noster princeps Elia".

[149] Athanasius, Vita Antonii 7 (= SC 400, 154f).

[150] Historisch greifbar wird dies allerdings erst ab 1337 im „Speculum" des Jean de Cheminot.

[151] Die Tatsache, dass die Elija-Geschichte zum sog. deuteronomistischen Geschichtswerk gehört, unterstreicht noch einmal die Bedeutung, welche der Wüste in dieser Überlieferungsschicht des AT zukommt. Siehe dazu auch F. Crüsemann, Elia – die Entdeckung der Einheit Gottes, Gütersloh 1997, 13. Vgl. dieses Werk auch für die detaillierte historisch-kritische Exegese.

[152] Anders hebt eine Legende die Beziehung zwischen Elija und der Gottesmutter hervor. Sie besagt, dass Elija in der ersten Wolke, die das Ende der Dürre anzeigte (1 Kön 18,44). Maria mit dem Jesuskind visionär erkannt habe.

[153] Moradas del castillo interior, V, 1 (= Obras Completa, BAC), 508.

[154] Die folgende Skizze orientiert sich an Elija, wie er in der Hl. Schrift geschildert wird, und nicht an einem durch kritische Operationen zu gewinnenden historischen Konstrukt.

[155] C. Bergmann, Der letzte Beduine, Reinbek 2001, 74 in der Charakterisierung eines seiner Karawanenführer.

[156] Zander, aaO. 196.

[157] R. Miggelbrink, Der zornige Gott. Die Bedeutung einer anstößigen biblischen Tradition, Darmstadt 2002, 32f.

[158] Die folgenden Erläuterungen halten sich nicht in allen, aber wesentlichen Zügen an Groß, aaO. 126ff.

[159] aaO. 127.

[160] R. Mayer, Erfahren und Verstehen der Israelwüste, in: P. Hugger / W. Müller (Hrg.), Geheimnis „Wüste", Münsterschwarzach 1985, 25–46, hier: 40.

[161] ebd.

[162] Zur Erklärung: Bei jeder unserer Fahrten wird unsere genaue Route einem zu Hause bleibenden „Wüstenfahrer" gegeben, der, sollten wir zu einem bestimmten Termin nicht zurück sein, bereit ist, die Suche nach uns zu organisieren. In diesem Fall war es Josef Freitag.

[163] aaO. 131.

[164] Juan de la Cruz, Subida del Monte Carmelo I, 13, 11 (= Obras Completas, ed. J.V. Rodriguez, Madrid) 212.

[165] Buch der ersten Mönche, hrg.. v. C. Lapauw, München 1980, 48.

[166] Johannes Paul II., „Komm, wir gehen für unser Volk". Ansprache bei der Seligsprechung von Edith Stein in Köln, in: Christl. Innerlichkeit 22 (1987), 118–125. Dort auch weitere bezeichnende Texte.

[167] zit. nach M. Plattig, Elija als „Gründer" der Karmeliten, in: J. Weismayer (Hrg.), Mönchsväter und Ordensgründer, Würzburg 1991, 198.

[168] Ch. de Foucauld, Reconnaissance au Maroc, Paris 1939, 219, dt. zit. nach B. Bürkert-Engel, Charles de Foucauld: Christliche Präsenz unter Muslimen, Münster u.a. 2000, 152.

[169] Brief an seine Kusine vom 16.1.1912.

[170] Tagebucheintragung vom 22. Juli 1905, zit. in Ch. de Foucauld, Correspondances Sahariennes, Paris 1998, 369.

[171] Brief an H. de Castries vom 14.8.1901.

[172] Brief an seine Schwester vom 17.1.1902.

[173] Brief an seine Kusine vom 7.1.1902.

[174] Briefe an Msgr. Guérin vom 4.2.1902 und 30.9.1902.

[175] Brief an den Abt v. Notre-Dame-des-Neiges vom 7.2.1902.

[176] Brief an Msgr. Guérin vom 30.6.1903.

[177] Dieser Gedanke der Stellvertretung durchzieht das ganze Denken Bruder Karls. In seiner extremsten, geradezu an Charles Péguy erinnernden Fassung findet er sich in folgendem Text: „Wenn wir die Seele eines Nichtglaubenden retten, dann – wenn es so erlaubt ist zu reden – retten wir Jesus vor der Hölle und geben ihm den Himmel. … Die Heiligung des Volkes dieser Region ist in meine Hände gelegt! Es wird gerettet werden, wenn ich ein Heiliger werde. Und es ist Jesus, den ich von der Hölle rette und dem ich den Himmel öffne, wenn ich ein Heiliger werde.": Retraite à Beni-Abbès 1902, in: D. Barrat (ed.), Ch. de Foucauld, Œuvres spirituelles, Paris 1958, 538.

[178] vgl. z. B. Brief an Msgr. Guérin vom 2.7.1907.

[179] ebd.

[180] Brief an seinen Schwager R. de Blic vom 25.3.1908.

[181] Das ist sehr zutreffend herausgearbeitet in dem – ansonsten von vielen Unkorrektheiten gekennzeichneten – Buch von Bürkert-Engel, Charles de Foucauld: Christliche Präsenz unter Muslimen, Münster u.a. 2000, bes. ab 217.

[182] Ebd. 52.

[183] Brief an Dom Martin, den Abt von Notre-Dame-des-Neiges vom 7.2.1902.

[184] Brief an H. de Castries vom 17.6.1904.

[185] Brief an Abbé Caron vom 11.3.1909.

[186] Directoire, art. 28.

[187] Brief an Joseph Hours vom 3.5.1912.

[188] Brief an seine Kusine vom 1.12.1916.

[189] Sie sind entnommen H. Miethe Sommer, Tuareg Poesie, Stuttgart 1994, 47, 95, 101.

[190] So schreibt er selbst in seiner Auslegung des Matthäusevangeliums: Jesus will von uns „ein Leben in der Wüste, das sich dem verborgenen Leben von Nazaret sehr annähert": Ch. de Foucauld, Lecture du Saint Evangile – St. Matthieu, Paris 1989, 196.

[191] J.-F. Six (Hrg.), Ch. de Foucauld, Aufzeichnungen und Briefe, Freiburg i. Br. 1962, 70.

[192] Ch. de Foucauld, Die geistlichen Schriften, dt. Wien-München 1963, 155f.

[193] Brief an Msgr. Guérin vom 30.9.1902.

[194] Brief an H. de Castries vom 15.7.1901.

[195] aaO. 163.

[196] Brief an seinen Jugendfreund Gabriel Tourdes vom 7.6.1911.

[197] Briefe an seine Kusine vom 9.7. und 24.7.1911.

[198] Brief an seine Kusine vom 12.9.1902.

[199] Brief an H. de Castries vom 15.7.1904.

[200] D. Barat (ed.), Ch. d. F., Œuvres spirituelles, Paris 1958, 457f.

[201] J.-F. Six, Abenteurer der Liebe Gottes, dt. Würzburg 1998, 216.

[202] R. Voillaume, Mitten in der Welt, dt. Freiburg i. Br. 1956, frz. Original: Au Coeur des Masses, Paris ^{5}1954.

[203] Dies ist eine Bewegung, die an das russische Starzentum anknüpft.

[204] C. de Hueck Doherty, Poustinia, Wien-München 1979, 22.

[205] Geht ihm entgegen. Geistliche Lebensregel, hrg. von den Jerusalem-Gemeinschaften durch Br. Pierre-Marie, dt. Freiburg i. Br. 1984, 113.

[206] ebd. 139.

[207] ebd. 114.

[208] ebd. 115. 118.

[209] M. Niggemeyer, Wege durch die Wüste, Hildesheim 1983, 68.

[210] R. Voillaume, Botschaft vom Wege, dt. Freiburg i. Br. 1962, 240.

[211] R. Voillaume, Zeugnis für Christus in Armut, dt. Freiburg i. Br. 1964, 40.

[212] J. Bours, Der Wüstentag, in: ders., Der Mensch wird des Weges geführt, den er wählt, Freiburg i. Br. ^{5}1990, 190–193.

[213] Dieses ist entnommen Wolfgang Schneller, Wüstentag – eine mögliche Exerzitienform, in: Korrespondenz zur Spiritualität der Exerzitien, Heft 50, Jhrg. 1985, 72–76. Hilfreich ist auch das Büchlein von B. Dörig, Schenk dir einen Wüstentag, Eschbach 1984.

[214] zit. nach R. Chenu, Le désert, Paris 1997, 113.

[215] zit. nach H. C. Zander, aaO. 9.

[216] A. de Saint-Exupéry, Gesammelte Schriften, Bd. 1, München ^{3}1985, 317.

[217] O. Aicher, gehen in der wüste, frankfurt ^{2}1982, 146. Der Autor benutzt ausschließlich die Kleinschreibung.

[218] zit. nach H.-J. Meilinger, Sahara, Freiburg i. Br. 1988, 8.

[219] ebd. 120.

[220] A. de Saint-Exupéry, Gesammelte Schriften, Bd. I, dt. München ^{3}1985, 248f.

[221] ebd. I, 561.

[222] D. Webster, Der Abt und sein Zwerg. Weisheiten aus der Wüste, dt. Düsseldorf 1998, 51. 46.

[223] Aicher, aaO. 167.

[224] zit. nach E. Pansegrau, Wunderbare Wüste. Durch Sahara und Sahel, Dortmund 1995, 88.

[225] Bergmann, Beduine 133.

[226] Th. Merton, Vom Sinn der Kontemplation, dt. Zürich 1981, 112.

[227] Paul Celan, Psalm.

[228] Kard. Journet, Einleitung zu Daniel-Ange (Hrg.), Les feux du désert, vol. II, Ardenne 1973, 19.

[229] zit. nach R. Chenu, Le désert, Paris 1997, 111.

[230] Saint-Exupéry, Bd. 3, 189.

[231] Ein Einsiedlermönch, Wo die Wüste erblüht, München u.a. 1984, 13.

[232] J.-Y. Lartichaux, Claude Vigée, Paris 1978, 57.

[233] Zander, aaO. 102.

[234] Daniel-Ange, in: ders. (Hrg.), Feux III: Présence, Andenne 1975, 40.

[235] J. Lacarrière, Sourates, Paris 1982, 77.

[236] ebd. 7.

[237] Saint-Exupéry, Bd. 3, 189f.

[238] zit. nach G. Huber / O. Stocker, Mystik der Wüste, Graz u.a. 1997, 102.

[239] M. Bickel / H.-J. Meilinger, Die Wüste befreit, Freiburg i. Br. [2]1984, o.S.

[240] Ein Einsiedlermönch, aaO. 13.

[241] vgl. für diesen Zusammenhang M. Albus, Stundenbuch der Wüste, Stuttgart-Zürich 2001, 78.

[242] E. Jabès, Le Soupçon, le Désert, Paris 1978, 56.

[243] R. Voillaume, in: Le message de moines à notre temps, Paris 1958, 120.

[244] zit. nach M. Haupt (Hg.), Stundenbuch der Wüste, Zürich 1980, 38.

[245] A. Knapp, Werdet Vorübergehende. Gedichte unterwegs, Hockenheim 2001, 23.

[246] Diogn. 5 (= SC 33bis, 62).

[247] K. Koch, Gottes Ruf in die weite und missionarische Kirche, in: Referate und Predigten der Tage der Pastoralen Dienste der Erzdiözese Freiburg, Freiburg 2001, 47–74, hier: 55.

[248] Vgl. dazu B. Rootmensen, Vierzig Worte in der Wüste, Düsseldorf 1991, 14f.

[249] ebd. 16.

[250] Näheres dazu etwa bei G. Greshake, An den drei-einen Gott glauben, Freiburg i. Br. [3]2001, 58ff.

[251] Rootmensen, aaO. 180.

[252] Siehe dazu etwa N. Trippen, Der Wandel der Seelsorge in der Geschichte der Kirche, in: PB (K) 45 (1993) 227–234.

[253] G. Schulze, Erlebnisgesellschaft, Frankfurt 1992, 75. 278. Hervorhebung von GG.

[254] M. N. Ebertz, Erosion der Gnadenanstalt? Zum Wandel der Sozialgestalt von Kirche, Frankfurt 1998, 266.

[255] F.-P. Tebartz-van Elst, Gemeinden werden sich verändern. Mobilität als pastorale Herausforderung, Würzburg 2001, 12.

[256] R. Hartmann, Abschied von Gemeinde – Schicksal oder Chance der Hochschulpastoral, in: U. Schnieder / St. Kellner (Hrg.), Kirche an der Hochschule, Göttingen 1996, 17.

[257] Ebertz, aaO. 141.

[258] M. Kehl, Wohin geht die Kirche?, Freiburg 1996, 131.

[259] Näheres dazu und zu möglichen Einwürfen siehe: G. Greshake, Priestersein in dieser Zeit, Freiburg i. Br. [2]2001, 222ff.

[260] Augustinus, Conf. IV,8,3 (= BA 13, 430).

[261] A. Delp, Gesammelte Schriften, Bd. IV: Aus dem Gefängnis, Frankfurt 1984, 223f. 290.

Quellennachweise

Titelbild, Bild S. 65, 96 und 161: Dr. Anno Schulte-Herbrüggen, Zams (A)
Bild S. 32 und 123: Hans Hutticher, Seekirchen (A)
Alle anderen: von verschiedenen Fotografen, die mit dem Autor auf Wüstenfahrt waren.

S. 53: Ernst Degasperi, Worttürme der Wüste. Prophetische Texte und Zeichnungen, hg. vom Arbeitskreis Weltkirche, Vikariat Unter dem Wienerwald, Baden (A) 1996, 13.
S. 159f: Johannes Bours, Der Mensch wird des Weges geführt, den er wählt © Verlag Herder, Freiburg, 7. Auflage 1996.
S. 160: Martin Gutl, Nachdenken mit Martin Gutl. Texte, Meditationen, Gebete. Verlag Styria, Graz 1983 © Bildungshaus Mariatrost, Graz (A).